그림책 생활교육

그림책 생활교육

그림책사랑교사모임 지음

학교도서관저널

일러두기

- 외래어 표기는 국립국어원의 원칙을 기본으로 삼되 인명이나 지명 등 통상적으로 굳어진 표현은 해당 표기를 따랐습니다.
- 본문에 등장하는 책의 출간 연도는 현재 유통되는 판본의 발행 연도를 기준으로 삼아 표기했습니다.
- 책에 소개된 그림책은 찾아보기(294쪽)에 정리해두었습니다.

> 여는 글

그림책과 생활교육의 만남

학생들이 학교에서 무엇을 배운다고 생각하시나요? 대개 학교는 교과에 대한 지식을 배우는 곳으로 여겨지곤 합니다. 하지만 학교는 교과 지식뿐만 아니라, 학생들이 성장하면서 필요한 다양한 삶의 역량을 키우는 장소입니다. 인사하기, 경청하기, 정리정돈하기와 같은 기초 생활 습관부터 친구들 사이에서 관계를 맺고 갈등을 해결하는 방법까지, 사회에서 원만히 살아가기 위해 필요한 능력을 기르는 곳입니다. 어찌 보면 이러한 내용은 교과 지식보다 우리의 삶에 더 중요한 부분이라는 생각이 듭니다. 그렇기에 교사들은 학교생활 전반에 걸쳐 생활교육에 지속적으로 관심을 기울이고 있습니다.

모든 교사는 생활교육을 피할 수 없습니다. 하루에도 생활교육을 해야 하는 순간을 몇 번씩이나 만나게 됩니다. 사실 생활교육은 꽤

나 지난한 과정입니다. 학교에서 맞닥뜨리는 모든 문제가 그렇지만, 특히 생활교육 시 다양하고 난해한 문제 상황에 걸맞은 명료한 답을 내기가 더 어렵습니다. 예측 불가능한 사건들이 계속 생겨나지만, 교사는 고정된 시간표 내의 수업과 정해진 업무의 연속선상에서 사건에 대응할 수밖에 없습니다. 분주한 학교생활의 와중 생활교육의 순간들을 만나기에 짧은 시간 동안 어떻게 대처할 것인지 판단해야 하지요. 그러기에 때로는 급박하게 돌아가는 상황 속에서 실수를 하기도 하고, 바쁜 일정 속에서도 생활교육에 많은 시간을 쏟으며 소진되기도 합니다.

생활교육을 어렵게 하는 또 하나의 요소는 그 범주가 너무 넓다는 것입니다. 사소하게는 학생들이 수업 시간에 받은 활동지를 파일 안에 잘 정리하는 것, 교실 청소를 깨끗이 하고 교실을 쾌적한 상태로 유지하는 것도 생활교육의 대상입니다. 여러 갈등 상황을 중재해야 하기도 합니다. 모둠활동을 하다 말다툼하는 학생이나 몇 년간 지속된 깊은 갈등으로 힘들어하는 학생을 만나는 것 등 교사는 생각보다 훨씬 더 폭넓은 영역에서 학생들을 교육해야 합니다.

생활교육은 단기간에 성과를 얻을 수 있는 일이 아닙니다. 예를 들어, 자기 자리를 잘 정리하지 못하는 학생에게 교사가 "자리를 정리해주세요"라고 한 번 이야기해서는 대부분 바로 개선되지는 않죠. 자리 정돈의 필요성은 교과 시간에 충분히 이해시킬 수 있지만,

실제 생활 속에서 이를 습관화하는 데는 시간이 필요합니다. 또한 지속적이고 반복적으로 교육해야 하기 때문에 많은 어려움이 따릅니다.

또 다른 어려움은 학생마다 차이가 존재한다는 점입니다. 어떤 학생은 교사가 이야기하는 것을 바로 이해하고 즉시 행동으로 옮기는 반면, 다른 학생은 하루에 여러 번 같은 행동을 반복하기도 합니다. 이런 상황은 교사에게 당혹감을 안겨주지요. 예를 들어, 수업 시간에 친구와의 관계 해결법을 듣고 금세 적용하는 학생이 있는가 하면, 갈등 상황에서 계속 부정적인 반응을 보이는 학생도 있습니다. 이는 학생들의 배경, 성격, 가정환경이 각기 달라서 모든 학생에게 동일한 교육 방법이 통하지 않기 때문입니다. 이렇듯 다양한 학생들에게 각각 적합한 방법을 찾기 위해 교사는 여러 가지 접근 방식을 시도해야 합니다. 어떤 학생에게는 긍정적인 격려를 통해 동기를 부여하고, 또 다른 학생에게는 구체적인 행동 계획을 제공함으로써 변화의 기회를 만들어줘야 하지요.

그렇다면 어떻게 해야 생활교육을 조금 더 쉽고 알차게 꾸려나갈 수 있을까요? 그 해답은 바로 그림책입니다. 그림책은 다양한 상황과 주제를 담고 있어 교실에서 학생들이 실제로 겪을 수 있는 문제들을 간접적으로 경험하게 합니다. 이를 통해 학생들은 자신의 감정을 이해하고 조절하는 능력을 키우며, 정서적 안정감을 얻을 수 있습니다. 등장인물의 행동과 감정을 간접적으로 체험함으로써 사회적 관계를 이해하고 협력하는 능력을 발전시켜나갑니다.

학생들은 그림책이라는 매개를 통해 생활교육에서 다루는 여러 주제를 쉽게 접하고 받아들입니다. 예를 들어, 청결, 규칙, 갈등 해결 같은 주제는 어린이에게 기초적인 생활 습관과 사회적 기술을 가르치는 데 매우 중요한 내용입니다. 이런 주제를 재미있고 흥미롭게 전달하는 그림책은 아이들의 관심을 유도하고, 이해도를 높여줍니다.

그림책에 담긴 이야기는 어린이에게 다양한 상황과 인물의 경험을 보여줍니다. 이를 통해 아이들은 여러 사회적 맥락에서 배운 생활 기술을 어떻게 삶에 적용할 수 있는지를 상상해나갑니다. 친구와의 갈등 상황을 다룬 그림책을 읽으면서 갈등 해결 방법을 배우고, 이를 자신의 경험에 연결 짓습니다. 이렇게 그림책은 생활교육이 강조하는 실질적인 기술 습득을 효과적으로 지원합니다.

또한 그림책을 통한 생활교육은 아이들이 삶의 여러 측면을 폭넓게 이해하도록 도와줍니다. 다양한 문화와 가치관을 반영한 그림책은 아이들에게 넓은 시각을 제공하고, 타인을 이해하고 존중하는 법을 가르쳐줍니다. 이런 경험은 그들이 성장하면서 건강한 사회 구성원으로 자리 잡는 데 필수적입니다.

이 책은 생활교육의 필수 요소인 기초 생활, 관계, 학급 생활로 구성을 나누어 막막하게만 느껴졌던 그림책 생활교육에 보다 쉽고 체계적으로 접근할 수 있도록 했습니다. 1부 '기초 생활'에서는 일상생활에서 지켜야 할 기초 생활 습관, 2부 '인성 교육'에서는 타인과 관계를 맺기 위해 필요한 태도, 3부 '학급 생활'에서는 공동체 내에서 일어난 법한 갈등 해결 문제를 다루었습니다. 무엇보다 수업 현장에서 만난 아이들의 사례를 풍부히게 담아냄으로써 생활교육에 어려움을 겪고 있는 선생님들에게 실질적인 도움이 되고자 했습니다. 앞으로 더 많은 선생님들이 그림책으로 생활교육을 하면 좋겠습니다. 『그림책 생활교육』이 선생님들의 교실을 평화롭고 안전하게 만드는 데 작은 보탬이 되기를 바랍니다.

그림책을 사랑하는 마음을 담아
그림책사랑교사모임

차례

여는 글_ 그림책과 생활교육의 만남   5

1부 기초 생활

1. 인사하기_『인사는 우리를 즐겁게 해요!』   14
2. 바른 자세_『삐뚜로 앉으면?』   20
3. 편식_『땅속 보물을 찾아라!』   26
4. 시간 약속 지키기_『학교에 늦겠어』   33
5. 정리정돈_『오늘도 어질러진 채로』   39
6. 바른 말 고운 말 사용_『말의 형태』   46
7. 정직한 생활 실천하기_『거짓말이 뿅뿅, 고무장갑!』   55
8. 경청하기_『남의 말을 듣는 건 어려워』   62
9. 발표하기_『발표는 어려워!』   69
10. 교통 안전_『엄마 오리 아기 오리』   77
11. 자전거 안전_『나만의 자전거 배우기』   83
12. 감염병 예방_『지구 어디에나 있는 바글바글 바이러스』   91
13. 흡연 예방_『담배 괴물』   97
14. 외모 콤플렉스 극복_『나에겐 비밀이 있어』   105
15. 스마트폰 사용_『배고픈 늑대가 사냥하는 방법』   113

2부 인성 교육

1. 내 감정 알고 표현하기_『좋아, 싫어 대신 뭐라고 말하지?』 120
2. 친구의 감정 알아차리기_『악어 형사의 감정 탐구 생활』 125
3. 화, 분노 다스리기_『소피아의 화를 푸는 방법』 132
4. 슬픔 – 숨기지 말고 잘 다스리기_『슬픔에 빠진 나를 위해 똑 똑 똑』 141
5. 질투 – 비교보다 감사 찾기_『질투는 아웃, 야구 장갑!』 148
6. 미움 – 서로의 마음 헤아리기_『친구가 미운 날』 155
7. 고민 나누기_『너도 고민이 있니?』 161
8. 공감하기_『수박만세』 168
9. 고집부리지 않기_『고집불통 4번 양』 174
10. 사과하기_『사과는 이렇게 하는 거야』 181
11. 말 전달하지 않기_『그랬구나!』 188
12. 소문·뒷담화_『근데 그 얘기 들었어?』 195
13. 고자질_『언제 고자질해도 돼?』 203
14. 친구 독점하지 않기_『똑, 딱』 211
15. 있는 그대로 친구 바라보기_『우리 반 문병욱』 217
16. 다양성 인정하기_『두두와 새 친구』 223
17. 경계 존중_『똑똑똑 선물 배달 왔어요』 230
18. 모둠 내 협동_『탄 빵』 236

3부 학급 생활

1. 학급 규칙 세우기_『학교에 간 데이비드』 246
2. 갈등 해결 – 문제해결 서클_『문제가 생겼어요!』 254
3. 갈등 해결 – 회복적 서클_『내가 말할 차례야』 260
4. 학교폭력 – 왕따_『그래서 뭐?』 268
5. 학교폭력 – 방관자_『혼자가 아니야 바네사』 274
6. 학교폭력 – 신체폭력_『담벼락』 280
7. 디지털 성범죄 예방_『노아의 스마트폰』 287

찾아보기   294

(1부)   # 기초 생활

1 인사하기

매년 새 학기 첫날의 교실은 기대와 설렘으로 가득하다. 학생들과 교사가 첫 만남을 갖는 이 순간에 서로의 존재를 인식하고 소통을 시작하기 때문이다. 그중에서도 소통을 알리는 첫 신호는 "안녕" 또는 "안녕하세요"라는 인사말이다. 인사를 나누는 것은 단순한 예절을 넘어서 개인 간의 신뢰와 친밀감을 형성하는 데 필수적이다. 인사를 통해 아이들은 서로를 이해하고 존중하는 첫걸음을 내디디며, 보다 편안하고 긍정적인 관계를 형성할 수 있는 기회를 갖는다.

함께 읽을 책

『인사는 우리를 즐겁게 해요!』
소피 비어 글·그림, 상수리, 2021

다양한 인사 방법과 인사의 중요성을 알려주는 그림책이다. 주먹 부딪치며 인사하기, 볼 비비며 인사하기, 어른 품에 안기며 인사하기, 서로를 안아주며 인사하기 등의 인사법을 통해 아이들은 인사가 무겁고 부담스러운 숙제가 아니라 서로의 마음과 감정을 나누는 즐거운 놀이임을 깨닫게 된다. 새 학년이 시작되는 3월, 그림책 속 다양한 인사 방식과 그 의미를 함께 살펴보면서 인사가 단순히 반복되는 말이 아니라 소중한 소통의 방식임을 몸소 체험해보자.

활동 1 그림책으로 이야기 나누기

그림책을 읽기 전 인사를 나눴던 경험에 대해 이야기를 나눈다. 처음에 아이들은 아침에 선생님이나 친구들과 인사를 나눴던 경험, 등교 전 부모님께 인사를 드렸던 경험과 같이 가장 가까운 사람들과 인사를 나눈 경험부터 이야기한다. 시간이 지날수록 대상이 다양해지고 특별했던 경험을 한 가지씩 보탠다.

인사 경험에 관한 이야기가 풍성해졌다면 책 표지를 보며 그림책 속 인물들은 어떤 인사를 나누고 있는지 살펴본다. 그리고 인사를 나누는 인물들의 표정을 살피며 인사를 나눌 때 사람들이 어떤 감정을 느끼는지 감정선을 따라가본다. 학생들은 공통적으로 "행복해 보여요" "즐거워 보여요" "기분이 좋아 보여요"라고 말하며 표지에 등장하는 인물들이 긍정적인 감정을 느낄 것이라고 추측하곤 한다. 인사를 하는 사람과 인사를 받는 사람 모두 긍정적인 감정을 얻을 수 있다는 것 또한 배우게 된다.

책 속에는 다양한 관계에서 나눌 수 있는 인사 방법과 인사말이 등장한다. 이때 교사가 인사 방법을 나타내는 문장을 읽고 학생들이 인사말 부분을 읽으면 훨씬 더 그림책에 몰입할 수 있다. 더불어 학생들은 실제 상황에 적용할 수 있는 인사 방법을 자연스럽게 배워 나간다.

활동 2 그림책 속 기억에 남은 인사 방법

그림책에는 우리가 일상에서 자주 사용하는 인사는 물론, 특별한 놀이처럼 느껴지는 다양한 인사 방법이 등장한다. 교사는 학생들과 책에서 다룬 인사 방법에 관해 이야기를 나눈다. 학생들은 자신이 기억하는 인사 방법을 자유롭게 발표한다. 만약 그림책에 나온 인사 방법이 빠졌다면 즉각적으로 알려주기보다는 학생들이 스스로 그 내용을 찾아볼 수 있도록 그 내용을 되짚어보자고 제안한다. 책을 함께 살펴보는 과정에서 학생들은 서로 이야기를 나누면서 새로운 인사 방법을 발견하고, 자신이 놓쳤던 인사 방법을 떠올리는 기회를 갖는다.

이야기가 모두 끝난 후, 그림책 속 인사 방법 중에서 가장 기억에 남는 한 가지를 선택해 보드판에 쓴다. 학생들은 자신이 생각한 인사 방법을 적어가며 각자에게 어떤 인사 방법이 특별한 의미로 남았는지를 생각해본다. 모든 학생들이 작성을 완료한 후에는 발표를 통해 자신이 해당 인사법을 선택한 이유나 그 인사법의 특징에 관해 설명한다. 발표가 끝나면 자신이 쓴 내용을 칠판에 붙여 다른 친구들과 공유한다.

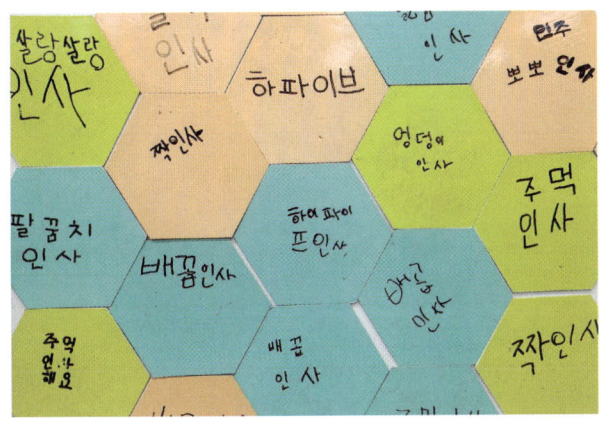

보드판에 생각 모으기

활동 3 나만의 인사 이름표

학생들에게 평소 친구들과 어떤 인사를 나누는지 질문한다. 대부분의 학생은 손을 흔들거나 "안녕"이라고 말한다고 대답한다. 교사는 "그 외에 어떤 특별한 인사 방법이 있을까?"라고 다시 질문을 던진다. 이는 학생들이 자신의 경험을 바탕으로 친구들과 다양한 인사법에 대해 자유롭게 이야기 나눌 수 있는 분위기를 만들기 위함이다. 이때 그림책에 등장하는 인사 방법에 관해 이야기할 수 있고, 자신만의 창의적인 방법을 생각하여 말하는 것도 좋다고 안내한다.

학생들은 서로의 생각에 귀 기울이며 독특하고 재미있는 인사 방법을 공유한다. 예를 들어 발로 가볍게 차며 인사하기, 허리 숙여 인

인사 이름표

사하기, 특별한 손짓을 통해 인사하기 등 다양한 아이디어를 꺼내본다. 그 후, 학생들은 자신이 친구들과 나누고 싶은 인사 방법을 한 가지 선택하여 이름표에 크게 연필로 쓴다. 글씨를 색연필이나 사인펜으로 화려하게 꾸미며 나만의 인사 이름표를 완성한다.

활동 4 물레방아 인사 놀이

자신이 선택한 인사 방법을 학급 친구들과 나눠볼 수 있도록 이름표를 목에 걸고 별표 스티커를 준비한다. 이때 별표 스티커 이외에 다른 모양의 스티커나 자신의 이름이 새겨진 스티커를 대체해서 사용해도 좋다. 우선 학급 인원을 반으로 나눠 두 개의 원으로 앉는다. 안쪽 원에 있는 학생들은 바깥쪽으로 돌아앉아 바깥 원에 있는 학생들과 마주 본다. 각자 인사 짝이 된 친구와 가위바위보를 한다. 이긴 학생은 자신의 인사 이름표를 상대방에게 보여주며 소개한다. 그리고 자신의 짝이 된 학생과 인사 방법을 나눈다. 다음으로 진 학생이 자신의 인사 방법을 소개하고 인사를 나눈다. 서로 인사를 나눴다면 서로의

물레방아 대형으로 앉기

이름표에 스티커를 붙여준다. 인사를 다 나눈 후 바깥원에 있는 학생들은 오른쪽으로 한 칸씩 이동하여 같은 방법으로 놀이를 진행한다. 놀이가 모두 끝난 후에는 자신이 나눴던 인사 방법 중에서 가장 기억에 남는 것을 정하고 그 이유를 발표한다.

> **이 책도 추천해요**
>
> 『인사를 나눠 드립니다』 이한재 글·그림, 킨더랜드, 2021
> 먼저 인사를 건네는 작은 용기와 친절함이 주변 사람들의 마음을 열고 긍정적인 변화를 일으키는 과정을 그린 이야기.
>
> 『왜 인사해야 돼?』 엘리센다 로카 글, 크리스티나 로산토스 그림, 김정하 옮김, 노란상상, 2015
> 인사를 통해 얻는 즐거움과 따뜻한 인간관계를 강조하며, 간단한 인사말로 함께 살아가는 세상의 아름다움을 깨닫게 해주는 그림책.
>
> 『두근두근 첫인사』 양지안 글, 서지혜 그림, 맑은물, 2022
> 부끄럼을 타는 아기 여우가 인사를 통해 다양한 이웃과의 관계를 부드럽게 만들고, 스스로 인사할 이유를 찾는 성장담.

2 바른 자세

수업 시간 중 교사들이 학생들에게 흔히 이야기하는 것 중 하나가 바로 바른 자세로 앉는 것이다. 학생들은 수업이 시작할 때는 분명 올바른 자세로 앉아 있지만, 시간이 지남에 따라 자세가 흐트러지기 마련이다. 턱에 손을 괴고 있는 학생, 책상에 엎드려 있는 학생, 심지어는 의자 위에 다리를 웅크리고 있는 학생도 있다. 바른 자세는 단순히 한 번의 지도만으로 교정될 수 있는 것이 아니라 꾸준히 습관을 형성하는 것이 중요하다. 바른 자세 습관을 통해 학습 능력 향상뿐만 아니라 건강한 삶을 이어갈 수 있으므로 지속적인 관심과 노력이 필요하다.

함께 읽을 책

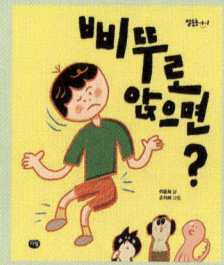

『삐뚜로 앉으면?』
이윤희 글, 손지희 그림, 다림, 2018

우리가 일상에서 삐뚤어 앉으면 어떤 문제가 발생하는지를 직관적으로 잘 나타낸 그림책이다. 각각의 장면은 인과관계로 연결되어 있어 다음에 어떤 내용이 나올지 읽는 이의 호기심을 자극한다. 유쾌하고 흥미로운 그림과 간결한 문장을 통해 학생들은 바른 자세의 필요성을 자연스럽게 깨닫게 되고, 이를 생활 습관으로 정착시킬 수 있는 계기를 마련할 수 있다.

활동 1   그림책으로 이야기 나누기

그림책을 읽기 전에 학생들과 함께 삐뚤게 앉았을 때 어떤 일이 생기는지에 대해 이야기를 나눈다. 만약 학생들이 답변하는 데 어려움을 느낀다면 그림책 표지에 등장하는 주인공의 모습에서 힌트를 찾도록 한다. 교사는 학생들의 발표 내용을 칠판에 하나씩 정리하여 기록하며, 이렇게 정리된 내용을 바탕으로 학생들은 새로운 아이디어를 생각해 추가 발표할 수 있다. 이 과정은 중복된 내용 발표를 방지하는 데에도 도움을 준다.

모든 학생의 발표가 끝나면 함께 그림책을 읽는다. 책 속에는 삐뚤어 앉을 때 발생할 수 있는 다양한 예시가 제시되어 있다. 그림책을 다 읽은 후에는 학생들과 함께 읽기 전과 후에 새롭게 알게 된 내용을 발표한다. 학생들이 발표한 내용은 그림책을 읽기 전에 칠판에 정리해두었던 내용 아래에 추가로 기록한다.

그림책 읽기 전 학생들의 대답 정리하기   그림책 읽은 후 학생들의 대답 추가하기

1부 | 기초 생활

활동 2 바른 자세로 앉으면 좋은 점 알아보기

그림책을 읽은 후 내용을 명확히 기억하고 이해하기 위해서는 이야기를 나누거나 표현활동과 연계하는 것이 효과적이다. 먼저 도화지를 길게 절반으로 자른 뒤 학생들에게 한 장씩 나누어준다. 그런 다음 바른 자세로 앉았을 때 좋은 점을 한 문장으로 작성하도록 한다. 이때 그림책에 나와 있는 내용을 참고해도 좋고, 책을 읽은 후 새롭게 떠오른 아이디어를 자유롭게 기술할 수도 있다.

작성을 마쳤다면 결과물을 다 함께 살펴본다. 결과물을 교실 한편에 게시하여 학생들이 평소에 바른 자세를 유지하는 데 도움을 주는 자료로 활용할 수도 있다.

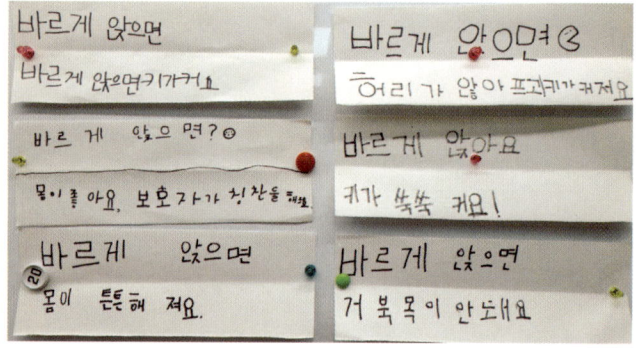

한 문장으로 작성한 바른 자세로 앉으면 좋은 점

활동 3 바른 자세 스트레칭 거울 놀이

의자에서 쉽게 할 수 있는 스트레칭 자세를 배워본다. 이때 교사가 시범을 보여주거나 관련 영상을 시청한다. 교사가 자세를 시연한 후, 학생들이 천천히 해당 동작을 따라 하도록 유도한다. 스트레칭 자세를 바르게 하지 못하는 학생이 있다면 개별적으로 지도하여 올바른 자세를 유지할 수 있도록 돕는다. 여러 동작을 하나하나 지도하기보다는, 학생들의 학년 수준에 맞게 적절히 재구성하여 안내하는 것이 중요하다.

모든 스트레칭 동작을 배운 후에는 4~6인 1모둠을 구성한다. 각 모둠이 서로 바라볼 수 있도록 책상을 모둠형으로 배치한다. 모둠이 구성된 학생들은 가위바위보를 통해 순서를 정한다. 이긴 학생부터 차례로 여러 가지 스트레칭 방법 중 한 가지를 선택해 모둠원들에게 시범을 보인다. 다른 모둠 학생들은 시범을 보여준 학생의 거울이 되어 스트레칭을 똑같이 따라 한다. 이후 다음 학생도 같은 방법으로 스트레칭 거울 놀이를 진행한다. 이때 이미 나온 스트레칭은 반복하지 않도록 안내하여 모둠에서 다양한 스트레칭을 경험할 수 있도록 한다. 일과 시작이나 점심 식사 후 반복 루틴으로 활용한다면 학생들이 바른 자세를 생활화하는 데 큰 도움이 될 것이다.

활동 4 바른 자세 왕 뽑기

바른 자세로 생활하기 위해서는 허리를 곧게 펴는 습관이 필요하다. 핸드폰이나 텔레비전을 볼 때 고개를 숙이는 습관은 거북목을 유발하고 자세를 구부정하게 만든다. 허리를 펴고 바르게 걷는 활동을 진행함으로써 학생들에게 자신의 자세가 얼마나 바르지 않은지를 확인하고, 바르게 걷기 위해서는 어떻게 해야 하는지 생각해볼 기회를 제공한다.

활동을 위해 책상을 양쪽으로 밀어 학생들이 활동할 공간을 확보한다. 이후 다섯 명 정도의 학생들이 교과서를 머리에 얹고 출발선에 맞춰 서도록 한다. 교사가 단계별로 미션을 제시하면 학생들은 그에 맞춰 움직인다. 이 과정에서 교과서를 떨어뜨린 학생은 자기 자리로 돌아가 앉아야 한다.

다음은 단계별 미션 예시이다.

1단계: 제자리에서 앉았다 일어나기

2단계: 시계 방향으로 한 바퀴 돌아보기

3단계: 앞으로 열 걸음 이동하기

4단계: 교과서를 떨어뜨리지 않고 목표점까지 가장 빨리 이동하기

각 팀은 '바른 자세 왕'을 뽑은 후, 팀별 왕들을 모아 우리 반의 바른 자세 왕을 최종적으로 선발한다. 이 활동을 통해 학생들은 바른 자세로 서기 위해서는 척추를 곧게 세우고 시선은 앞으로 향해야 한다는 것을 자연스럽게 배우게 된다.

활동 준비 예시

1단계 예시

이 책도 추천해요

『**거부기의 저주**』 김이슬 글, 남동완 그림, 보랏빛소어린이, 2024
핸드폰, 컴퓨터 등으로 인해 거북이와 같은 모습으로 변해버린 학생들에게 바른 자세의 중요성을 전하는 이야기.

『**몸, 잘 자라는 법**』 전미경 글, 홍기한 그림, 사계절, 2017
어린이들에게 제 몸을 스스로 돌보는 방법을 알려 줌으로써 어릴 때부터 건강한 습관을 몸에 붙이도록 돕는 그림책.

『**방구석 요가**』 나유리 글·그림, 키즈엠, 2021
일상생활에서 할 수 있는 다양한 요가 동작들을 학생들이 이해하기 쉬운 글과 그림으로 표현한 책.

3 편식

학생들이 하루 일과 중에 가장 좋아하는 시간은 바로 급식 시간이다. 아직 1교시가 끝나지도 않았는데도 "선생님! 급식 시간이 언제예요?"라고 묻는 학생들의 얼굴에서 설렘과 기대감을 읽을 수 있다. 그러나 원치 않는 반찬이 나왔을 때는 일부러 급식을 받지 않거나 먹지 않고 남기는 일이 태반이다. 학생들이 싫어하는 음식들을 들여다보면 대개 그 음식이 생소하다는 공통점이 있다. 조금씩 새로운 음식을 경험하고 그 속에서 재미와 흥미를 느낄 수 있다면 편식을 일삼던 아이들 또한 자연스럽게 다양한 맛을 받아들이게 될 것이다.

함께 읽을 책

「땅속 보물을 찾아라!」
김영진 글, 김이주 그림, 꿈터, 2019

편식하는 막내 토끼가 다양한 뿌리채소를 통해 건강한 식습관을 배우는 과정을 따뜻하게 그려낸 그림책이다. 막내 토끼가 엄마와 가족의 걱정 속에서 뿌리채소의 매력을 발견하며 성장하는 과정을 통해 학생들에게 편식의 문제와 식습관의 중요성을 알린다. 뿌리채소가 가진 여러 가지 장점을 익히며 학생들이 새로운 음식을 두려워하지 않고 시도해보는 데 도움을 줄 수 있다.

활동 1 그림책으로 이야기 나누기

그림책을 읽기 전, 학생들과 함께 표지를 탐색하는 시간을 갖는다. 이때 그림은 가린 채 제목인 '땅속 보물을 찾아라!'만 보여주고 땅속 보물이 무엇일지 유추해보도록 안내한다. 이 질문에 대해 학생들은 각자 다양한 답변을 내놓는다. "보물이요" "지렁이요"와 같은 귀여운 대답들이 나오면서 교실에 웃음이 돌면, 교사는 이러한 대답을 수용하며 학생들의 상상력을 키워준다. 이 과정에서 학생들은 자연스럽게 그림책 내용에 흥미를 느끼게 된다. 이후 표지를 전체적으로 보여주며 다시 한번 땅속 보물이 무엇인지 질문하면, 학생들은 곧바로 땅속 보물이 다양한 채소임을 알아차린다.

책에는 땅속에서 자라는 채소들이 소개되어 있고, 이러한 채소가 우리 몸에 주는 이로움까지도 잘 나타나 있다. 예를 들어 당근은 시력을 좋게 하고, 고구마는 에너지를 주며, 비트는 혈액을 맑게 하는 등 각 채소가 우리 몸에 어떤 긍정적인 영향을 미치는지 설명한다. 따라서 교사는 "여러분이 아는 땅속에서 자라는 다른 채소는 뭐가 있을까요?"라는 질문을 던져 학생들의 또 다른 생각을 이끌어낸다. 학생들은 적극적으로 답하며 무, 토란, 연근과 같은 다양한 채소 이름을 나열한다. 그 과정에서 학생들은 자신이 알고 있는 정보도 나누고, 새로운 사실도 배우게 된다.

> **활동 2** 그림책 지우개 놀이

이 그림책은 편식에 관한 재미있는 이야기뿐만 아니라 뿌리채소에 대한 유익한 정보도 담고 있다. 이러한 그림책 내용을 학생들이 잘 이해하고 기억하게 할 수 있는 좋은 방법이 있다. 바로 지우개 놀이이다.

 교사는 그림책에 등장했던 주요 낱말들이 포함된 활동지를 준비한다. 활동지의 낱말 수는 학생들의 학년에 맞게 조정하여 고학년일수록 더 많은 낱말이 포함되도록 구성한다. 활동지를 나눠준 후, 학생들에게 그 활동지에 있는 낱말 중 그림책에 나와 있지 않은 낱말은 × 표시를 하고, 나온 낱말은 ○ 표시를 하도록 안내한다. 너무 많

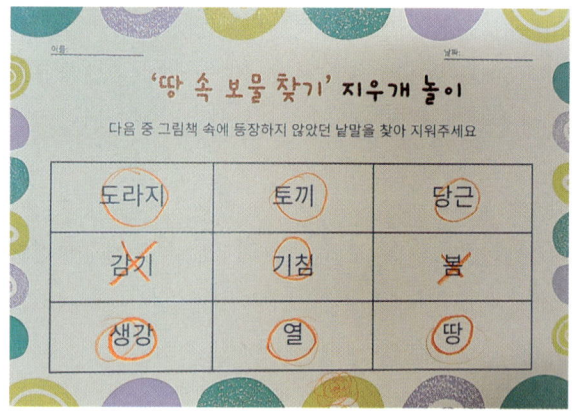

지우개 놀이 활동지

그림책 생활교육

은 시간을 주기보다는 2~3분 정도의 짧은 시간을 주고 그동안 그림책 내용을 회상하며 어떤 낱말이 등장했는지 생각하도록 한다. 학생들은 짧은 시간 안에 집중력을 발휘함으로써 자연스럽게 그림책을 다시 떠올리게 된다. 학생들이 활동지를 모두 마무리하면, 교사는 PPT를 활용해 어떤 낱말이 나왔고 나왔던 낱말인지 하나씩 학생들이 맞힐 수 있도록 진행한다. 만약 그림책에 나왔던 낱말이라면, 어떤 장면에서 등장했는지 함께 이야기를 나누는 시간을 가진다. 이런 활동은 학생들이 그 내용을 더 깊이 이해할 수 있도록 도울 수 있다.

활동 3 땅속 보물 땅따먹기

땅속 보물 땅따먹기 놀이는 전래 놀이인 땅따먹기와 유사한 형식으로 진행된다. 교사는 사전에 땅따먹기 활동지와 두 개의 바둑돌, 그리고 자기 땅을 표시할 색연필 한 자루씩을 준비한다.

첫 번째 단계로, 학생들은 짝과 함께 놀이 순서를 정하기 위해 가위바위보를 실시한다. 이긴 학생은 출발이라고 표시된 두 곳 중 한 곳에 자기 말을 올려놓고 손가락으로 튕긴다. 말이 튕겨서 들어간 곳에 적혀 있는 뿌리채소의 이름을 말하면 그곳이 본인의 땅이 된다. 자신이 차지한 땅은 색연필로 표시하여 쉽게 알아볼 수 있도록 한다. 주의할 점이 있다. 손으로 말을 튕길 때 말이 활동지 밖으로 나가거

땅속 보물 땅따먹기 준비물

나 선에 걸리면 짝에게 기회가 넘어간다. 이렇게 학생들은 서로의 순서를 기다리며 긴장감 속에서 놀이를 이어가게 된다. 더 이상 얻을 땅이 없을 때 게임은 종료되며, 가장 많은 뿌리채소에 동그라미 표시를 한 학생이 승리한다. 이 놀이를 통해 학생들은 즐거운 경험을 쌓는 동시에 뿌리채소의 이름을 자연스럽게 학습할 수 있다.

활동 4 '땅속 보물' 나만의 레시피

앞서 다양한 뿌리채소들이 무엇인지, 그리고 우리에게 어떤 좋은 점이 있는지 살펴보았다면, 이제 이 뿌리채소들이 음식으로 탄생했을 때 어떤 모습으로 변할지를 구체적으로 생각해볼 기회를 제공한다.

예를 들어 당근을 싫어하는 학생들이 당근을 이용해 케이크를 만들었을 때 그것이 어떻게 달라질지를 상상해보면, 당근은 더 이상 싫어하는 채소가 아니라 좋아하는 채소로 변할 수 있다.

교사는 학생들에게 나만의 레시피 활동지를 나눠준 후, 그림책에 등장한 뿌리채소 중에서 요리로 만들어보고 싶은 채소를 하나씩 선택하도록 한다. 그리고 그 채소를 누구나 좋아할 수 있는 음식으로 바꾸려면 어떤 요리를 만드는 게 좋을지 함께 생각해본다. 이때 학생들이 인터넷에서 레시피를 검색할 수 있도록 허용하여 더 다양한 방법의 요리를 찾아낼 수 있도록 한다.

활동지에는 자신이 만들고 싶은 요리의 재료와 만드는 방법 등을 구체적으로 작성한다. 이렇게 '땅속 보물'인 나만의 레시피가 완성

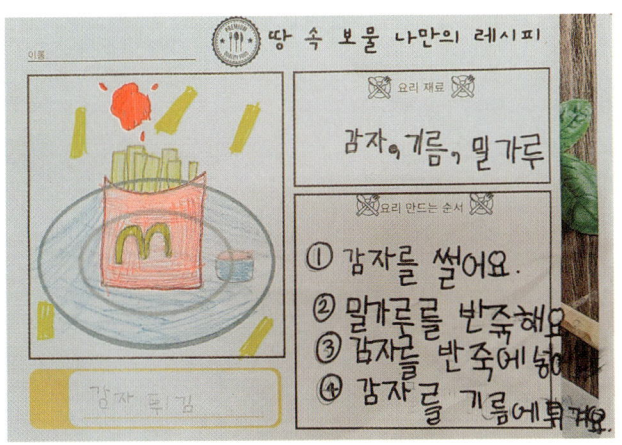

땅속 보물 나만의 레시피 활동지

되면, 학생들은 한 명씩 자신의 레시피를 다른 친구들 앞에서 발표한다. 발표를 통해 학생들은 자신이 평소에 싫어하던 채소가 어떻게 맛있는 음식으로 변화될 수 있는지를 깨닫게 된다.

> **이 책도 추천해요**
>
> 『밥 먹기 싫은 바니눈에게 생긴 일』 김준희 글·그림, 바니눈, 2023
> 밥 먹기 싫어하는 학생들의 고민과 부모의 마음을 통해 학생들의 시선을 이해하고 존중하는 과정을 아름답게 그린 책.
>
> 『골고루』 이윤희 글, 오오니시 미소노 그림, 쉼어린이, 2023
> 다양한 음식을 통해 학생들에게 영양소의 중요성을 재미있게 가르치며 편식 습관을 고치도록 돕는 그림책.
>
> 『판타스틱 반찬 특공대』 김이슬 글, 이수현 그림, 노는날, 2024
> 자극적인 음식에 길들여진 아이들이 귀엽고 유쾌한 특공대의 다양한 작전을 통해 건강한 식습관을 기르게 되는 이야기.

4 시간 약속 지키기

1교시가 시작됐는데 그제야 슬그머니 교실에 들어오는 학생들이 간간이 있다. 이런 경우 수업 중인 교사와 학생 모두 방해를 받는다. 지각한 학생 또한 수업 전반부를 놓쳐 이해가 어렵고 나중에 공부할 때 힘들어진다. 지각의 이유는 대개 아침에 늦게 일어나서인데, 이는 전날 늦게 잠이 들었기 때문이다. 허둥지둥 학교에 오면 하루 종일 피곤하고 집중도 잘 안 되며, 주의나 훈계를 듣게 된다. 지각은 약속 시간을 어기는 것이고, 이게 습관이 되면 시간 약속을 지키지 않는 태도가 형성된다. 그림책을 읽으며 시간 약속의 중요성과 약속을 지킬 때 얻을 수 있는 유익을 생각하고 실천해보자.

함께 읽을 책

「학교에 늦겠어」
더 캐빈 컴퍼니 글·그림, 황진희 옮김, 미래엔아이세움, 2023

늦잠을 자서 학교에 지각할 처지에 놓인 소년의 초조함과 긴박감이 잘 드러나 있는 책이다. 이른 아침, 소년은 학교에 늦지 않기 위해 전력으로 달린다. 갈 길은 멀고 방해물도 많지만 소년은 멈추지 않는다. 몇 분만 늦었어도 몇백 년 만에 한 번 볼 수 있는 장관을 놓칠 뻔했지만, 마침내 8시 정각에 학교에 도착해 친구들과 금환일식을 본다. 이 책은 약속 시간의 소중함과 한 번 지나간 시간은 되돌릴 수 없다는 중요한 교훈을 전한다. 약속 시간을 잘 지킬 수 있는 방법을 찾아 좋은 습관을 만들고 하루를 즐겁게 시작해보자.

활동 1 그림책으로 이야기 나누기

책을 읽기 전에 먼저 책 표지의 제목을 가리고 그림을 보며 어떤 내용일지, 소년이 무엇을 하고 있는 것인지 추측해본다. 책의 앞부분에 땀을 흘리며 앞을 향해 달리는 소년의 모습을 보고 학생들은 "달리기 시합을 하고 있다" "화가 나서 뛰어가고 있다" "학교에 늦어서 달려가고 있다"라고 이야기한다. 책의 제목을 보여준 후 학생들에게 지각을 해본 경험이 있는지 물어보니, 학생들의 절반가량은 지각을 해본 적이 있다고 답했다. "아침에 늦게 일어났거나 배가 아파서" "학교 가기 싫어서 꾸물거리다가" "준비물을 못 가져와서 되돌아가느라" 늦은 적이 있다고 이야기했다. 지각을 하면 안 좋은 점이 있는지 묻자 "친구들에게 민폐를 끼친다" "선생님께 혼난다" "엄마의 잔소리를 듣는다" "눈치가 보인다" 등과 같이 대답했다. 학생들은 지각을 하는 게 좋지 않다는 것을 알고는 있지만, 시간 약속을 지키는 것의 중요성에 대해 평소 생각하지 못한 경우가 많았다. 따라서 이 수업을 통해 지각하지 않고 시간 약속을 잘 지킬 수 있는 방법, 시간 약속의 중요성과 유익을 알아보기로 한다.

활동 2 지각하지 않는 방법 찾기

그림책을 읽고 학생들은 소년이 하마터면 몇백 년 만에 한 번 볼 수 있는 귀중한 장관을 놓칠 뻔했다는 것에 공감했다. 소년이 왜 늦잠을 잤는지 책에 나와 있지 않으므로 소년이 늦잠을 잔 이유를 학생들과 자유롭게 상상하며 이야기를 나눈다. 학생들은 소년이 "알람을 안 맞춰놔서" "금환일식 볼 기내에 잠을 못자서" "밤에 게임을 하느라 늦게 자서" "동생이랑 놀다가 늦게 잠들어서" "밀린 숙제를 하느라 늦게 자서" 등과 같이 늦잠을 자게 되는 이유를 이야기했다.

이제 학교에 지각하지 않으려면 어떻게 해야 할지 생각해본다. 학생들은 지각하지 않기 위한 방법을 모둠원과 함께 찾아 이야기 나누고 종이에 적는다. 하교 후 잠들기 전까지의 생활을 돌아보고 다음 날을 맞이하기 위해 무엇을 해야 할지도 떠올린다. 의논하여 적은 후에는 모둠별로 발표하여 다른 모둠에서 찾은 의견도 접해본다. 학생들은 '일찍 자고 일찍 일어나기' '전날 밤에 미리 준비하기' '알람 맞추기' '여유 있게 출발하기' 등의 의견을 모았다.

학생들은 지각하지 않기 위해서는 무엇보다 일찍 일어나는 것이 중요하다는 것을 느끼게 된다. 따라서 아침에 일찍 일어나면 좋은 점이 무엇인지 모둠원과 함께 찾아서 이야기 나누고 종이에 적어본다. 학생들의 가정 상황이 각각 다르기 때문에 개개인의 의견을 모두 다 적도록 한다. 학생들이 찾은 내용은 '느긋하게 아침 준비를 할 수 있다' '학교에 일찍 올 수 있다' '아침밥을 편안히 먹을 수 있다' '책을 읽거나 운동을 할 수 있다' '엘리베이터를 느긋한 마음으로 기다릴 수 있다' '동생과 놀아줄 수 있다' '학교에 일찍 와서 친구들과 놀 수 있다' 등이었다.

지각하지 않는 방법들

끝으로 모둠원과 함께 적은 내용은 발표하거나 교실에 붙여서 다른 모둠원들이 볼 수 있도록 한다.

활동 3 다짐문 만들기

학생들은 그림책 활동을 통해 배우게 된 시간 약속의 중요성을 자신의 삶으로 가져와 실천하기 위해 시간 약속을 잘 지키기 위한 나의 다짐을 작성한다. 각자 자신이 아침에 늦게 일어나거나 아침이 분주한 이유를 떠올린 뒤 여유로운 아침과 약속 시간 준수를 위해 해야 할 일을 다짐문의 형태로 적는다.

이때 학생들이 시간 약속의 중요성을 좀 더 깊이 느끼도록 하기 위해 다음과 같이 시간과 관련된 명언을 준비한다.

"시간을 잘 쓰는 것은 인생을 잘 사는 것이다." – 프란시스 베이컨
"시간은 화살처럼 날아가고, 지나간 시간은 다시 오지 않는다." – 랄프 왈도 에머슨
"시간을 관리하는 것은 당신이 세상을 관리하는 방법을 결정하는 것이다." – 스티븐 코비
"시간이란 금이다. 한 순간을 허비하는 것도 큰 손실이다." – 사무엘 스마일즈
"시간은 당신이 어떻게 사용하는지에 따라 가치가 달라진다." – 존 맥스웰
"시간은 우리 모두에게 공평하다." – 다이애나 러슬
"시간은 우리에게 배움과 성장을 준다." – 헨리 포드
"시간을 아끼면 당신의 인생이 더 풍요로워진다." – 제프 베조스
"시간은 당신이 그것을 어떻게 사용하는가에 따라 가치가 달라진다." – 토니 로빈스
"시간은 결코 되돌아오지 않는다." – 레오나르도 다 빈치
"시간은 우리에게 선물이다." – 앤 라모트
"내가 성공한 것은 어느 약속에서도 반드시 상대보다 15분 먼저 도착한 덕택이다."
– 넬슨 만델라

교사가 직접 읽어주거나 종이에 적은 명언들을 학생들이 골라 가져가서 다짐문 옆에 붙이거나 적는다. 학생들은 시간과 관련된 명언을 살펴보며 수많은 위인이 시간의 중요성을 강조했다는 사실을 깨닫는다. 다짐문은 공책이나 A4 종이보다는 작은 메모장 크기의 종이에 적는 것이 덜 부담스럽다. 다짐문 표지에는 시계 이미지를 붙이고, 시계 안에 기상 시간을 그려넣고 색칠하도록 하면 학생들이 즐겁게 다짐문을 써나간다. 완성된 다짐문은 책상에 올려두고 실천

해본다. 스스로 시간 관리를 잘할 수 있도록 서로 격려하는 분위기를 만드는 것 또한 중요하다.

학생들이 적은 명언과 다짐문

| 이 책도 추천해요 |

『지금, 시간이 떠나요』 베티나 오브레히트 글, 율리 뷜크 그림, 이보현 옮김, 다산기획, 2022
시간이 어떤 의미를 갖는지, 우리가 시간을 어떻게 사용하고 있는지 보여주는 책.

『약속은 대단해』 선안나 글, 조미자 그림, 미세기, 2016
약속은 모두를 행복하고 안전하게 살아가도록 도와준다는 것을 알려주는 그림책.

『늦잠꾸러기 수탉』 테일러 브랜든 글, 패리스 샌도우 그림, 김보경 옮김, 여우오줌, 2006
매일 아침을 깨우던 수탉이 늦잠을 자면서 동물농장에 벌어지는 일을 통해 일찍 일어나는 습관이 왜 중요한지 알려주는 이야기.

5 정리정돈

교실 서랍이나 사물함을 보면 책 사이에 혹은 구석에서 구겨진 공책과 교과서를 볼 수 있다. 학생들은 그런 줄도 모르고 수업 시간마다 쪼르르 앞으로 나와 공책과 교과서가 없다고 이야기하곤 한다. 과연 학교에서만 그럴까? 아이들은 집에서도 정리정돈을 힘들어한다. 바쁜 일상 속에서 무심코 그냥 놓아둔 물건들이 쌓이고 쌓여서 어느 순간 여기저기 어질러진 상태가 되는 것은 누구나 경험하는 일이다. 어렸을 때부터 자기 주변 정리를 차근차근히 해야지만 나중에 커서도 정리가 습관으로 자리 잡을 수 있다.

함께 읽을 책

『오늘도 어질러진 채로』
시바타 게이코 글·그림,
황진이 옮김, 피카주니어, 2022

정리를 싫어하는 채로. 사실 주인공의 이름은 따로 있으나 뭐든 그대로 둬서 '채로'로 불린다. 첫 장면부터 등장하는 채로의 방을 보면 잔뜩 어질러진 모습에 깜짝 놀랄 수 있지만, 사실 어느 집에서나 일상적으로 일어나는 모습이기도 하다. 엄마의 경고대로 귀신들이 채로의 방으로 찾아온다. 자신의 소중한 물건을 괴물들에게 빼앗기자 채로는 괴물들에게 맞서 소중한 것을 되찾을 방법을 생각해낸다. 결코 미워할 수 없는 채로를 통해 정리정돈의 필요성과 그 방법을 재미있게 배워나갈 수 있는 책이다.

1부 | 기초 생활

> **활동 1** 그림책으로 이야기 나누기

그림책을 읽기 전 아이들과 함께 표지와 면지를 살펴보고, 인물에 대해 다각도로 이해하며 공감하는 시간을 갖는다. 아울러 함께 이야기를 나누면서 다음과 같이 그림책에 나오지 않은 부분을 상상하여 간극을 메워본다. 이렇게 하면 아이들의 이해가 더욱 활성화되고 기억에도 오래 남는다.

1. 제목은 왜 '오늘도 어질러진 채로'일까?
2. 주인공의 나이는?
3. 주인공의 이름은 무엇일까?
4. 주인공은 여자일까, 남자일까?
5. 주인공은 지금 무슨 생각을 하고 있을까?
6. 주인공이 지금 누워 있는 곳은 어디일까?
7. 주인공의 기분은 어떠할까?

표지와 인물을 살필 때 위 내용에 대한 답을 생각해본다면 더욱 풍부한 이야기를 나눌 수 있다. 이러한 질문을 통해 아이들은 자신이 생각하고 예상한 내용을 보다 편하게 나누게 된다. 아이들은 표지에 그려진 주인공의 나이와 이름, 성별을 추측하며 "유치원생 같아요. 초등학생이 저렇게 어지르진 않으니까요" "전 2학년 정도로 보여요. 초등학생도 저렇게 어지르기도 해요"와 같이 이런저런 이야기를 해나간다. 함께 이야기를 나누며 자연스레 하나의 주제에 대해

서로 다른 의견을 주고받는 것이다. 한동안 아이들은 주인공이 유치원생인지, 초등학생인지 갑론을박을 이어가다가 마침내 '초등학생도 정리정돈하는 법을 모르면 심각하게 어지를 수 있다'는 결론에 이른다. 아이들은 "너무 지저분해서 치울 의지 자체가 없는 것 같아요" "자포자기 심정인 것 같아요" "너무 귀찮아서 콧물도 닦지 않는 것 같아요" "옆에 강아지도 포기한 것 같아요"라며 주인공의 표정과 행동, 그리고 작가가 표현한 세심한 장치까지도 빠짐없이 살폈다.

활동 2 숨은 물건 찾기

그림책의 첫 페이지에는 채로의 방이 나온다. 아이들과 함께 이 장면을 보며 '숨은 물건 찾기' 활동을 진행한다. 교사가 제시한 물건을 몇 초 만에 발견했는지를 묻는 것이다. 먼저 장면을 보여주고 과제를 제시하면 오래도록 장면을 살펴본 만큼 금방 찾을 수 있다. 교사는 아이들에게 다음과 같이 말하고 첫 장을 펼친다. "이 그림책의 첫 장면에는 채로의 방이 나옵니다. 지금부터 선생님이 제시한 네 가지 물건을 순서대로 찾아보세요." 이때 교사는 찾아야 하는 물건을 한

물건 이름	걸린 시간
볼링핀	4초
야구공	8초
배드민턴 채	5초
연두색 양말	7초

번에 하나씩만 제시한다.

　발 디딜 틈 없이 잔뜩 널브러진 채로의 방을 보자 아이들은 기겁한다. 자신의 방도 저렇게 어질러져 있다며 고백하는 아이부터, 저건 너무 심하지 않냐며 이해할 수 없다는 반응도 나온다. 아이들은 채로의 방을 이쪽저쪽 자세히 살피며 물건을 찾는다. 왜 어떤 물건은 빨리 발견하고 어떤 물건은 늦게 찾았는지도 물어본다. 아이들은 "어질러져도 가운데 있으면 잘 보이는데, 이 물건이 있어야 하는 공간에 없으면 조금 시간이 걸리는 것 같아요"라고 대답했다. 이야기를 나눈 뒤 교사는 정리정돈이란 '물건을 한눈에 잘 보이는 곳에 두는 것, 물건이 있어야 하는 곳에 놓는 것'이라고 정의한다.

　채로의 엄마는 채로에게 정리를 하지 않으면 지저분한 방을 좋아하는 뒤죽박죽 괴물이 나타나 어질러 놓은 걸 싹 먹어치울 거라고 경고한다. 엄마가 거짓말을 한다고 생각한 채로는 엄마의 말을 무시하지만, 어느 날 밤 정말로 여러 괴물과 귀신이 찾아와 채로가 소중하게 여기는 것들을 하나씩 빼앗아간다. 책상과 옷은 물론 사랑하는 강아지 곱슬이마저 빼앗겨버린 채로는 뒤늦은 후회를 하며 각성한다. 아이들과 이 장면들을 읽어보며 정리를 하지 않으면 어떤 일이 생길지 이야기 나눈다.

활동 3   나는 어떤 채로일까?

채로의 하루를 다시 한번 자세하게 살펴본다. 그림책은 여러 번 읽을 때 처음에 보이지 않았던 것들이 눈에 보이고, 이야기도 새롭게 다가온다. 채로의 하루가 나온 장면을 두 번째 볼 때는 그림과 함께 찬찬히 살필 수 있도록 시간적 여유를 준다. 앞에서 채로에 대해 많은 이야기를 나누었기에 아이들은 "저도 아침밥 먹고 나서 치우지 않은 채로 그냥 학교로 와요" "저도 이 책 저 책 읽다가 그냥 책상에 벌여놓은 채로 둬요" 하고 말하며 자연스레 자신의 모습을 되돌아본다.

1번부터 12번까지 이어지는 채로의 하루를 보며 이번에는 자신은 어떤 채로 있을 때가 많은지 이야기한다. 서로 돌아가며 말하며 아이들은 '내 안의 채로'를 가감 없이 꺼낸다.

아이들이 말한 채로의 모습은 다음과 같다.

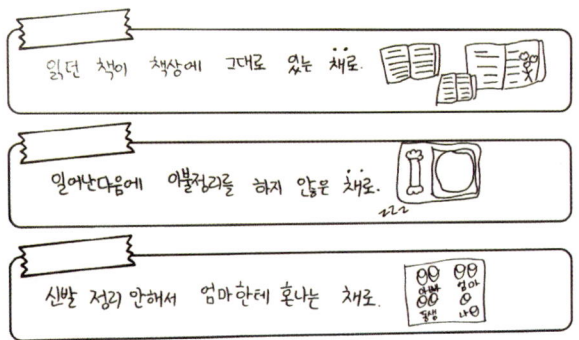

1부 | 기초 생활

활동 4 실천 가능한 정리정돈 목표 세우기

그림책을 읽으며 정리정돈을 하지 않을 때 힘든 점, 불편한 점 등을 나누며 내 안의 채로를 어떻게 바꾸고 싶은지 이야기를 나눈다. 그런 다음 내가 꼭 정리하고 싶은 곳과 정리하고 싶은 이유를 함께 이야기한다. 아이들은 자신의 방, 책상, 침대, 간식 창고, 거실 등 자신이 매일 사용하는 공간을 말한다. 치우고 싶은 이유로는 '부모님께 혼나서' '같이 방을 쓰는 언니가 너무 더럽다고 해서'와 같은 이유를 든다.

그런 다음 아이들과 실천 가능한 목표를 세워본다. 장소는 지금 당장 정리하고 싶은 곳, 반드시 치우고 싶은 곳을 생각한다. 그리고 스스로 실천할 수 있는 시간과 방법을 구체적으로 정하도록 한다. '매일'이나 '정리가 필요할 때'라고 쓰기보다는 특정 요일이나 시간대를 정하는 것이 좋다. 또한 방법을 생각할 때도 '청소하기'보다는 구체적으로 어떻게 정리정돈을 할 것인지 적도록 한다. 목표는 구체적이고 작을수록 실천하기 쉽다.

언제	어디를	어떻게
- 월요일 저녁밥 먹고	- 내 책상	- 필요 없는 것은 바로 버리기
- 매주 수요일	- 내 침대	- 이불을 잘 펴서 놓기
- 매주 금요일 저녁	- 내 옷장	- 옷을 구기지 말고 옷걸이에 걸기

그 후에는 앞서 계획한 목표를 바탕으로 한 줄 실천 약속을 정한다. '3단 미니 서랍에 물건을 분류해서 넣기' '침대 위에 이불을 쫙 펴서 놓기'와 같이 한 문장으로 간결하게 자신이 지켜야 할 일을 쓴다. 아이들의 수준에 따라 실천 기간을 설정할 수 있다. 매일 아침 활동 시간에 서랍에서 점검표를 꺼내 어제 정해진 시간에 정리했는지, 깔끔한 상태를 유지했는지 떠올리고, 매우 잘했으면 ◉, 정리가 좀 필요하다는 생각이 들면 ○, 지저분해서 오늘은 정리해야 할 것 같은 느낌이 들면 △ 표시를 한다. 그리고 조·종례 시간이나 알림장을 통해 정리정돈할 것을 이야기 나누며 아이들이 잊지 않도록 상기시킨다.

> **이 책도 추천해요**
>
> 『**또 마트에 간 게 실수야!**』 엘리즈 그라벨 글·그림, 정미애 옮김, 토토북, 2013
> 정리정돈이 과소비를 초래할 수 있음을 유쾌하게 풀어간 이야기.
>
> 『**엄마 오기 100초 전!**』 김윤정 글·그림, 제제의숲, 2024
> 100초 안에 집을 치워야 하는 남매의 모습을 통해 정리정돈 방법을 살피는 책.
>
> 『**책상 정리 대작전**』 이다 노리코 글, 마쓰모토 하루노 그림, 송지현 옮김, 북뱅크, 2022
> 책상 정리가 어려운 친구들이 차근차근 정리 방법을 배워나갈 수 있는 책.

6 바른 말 고운 말 사용

우리가 일상적으로 사용하는 언어는 오랫동안 습관처럼 쓰여 굳어진 표현이기 때문에 단기간에 바꾸기 어렵다. 그래서 언어순화 교육은 3월부터 시작해서 일 년 내내 지속되어야 한다. 또한 가정과 함께해야 효과가 있기 때문에 학년을 시작할 때 학부모님께 교육관을 분명하게 밝히고 협조를 당부해야 한다. 상대를 높이어 귀중하게 대하는 존중의 말은 마음에서 우러나와야만 습관이 될 수 있으며, 그렇지 않다면 일회성으로 끝나기 쉽다. 꾸준한 지도를 통해 서로 귀중하게 대하며 긍정적인 마음을 나누는 학급을 만들어나가보자.

함께 읽을 책

『말의 형태』
오나리 유코 글·그림, 허은 옮김,
봄봄출판사, 2020

'만약 말이 눈에 보인다면 어떤 모습일까?'라는 기발한 상상으로 시작되는 그림책이다. 작가는 독자에게 말이 눈에 보이지 않아서 좋은 점, 말이 눈에 보여서 기쁜 점, 내가 하는 말의 모양과 색에 대해 질문한다. 학생들은 작가의 질문을 통해 저마다의 다양한 생각을 이끌어낼 수 있다. 또한 말의 형태, 더 나아가 마음의 형태를 찾을 수 있는 책이기 때문에 마음을 보여주는 말의 힘을 교육하기에 적합하다.

활동 1 · 그림책으로 이야기 나누기

먼저 책의 표지를 살펴보고 학생들은 각자 표지에서 발견한 것을 자유롭게 발표한다. "제목의 글자색이 각각 다르다" "나무에 알록달록 열매가 달려 있는 것 같다" "여러 가지 색깔의 동그라미가 말의 형태인 것 같다" 등 다양한 의견이 나온다.

이어서 책을 읽기 전에 학생들은 '형태'의 뜻이 무엇인지 생각한 후 사전을 활용하여 '사물의 생김새나 모양'이라는 의미를 확인한다. 교사는 우리가 사용하는 언어에 형태가 있는지 질문하고 문자언어와 음성언어로 구분하여 설명한다. 문자언어인 글자는 시각적으로 표현되므로 형태가 있지만 음성언어인 말은 눈에 보이지 않으므로 형태가 없다.

그림책은 현실과 상상의 세계를 넘나들 수 있게 해준다. 교사는 내지 첫 장에서 읽기를 멈추고 만약 말이 눈에 보인다면 어떤 모습일지 묻는다. 한마디로 말의 형태가 있는 것처럼 가정해보자는 것이다. 말의 형태를 상상해보며 다음 장을 넘긴다.

앞장에서 말의 형태를 꽃으로 상상했던 학생들이 있다면, 교사는 뒤에 이어지는 "혹시, 아름다운 말은 꽃이 아닐까"라는 문장을 읽은 후 학생의 상상이 작가의 마음에 가닿았다고 말해준다. 말의 형태를 꽃이 아닌 다른 대상으로 상상한 학생들에게는 작가도 상상하지 못한 것을 상상했다고 칭찬해준다. 학생의 생각이 예상 밖이라 해도 그 생각을 존중하고 칭찬해야 한다. 학생만의 상상력으로 생각을 표현했는데 그 생각이 존중받지 못하면 사고력의 날개는 꺾인다.

이제 아름다운 말 중에 '크고 부드러운 꽃' '작고 귀여운 꽃'으로 형태화되는 건 무엇일지 생각해본다. 목소리에 따라 말의 색이 변할지 묻는 장면에서는 목소리의 변화를 주며 읽는 것이 좋다. 그려진 꽃 중에 목소리에 맞는 색으로 표현된 꽃을 찾아본다. 다음 장을 넘기기 전에 학생들에게 말의 형태가 꽃 모양인 사람들의 마음은 어떤 형태일지 묻는다. 말의 형태가 아름다운 모양이니 마음의 형태도 아름다운 모양일 것임을 강조한다. 세 장 연속 꽃 그림이 나오다가 앞의 분위기와 대조되는 못 그림이 등장한다. 아름다운 말을 꽃으로 표현한 것에 반해 누군가를 상처 주는 말을 못으로 표현한 것이다. 아름다운 말, 꽃 그림이 나오는 부분에서 교사와 학생들은 웃으며 이야기를 나누다가 상처 주는 말, 못 그림이 나오는 부분에서 분위기가 반전되어 웃음이 사라지고 숙연해진다. 날카로운 못이 날아가고 그 못에 찔려 피로 얼룩진 그림은 학생들에게 큰 충격으로 다가간다.

그림책을 읽은 후 가장 인상 깊었던 장면이 무엇인지 물어보면 대부분의 학생은 못이 날아와 그 못에 찔려 피로 얼룩진 장면이라고 말한다. 말의 형태가 못 모양인 사람들의 마음의 형태 또한 뾰족하고 날카롭게 생겼을 것이라고 이야기를 나눈다.

활동 2 질문 만들기

본문에 담긴 여러 질문들에 대한 자신의 생각을 정리한 후 친구들과 생각을 나누는 활동이다. 먼저 모둠별로 둥글게 둘러앉아 한 명씩 질문종이를 뽑고 해당 질문에 대해 대답한다. 각자의 자리로 돌아가서 '말의 형태'와 관련된 질문을 한 가지씩 창의적으로 만들어 질문종이에 적는다. 질문을 적은 후 질문종이를 두 번 접고 뽑기 바구니에 넣는다. 이전 활동에서 했던 것처럼 둥글게 둘러앉아 한 명씩 질문종이를 뽑고 해당 질문에 대해 대답한다. 만약 자신이 만든 질문을 뽑았다면 다시 접어 넣고 다른 질문종이를 뽑는다. 책에 있

말의 형태 Q&A 활동지

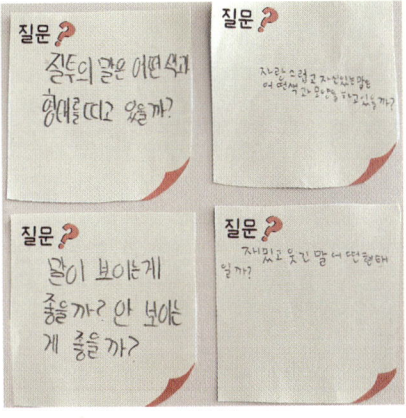

질문종이 예시

는 질문들로 활동을 할 때는 개인 활동지에 자신의 생각을 먼저 쓰고 말하는 것이기 때문에 질문을 뽑고 대답하는 시간이 오래 걸리지 않는다. 그러나 각자 창의적으로 만든 질문들로 활동을 할 때는 질문에 대해 즉흥적으로 대답하기 때문에 대답이 오래 걸릴 수 있다. 따라서 곧바로 대답하는 것을 어려워하는 학생들의 경우 나중에 생각이 떠올랐을 때 질문종이에 글로 써서 표현할 수 있도록 배려해주는 것이 좋다. 학생들은 책에 있는 질문부터 창의적으로 만든 질문까지, 많은 질문에 대한 생각을 표현하면서 다양한 시각과 관점을 경험하고 책을 깊이 있게 이해할 수 있다.

활동 3 마음의 형태 그리기

언어는 말하는 사람의 감정을 표현하는 수단이다. 즉, 사람의 마음에 일어나는 다양한 감정을 표현하는 정서적 기능을 한다. 언어의 정서적 기능을 통해 말이 사람 내부에 있는 마음을 입 밖으로 꺼내어 보여준다는 것을 알 수 있다. 학생들에게 언어의 정서적 기능에 대해 이야기한 후 다음과 같이 질문한다. "그림책에서 꽃으로 표현된 '아름다운 말'을 하는 사람들의 마음은 어떤 모습일까? 못으로 표현된 '상처 주는 말'을 하는 사람들의 마음은 어떤 모습일까?"

학생들은 아름다운 말을 하는 사람들의 마음은 고운 빛깔의 둥근 모습이고, 상처 주는 말을 하는 사람들의 마음은 무채색의 날카롭고 거친 모습이라고 생각한다. 마음의 형태를 상상하면서 긍정적인 마음이 긍정적인 언어로 표현되고 부정적인 마음이 부정적인 언어로 표현된다는 것을 깨닫는다.

교사는 학생들 각자의 평소 언어생활을 되돌아보게 한다. 그런 뒤 자신이 했던 아름다운 말을 한 가지 떠올리고 그 말을 했을 때의 마음이 어땠는지 생각해본다. '마음의 형태 그리기' 활동지에 있는 둥근 말풍선에 아름다운 말을 쓰고 그 말을 했을 때 마음의 형태를 상상하여 그린다. 다음으로 다른 사람에게 상처 주는 말을 했던 때를 떠올린 후 그 말을 했을 때의 마음은 어땠는지 생각해본다. 네모난 말풍선에 상처 주는 말을 쓰고 그 말을 했을 때 마음의 형태를 상

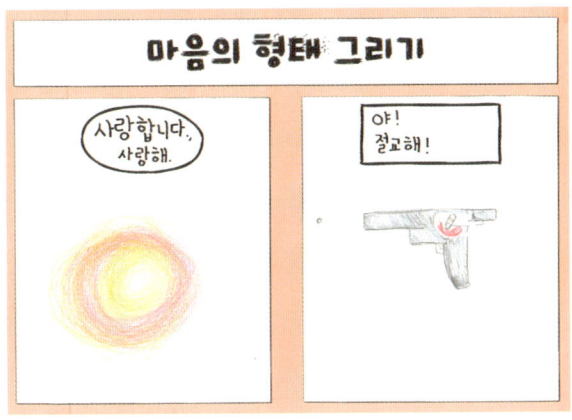

아이들이 그린 마음의 형태

상하여 그린다. 학생들은 이 활동을 통해 마음을 보여주는 말의 힘을 느낄 수 있다. 이때 교사는 마음의 형태가 말의 형태를 결정지을 수 있으니 마음의 형태를 잘 다듬어야 한다고 조언한다.

활동 4   꽃말 vs 못말

책 속에는 "소중한 사람에게 꽃 같은 말을 전할 수 있도록"이라는 문장이 나온다. 따라서 이번에는 소중한 친구에게 꽃 같은 말을 전하는 우리가 되기 위해 그동안의 언어 습관을 되돌아보고 바른 언어 사용의 필요성을 깨닫는 활동을 해본다.

　말의 형태가 꽃처럼 고운 말은 '꽃말'이라고 지칭하고, 말의 형태가 못처럼 상처를 주는 말은 '못말'이라고 지칭한다. 꽃 그림이 그려진 꽃말 종이와 못 그림이 그려진 못말 종이는 A1 크기로 출력하여 칠판에 붙인다. 학생들은 그동안 친구에게 들었던 말 중에 가장 기억에 남는 꽃말과 못말을 하나씩 붙임쪽지에 적고 두 종이의 왼쪽에 각각 붙인다. 이어서 그동안 친구에게 했던 말 중에 가장 기억에 남는 꽃말과 못말을 하나씩 붙임쪽지에 적고 두 종이의 오른쪽에 각각 붙인다. 친구에게 들었던 말과 친구에게 했던 말을 구분해서 붙이는 이유는 자신이 한 말과 친구가 한 말을 쉽게 비교할 수 있기 때문이다. 학생들은 꽃말 종이에 붙은 꽃말들을 살펴보고 자신이 꽃말처럼 느꼈던 말을 친구들도 꽃말처럼 느끼는 것을 확인하게 된다. 또한, 못말 종이에 붙은 못말들을 살펴보고 자신에게 상처를 줬던 말을 친구들도 못말처럼 느끼는 것을 알게 된다. 나아가 활동을 통해 알게 된 점이나 느낀 점을 말이나 글로 표현하는 시간을 갖는다. 학생들은 자신의 언어 습관을 성찰하고 앞으로 상처를 주는 못

꽃말 종이

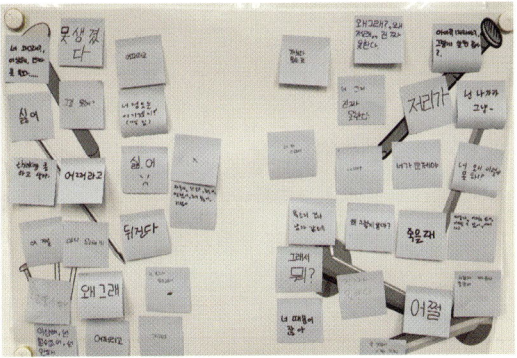
못말 종이

말보다 바르고 고운 꽃말을 많이 말하겠다고 다짐한다. 활동이 끝난 뒤에는 교실에 꽃말 종이와 못말 종이를 게시해 놓고 자신의 붙임쪽지를 어느 때나 새로운 붙임쪽지로 바꿀 수 있도록 한다. 내가 친구에게 한 꽃말과 못말, 친구가 나에게 한 꽃말과 못말을 수시로 바꿔 붙일 수 있기에 학생들은 주체적으로 언어문화를 개선해나간다.

> 이 책도 추천해요
>
> 『**누군가 뱉은**』 경자 글·그림, 고래뱃속, 2020
> 나쁜 말은 검댕이, 좋은 말은 무지개 방울로 비유하여 언어 순화 교육에 활용하기 좋은 책.
>
> 『**나쁜 말 먹는 괴물**』 카시 르코크 글, 상드라 소이네 그림, 김수진 옮김, 그린북, 2024
> 나쁜 말을 먹으면 몸집이 커지고 나쁜 말을 먹지 못하면 몸이 작아지는 괴물을 통해 나쁜 말은 좋지 않다는 것을 깨닫게 해주는 이야기.
>
> 『**욕**』 김유강 글·그림, 오올, 2023
> 언어인 말을 동물 말로 표현하여 욕을 시각적으로 나타낸 언어 습관 그림책.

1 정직한 생활 실천하기

생활교육의 궁극적인 목적은 학생들이 내면을 바르게 가꾸고 다른 사람과 더불어 살아가는 데 필요한 성품과 역량을 기르도록 돕는 것이다. 그 목적을 이루기 위해 기본적으로 갖추어야 할 덕목 중 정직을 우선순위에 둔다. 학생들은 인지적, 정서적으로 미성숙하기 때문에, 때로는 정직하지 못한 행동을 선택하기도 한다. 그 선택이 올바르지 않다는 것을 일깨워주고 잘못된 행동을 돌아보고 반성하는 시간을 주어 그러한 행동을 바로잡아야 한다. 가랑비에 옷 젖는 줄 모르듯, 작은 거짓말이라도 습관처럼 반복해서 하게 되면 신뢰 회복이 어렵기 때문이다.

함께 읽을 책

『거짓말이 뿡뿡, 고무장갑!』
유설화 글·그림, 책읽는곰, 2023

정직하지 못한 행동을 하면 몸과 마음이 불편해지고, 정직한 행동을 하면 몸과 마음이 편안해진다는 것을 깨닫게 해주는 유쾌, 상쾌, 통쾌한 그림책이다. 유설화 작가의 장갑 초등학교 시리즈 네 번째 이야기로, 주인공은 고무장갑이다. 고무장갑 외에도 쌍둥이 장갑, 비닐장갑, 레이스 장갑, 권투 장갑, 야구 장갑, 때밀이 장갑, 주방 장갑, 가죽장갑, 목장갑이 등장한다. 다양한 성향의 장갑들이 교실에 앉아 있는 장면을 보면 마치 우리 교실을 그대로 옮겨놓은 듯하다. 학생들은 그림책 내용을 깊이 이해하면서 고무장갑의 경험을 간접적 체험하고 고무장갑의 감정에 공감할 수 있다.

> **활동 1** 　그림책으로 이야기 나누기

　그림책의 표지를 살펴본 뒤 각자의 생각을 자유롭게 발표한다. 제목에서 유추할 수 있듯 "고무장갑이 거짓말을 해서 따가운 눈총을 받는 것 같다"라는 의견이나 "고무장갑의 표정이 잔뜩 겁에 질린 것 같다"라는 의견이 나왔다. 표지에 나타나 있는 채소 '가지'는 이야기에서 어떤 역할로 등장할지 생각해볼 수도 있다.

　내지 첫 장에 나오는 교실 장면에서 주인공 고무장갑은 열의에 찬 표정으로 선생님 말씀에 집중한다. 그다음 장에서는 매우 평온한 표정으로 두 손을 모아 가지꽃을 상상하고 있다. 표지와 대조되는 표정이라 앞으로의 전개에 학생들의 관심이 모아진다. 고무장갑의 표정 변화에 주목하여 고무장갑의 감정을 이해해본다.

　교사는 학생들과 함께 그림책을 읽어나간다. 화분에 씨앗을 심고 햇빛이 가장 잘 드는 자리에 두었는데 일주일이 지나도 고무장갑과 때밀이 장갑의 화분에는 싹이 나지 않는다. 언젠간 싹이 나오겠지 하면서 대수롭지 않게 생각하는 때밀이 장갑에 반해 고무장갑은 더욱더 정성껏 화분을 돌본다. 그러던 어느 날, 아침에 가장 먼저 등교한 고무장갑이 때밀이 장갑의 화분에 싹이 난 것을 발견한다. 이 대목에서 잠시 읽기를 멈추고 다음 이야기가 어떻게 전개될지 상상해본다. 이를 통해 학생들은 단순히 이야기를 전달받기만 하는 수동적인 입장에서 벗어나 능동적으로 이야기를 재해석하고 상상력을 발휘한다. 고무장갑은 때밀이 장갑의 화분 이름표와 자기 화분의 이름표를 바꿔 놓는다. 정직하지 못한 행동을 선택한 고무장갑의 얼굴에 식은땀이 흐른다.

뒤이어 등교한 장갑 친구들의 축하를 받는 고무장갑의 표정이 매우 불편해 보인다. 관찰력이 좋은 가죽장갑이 고무장갑의 화분에 돋보기를 대고 보다가 이름표 끝부분이 찢겨 있는 것을 발견한다. 이때, 고무장갑은 식은땀을 흘리고 마른침을 삼키며 말을 더듬는다. 정직하지 못한 행동을 해서 자신에게 떳떳하지 못하므로 친구들이 다독여주고 걱정해줘도 친구들에게 화를 내며 톡톡 쏘아붙인다. 사실을 털어놓지 못한 채 배에 가스가 차고 몸이 점점 부풀어오른다. 고무장갑의 운명은 어떻게 될지 학생들과 생각을 나눈다. 그림책의 제목을 염두에 둔 학생들은 결말을 쉽게 예상하지만 쉽게 접근하지 못하는 학생들을 위해 제목을 상기시켜준다.

활동 2 있잖아, 나 사실은……

학생들이 실생활에 필요한 지식·기능·태도를 습득할 수 있으려면 유의미한 경험이 필요하다. 그런데 유의미한 경험의 기회는 한정적이다. 시간과 공간의 제한이 있기 때문이다. 이때 그림책 속 등장인물의 경험을 느끼고 그 인물과 연결되어 공감할 수 있게 된다면 이러한 제약을 넘어설 수 있다. 책을 읽을 때도 학생들은 고무장갑의 경험을 간접적으로 느끼고 고무장갑의 감정에 공감한다. 고무장갑 몸이 부풀어오를 때 학생들도 그동안 했던 거짓말이 떠올라 답답하고 불편함을 느낄 수 있다. 고무장갑이 방귀를 뀌며 사실을 말하고 가벼워졌을 때 학생들도 마음이 가벼워질 수 있다.

교사는 활동지를 나눠준 뒤 아이들이 그동안 했던 거짓말 중 한 가지를 사실대로 털어놓으라고 이야기한다. 작성을 마쳤다면 활동지를 수합하여 섞은 후 무작위로 나누어준다. 만약 자신의 활동지를 받게 되면 다른 학생의 활동지로 바꾸어 가져간다. 솔직하게 털어놓은 친구의 거짓말에 공감하고 친구를 이해한 후 하고 싶은 말을 적는다. 교사는 활동지를 다시 수합한다. 상황 실연을 하고 싶어 하는

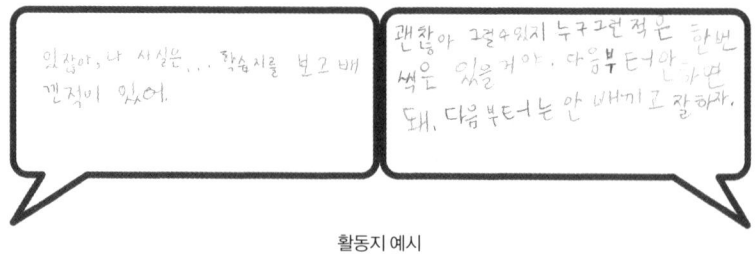

활동지 예시

학생들의 경우 두 명씩 짝을 이루어 활동지를 임의로 선택하여 실연한다. 실연을 원하지 않을 땐 교사가 실감 나게 읽어준다. 학생들이 친구의 거짓말에 대해 공감하는 모습을 보였다면 교사는 다음에 또 그런 상황이 올 경우 정직한 행동을 선택해야 한다고 조언한다.

활동 3 정직한 생활 퍼즐

어떤 상황에서도 정직한 행동을 선택할 수 있는 역량은 하루 만에 길러지는 것이 아니다. 매일 꾸준히 자기 자신을 냉정하게 성찰하고 말과 행동을 점검하는 것이 필요하다.

교사는 학생들에게 활동지를 한 장씩 나누어주고 정직한 생활을 하기 위해 스스로 지킬 수 있는 약속들을 쓰도록 한다. 학생들이 쓴 약속에는 거짓말하지 않기, 커닝하지 않기, 자기 잘못 인정하기, 약속 지키기, 남의 물건을 주우면 돌려주기 등이 있었다.

전체 그림을 정직한 생활이라고 생각해보자. 퍼즐을 맞출 때 퍼즐 조각 한 개를 잃어버리면 그림이 완성되지 않는다. 약속 한 개라도 소홀히 하면 정직한 생활을 완성할 수 없는 것이다. 스스로 정한 약속을 잘 지켜서 정직한 생활이 완성될 수 있도록 하려면 눈에 잘 보이는 곳에 퍼즐을 게시하고 매일 꾸준히 실천하는 것이 좋다.

사람을 나무에 비유한다면 정직은 흙에 비유할 수 있다. 나무가 잘

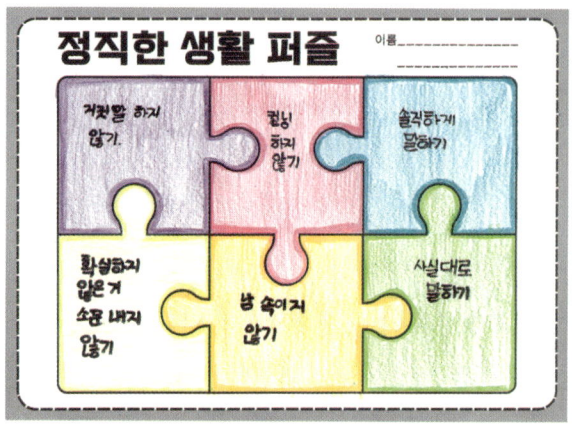

활동지 예시

성장하기 위해서 영양분이 많은 흙이 필요하다. 바르고 건강한 마음인 정직이 학생들에게 좋은 영양분을 주어서 올곧게 성장할 수 있게 해주는 것이다. 가지꽃의 꽃말은 '진실'이라고 한다. 고무장갑의 화분에만 싹이 나지 않았던 것은 진실의 싹이 자라지 않았기 때문이지 않을까 하는 생각이 든다. 학생들의 마음에 좋은 영양분이 가득한 정직이라는 흙이 있다면 그 흙에서 진실 씨앗이 잘 자라 싹을 틔우고, 예쁜 꽃을 피우고, 풍성한 열매를 맺어 아름드리나무로 성장할 수 있을 것이다.

> 이 책도 추천해요

『빈 화분』 데미 글·그림, 서애경 옮김, 사계절, 2006
중국의 옛이야기로, 임금님이 후계자를 고르는 기준을 통해 진정한 정직의 가치를 생각해보게 하는 그림책.

『거짓말』 고대영 글, 김영진 그림, 길벗어린이, 2009
우연히 돈을 주운 병관이의 마음속 갈등이 생기고 그 갈등이 해소되어 마음이 편안해지기까지의 과정이 잘 드러난 이야기.

『이건 내 모자가 아니야』 존 클라센 글·그림, 서남희 옮김, 시공주니어, 2013
커다란 물고기의 모자를 훔쳐 달아난 작은 물고기가 자신의 행동을 합리화하기 위해 늘어놓는 변명을 통해 정직에 대해 생각해볼 수 있는 책.

⑧ 경청하기

열심히 활동 설명을 마치고 "그럼, 이제 시작해볼까요?"라고 말했을 때 종종 "선생님, 못 들었는데요!" 또는 "선생님, 이거 어떻게 해요?"라는 학생들의 질문과 마주하곤 한다. 대화 도중 불쑥 끼어들거나, 다른 사람의 말을 끊고 자신의 생각을 표현하려고 손을 번쩍 들고 있는 모습도 자주 목격된다. 원활한 의사소통을 하기 위해서는 다른 사람의 말을 '잘 듣는 것'이 필요하다. 경청은 단순히 상대방의 말을 듣는 것을 넘어 사람들의 감정과 생각을 이해하고 존중하는 중요한 기술이다. 몸과 마음을 다해 귀 기울이는 것. 모두가 경청한다면, 교실은 다양한 생각이 넘쳐나고 공감과 배려가 넘치는 소통의 장으로 발전할 수 있다.

함께 읽을 책

『남의 말을 듣는 건 어려워』
마수드 가레바기 글·그림,
이정은 옮김, 풀빛, 2024

다른 사람의 말을 끝까지 듣기 어려워하는 사람들에게 경청의 중요성을 알려주는 책이다. 자기 말만 하던 어린 물총새가 새장에 갇혔다가 탈출하는 과정을 보여주며, '듣기'의 가치를 어린 물총새의 성장 과정을 통해 쉽게 전달하고 있다. 그림책을 함께 읽으며 남이 말하는 동안 제대로 듣고 있는지, 남이 말하는 중간에 끼어들지는 않는지, 남이 말할 틈을 주지 않고 내 말만 하고 있진 않은지 등 각자의 '듣기' 태도를 되돌아볼 수 있다. 상대방의 말을 듣지 않았던 물총새가 자기 말을 듣지 않는 앵무새를 만나면서 경청의 태도를 배웠듯이, 학생들은 이 책의 주인공 어린 물총새를 만나며 '경청'의 태도를 배우게 될 것이다.

활동 1 이구동성 게임

그림책을 읽기 전 이구동성 게임을 함으로써 '집중해서 듣기'의 어려움을 깨달아본다. 이구동성 게임은 네 사람이 한 글자씩 동시에 외치면, 나머지 사람들이 네 글자 단어를 유추해 맞히는 방식으로 진행된다. 예를 들어 '대한민국'이라는 네 글자 단어를 네 사람이 한 글자씩 맡고, 동시에 외치는 것이다. 그 외에도 스파게티, 뭉게구름, 이탈리아, 조삼모사, 청출어람, 헬리콥터, 스마트폰, 플라스틱 등의 단어를 활용할 수 있다.

간단한 네 글자 단어이지만, 모두가 동시에 말할 뿐 아니라 말하는 각자의 목소리 크기도 듣기에 영향을 미치기 때문에 큰 집중력을 요한다. 협동 게임으로도 잘 알려져 있는 만큼 학생들은 각자 역할을 분담하여서 한 친구의 입 모양과 소리에 집중하는 전략을 짜내기도 한다. 이 게임을 통해 학생들은 귀 기울여 듣기의 어려움과 즐거움을 동시에 느끼며, '듣기'의 중요성에 한 걸음 다가가게 된다.

활동 2 그림책으로 이야기 나누기

표지에서 '남의 말을 듣는 건' 부분을 가린 뒤 제목을 맞혀본다. 표지 속 시무룩한 표정의 어린 새를 가리키며 "주인공이 어려워하는 것은 무엇일까요?" 하고 질문을 던지면, 학생들은 앞선 활동이 이구동성 게임이었기 때문에 듣는 것이 어렵다고 쉽게 대답한다.

표지를 살펴보면 어린 새가 커다란 새장 안에 갇혀 있는 모습이 나오고, 새장의 맨 위에는 열쇠가 그려져 있다. 새장 바깥에는 여러 마리의 앵무새가 등장한다. 책을 모두 읽은 뒤 표지를 다시 살펴보면 모든 게 복선이었다는 사실을 깨닫게 된다. 표지를 살펴본 뒤 교사는 "어린 물총새는 남의 말을 듣는 게 왜 어렵다고 했을까요?" 하고 질문을 던진다. 학생들은 자기 말만 하기 때문에, 남의 말에 관심이 없어서, 너무 시끄러워서 등 자신의 경험과 관련된 답변을 한다.

이렇게 표지와 제목으로 책에 대한 호기심을 불러일으킨 다음 함께 책을 읽는다. 이 그림책에는 물총새와 앵무새들이 말하는 대사로 가득한 페이지가 몇 장면 등장한다. 특히 앵무새들의 말이 마치 새장처럼 보이는 장면이 압권이다. 여건이 된다면 복권으로 책을 구매해서 모둠별로 한 권씩 글과 그림을 깊이 살펴보는 시간을 갖는 것이 좋다.

그림책을 깊이 이해하기 위한 추가 활동으로 질문 만들기를 할 수 있다. 학생들에게 붙임쪽지를 세 장씩 나누어준 뒤, 붙임쪽지에 책의 내용으로 질문을 만들어 적도록 한다. 이때 답은 적지 않고 질문만 만들어 적은 뒤 책상에 붙인다. 질문은 사실 질문, 생각 질문,

적용 질문을 골고루 만들되, 적용 질문을 만들기 어려워하는 학생의 경우 사실 질문과 생각 질문을 한 개씩 더 만들어도 무방하다. 만드는 질문의 종류와 개수는 학년과 학급 상황에 맞게 적절히 정하면 된다. 질문을 모두 만들었다면 각자 돌아다니며 친구들이 만든 질문에 답을 적는다. 친구들이 어떤 질문을 만들었는지 살펴볼 수 있고, 질문에 답하며 그림책의 내용을 되돌아볼 수도 있다.

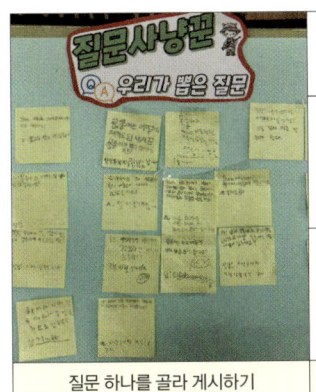

	– 물총새가 아빠 곁을 떠나 만난 친구는 누구인가요? – 물총새는 왜 사냥꾼이 다가오는 것도 몰랐나요?
	– 물총새가 지치고 외로웠던 이유는 무엇일까요? – 어린 물총새는 문을 열어두고 탈출했는데, 앵무새들은 새장을 탈출했을까요?
	– 남의 말을 듣는 건 왜 어려울까요? – 남의 말을 왜 잘 들어야 할까요? – 남의 말을 잘 듣지 않는다면 어떻게 될까요?
질문 하나를 골라 게시하기	학생들이 만든 질문 예시

활동 3   남의 말을 잘 듣는 방법 탐색하기

"어린 물총새와 앵무새들에게 필요한 태도는 무엇일까요?"란 질문으로 학생들과 활동을 시작한다. 학생들은 남의 말에 귀를 기울여 드는 태도가 필요하다고 대답한다. '귀를 기울여 듣는다'란 뜻을 담

은 단어는 경청(傾聽)이다. 聽(들을 청)의 부수를 분해하여 경청이란 '몸과 마음을 다해 상대를 바라보며 듣는 것'이라는 것을 알려준다. 그리고 왜 경청이 필요한지를 이야기 나눈다. 경청하지 않으면 필요한 정보를 얻을 수 없으며, 상대방의 기분이 상하기 때문에 경청이 필요하다고 학생들은 답한다.

  그렇다면 과연 남의 말을 잘 듣는 방법은 무엇일까? 모둠별로 마그네틱 메모지(붙임쪽지)를 나누어준 뒤 남의 말을 잘 듣는 방법에 대해 토의하여 정리한다. 단, 말하는 사람의 입장과 듣는 사람의 입장을 나누고, 개수를 적절히 분배하여 적도록 한다. 마그네틱 메모지 한 장에 한 가지 방법을 적고, 모둠별로 정리한 방법은 칠판에 붙인다. 이때 비슷한 방법끼리 모아서 게시한다. 모둠별로 메모지의 색깔을 달리하면 모둠별 의견을 쉽게 구별할 수 있다.

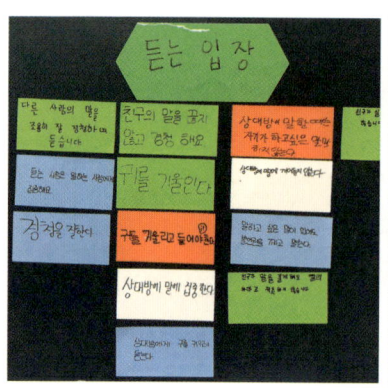
듣는 입장에서 남의 말을 잘 듣는 방법

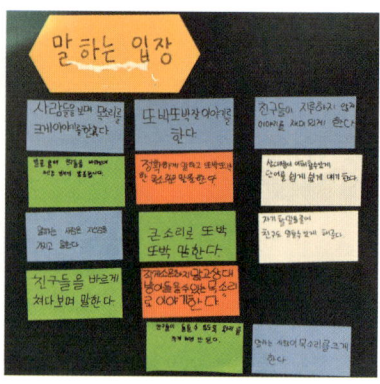
말하는 입장에서 남의 말을 잘 듣는 방법

칠판에 게시한 '남의 말을 잘 듣는 방법'을 학생들과 함께 정리한다. 우선 모둠별로 어떤 방법들이 나왔는지 발표한 뒤, 비슷한 방법끼리 분류한 내용을 함께 이야기 나눈다. 이 활동을 통해 학생들은 남의 말을 잘 듣는 것은 듣는 사람과 말하는 사람 모두의 노력이 필요함을 깨닫게 된다.

활동 4 말 전달하기 놀이하기

남의 말을 잘 듣는 방법을 정리한 후에는 말 전달하기 놀이를 하면서 듣는 입장과 말하는 입장이 되어 실천해본다. 수업 상황에 따라 모둠원 수를 정하되, 4~5명 정도가 적당하다.

말 전달하기 놀이 방법은 다음과 같다.

① 모둠별로 1번부터 4번까지 순서를 정한다.
② 1번 학생은 '선생님이 제시하는 문장' 또는 '그림'을 보고 2번 학생에게 설명한다. 이때, 문장은 그대로 외워서 전달하고, 그림은 모양을 설명한다.
③ 2번 학생은 3번 학생에게, 3번 학생은 4번 학생에게 말을 전달한다.
④ 마지막 학생은 말을 듣고, 화이트보드에 문장을 쓰거나 그림을 그린다.

문제마다 제한 시간을 두면 긴장감 넘치게 활동에 참여하는 것을 볼 수 있다. 문장을 외워서 전달하는 것보다 그림을 설명하는 것을 더 어려워하나, 한 문장을 전달하는 것도 생각보다 힘들어하는 것을 볼 수 있다.

놀이를 한 뒤에는 놀이 과정에서 어려웠던 점에 대해 이야기 나눈다. 틀리지 않고 문장을 전달하는 것이 어렵고, 내가 제대로 전달하지 못할까봐 두려웠다는 이야기가 주로 나왔다. 학생들은 이 놀이를 통해 경청의 태도를 지니는 것이 어렵고, 집중하며 귀를 기울여야 한다는 사실을 체득하게 된다.

> **이 책도 추천해요**
>
> 『군고구마와 주먹밥』 미야니시 타츠야 글·그림, 황진희 옮김, 미래아이, 2021
> 친구의 말을 들을 때 혹은 친구에게 말을 전달해야 할 때 어떻게 하면 좋은지 '경청'과 '책임'에 대해 알려주는 책.
>
> 『내 말 좀 들어 주세요, 제발』 하인츠 야니쉬 글, 질케 레플러 그림, 김라합 옮김, 상상스쿨, 2020
> 고민이 있는 곰의 하루를 통해 친구를 제대로 도우려면 문제를 정확히 알아야 하고, 알기 위해서는 귀 기울여 듣는 것이 먼저라는 것을 알려주는 이야기.
>
> 『잘 들어 볼래요』 알렉익스 카브레라, 비녜트 몬타네르 글, 로사 마리아 쿠르토 그림, 홍주진 옮김, 개암나무, 2016
> 말 한마디, 주변의 소리를 소중히 여기면서 귀 기울여 잘 들으면 자신뿐만 아니라 타인까지 이해할 수 있다는 것을 알려주는 책.

9 발표하기

학교생활뿐만 아니라 사회생활에서도 자신의 생각을 다른 사람 앞에서 표현하는 것은 중요하다. 교실 안에는 발표하는 것을 좋아하는 학생도 있지만 부끄러워하거나 꺼려하는 학생도 있다. 발표에 대한 부정적인 인식이 뿌리내리면 앞으로의 생활에서 여러 어려움을 겪을 수 있다. 다른 사람 앞에서 말하는 게 떨리는 것은 당연한 일이라며 공감해준다면 학생들은 위로를 받고 용기를 얻게 될 것이다. 나아가 발표가 필요 없다고 생각하는 학생들에게는 발표의 필요성을 탐색하는 기회를 제공하여 발표의 동기를 부여한다면 발표는 더 이상 두려움의 대상이 되지 않을 것이다.

함께 읽을 책

『발표는 어려워!』
이팅 리 글·그림,
그림책사랑교사모임 옮김,
교육과실천, 2024

친구들 앞에서 말하는 것을 두려워하는 주인공 수지가 청소 로봇 아놀드와 이야기를 하며 점차 변화하는 내용을 담고 있는 책이다. 이 책을 활용해 나의 소중한 보물에 대해서 생각해보고, 자신의 보물을 소개하는 글을 작성하여 발표하는 시간을 가짐으로써 발표의 기회를 줄 뿐만 아니라 발표에 대한 두려움을 줄여줄 수 있다. 그리고 '발표'를 주제로 학생들과 함께 여러 가지 이야기를 나누며 발표의 필요성에 대해서도 살펴보기에 좋다. 또 창고에서 쓰지 않은 청소 로봇 아놀드와 함께 폐품으로 놀잇감을 만든다는 내용도 담고 있어서 폐품으로 장난감을 만드는 일련의 과정을 경험하고 발표해볼 수도 있다.

> **활동 1** 그림책으로 이야기 나누기

표지의 제목은 다양한 연장과 폐품을 활용한 타이포그래피로 표현되어 있다. 앞면지에도 제목과 관련이 없어 보이는 물건들로 가득하다. 수업을 진행하기 전에 제목에서 '발표'라는 단어를 가린 뒤, 표지와 앞면지를 보여주고 "무엇이 어려운 걸까요?"라고 학생들에게 질문한다. 그러면 대부분의 학생은 '만들기'나 '고치기'라고 대답한다. 그 후에 제목인 '발표는 어려워!'를 공개하면 학생들은 표지와 앞면지의 그림이 발표와 어떤 연관성이 있는지 궁금해한다. 이렇게 흥미를 유발한 뒤 본격적으로 책을 함께 읽어간다. 발표하기를 어려워하는 수지를 보면서 발표했던 경험과 발표를 할 때 느끼는 감정을 이야기 나눈다.

혼자 있기를 즐기는 주인공이 창고에서 여러 가지 폐품으로 장난감을 만드는 장면을 보며 학생들은 앞면지와 제목의 타이포그래피를 그제야 이해한다. 발표와는 크게 상관없는 장면이지만, 어떤 물건들이 어떤 장난감으로 변신하였는지를 살펴보며 즐거워하는 모습을 보이기도 한다. 수지의 친구가 된 청소 로봇 아놀드가 수지의 용기를 북돋아주고 수지를 도와주는 장면에서는 학생들과 자신에게 의지가 되는 물건이나 존재에 대해 이야기 나눈다. 마지막으로 뒷면지의 '발표 전에는 이렇게 연습해봐요!'와 '발표 잘하는 꿀

팁!'을 읽기 전에 발표를 잘하는 방법에 대해 이야기해본다. 학생들은 발표를 잘하려면 연습을 많이 하고, 자신감을 가지며, 다른 사람들이 모두 들을 수 있도록 또박또박 정확하게 이야기하며 경청해야 한다는 것을 이야기한다. 그 외에 특별한 의견으로는 적당한 유머는 듣는 사람의 집중도를 높이고 강렬한 인상을 남기기 때문에 상황에 맞는 유머를 활용한다는 내용도 있었다. 이렇게 그림책을 함께 읽은 뒤, '발표'에 대해 더 많은 이야기를 나누어보자고 제안한다.

활동 2 질문 만들기

그림책 활용 질문하기 수업은 그림책 안에 담긴 다양한 주제와 가치를 활용하기 위한 좋은 수업 방식이다. 여기에서 질문은 내용을 확인하고 지식을 이해하는 기능을 넘어 학생 스스로 생각과 의견을 표현하는 도구로서 활용된다. 대상 학년에 맞춰 질문의 종류별 개수와 수준을 조절하면 된다. 본 수업은 초등학교 중학년 대상이며, 책의 내용이나 정보를 확인하는 질문인 '사실 질문', 책에 나온 내용 또는 상황에 대한 생각을 묻는 '생각 질문', 책의 주제 또는 등장인물의 가치관을 묻는 질문인 '적용 질문'으로 나누어 진행하였다. 질문을 만들 때는 모둠별로 책을 제공하는 것이 좋다. 함께 읽을 때는 보지 못했던 부분을 찾을 수 있고, 기억으로만 질문을 만드는 것에는 한계가 있기 때문이다.

  교사는 학생들에게 붙임쪽지를 다섯 장씩 나누어준 뒤 한 장의 붙임쪽지에 한 개의 질문을 적게 한다. 이때 세 가지 종류의 질문을 골고루 만들어야 한다. 각자 만든 질문은 모둠별 종이에 모두 모아서 모둠원들과 각자의 질문을 나눈다. 모둠원들의 질문에 모두 답을 해보면서 책의 내용과 자신의 의견을 정리할 수 있다.

  질문 나누기가 끝나면 모둠별로 학급토론으로 진행할 만한 질문을 하나씩 선택한다. 모둠별로 최고의 질문을 선정할 때 이미 답이 정해져 있는 사실 질문을 선정하지 않도록 유의해야 한다. 질문이 선정되면 모둠별로 선정한 질문과 그 이유를 발표한다.

질문의 종류	학생 질문 예시
사실 질문	- 주인공의 이름은 무엇일까요? - 로봇의 이름은 무엇일까요? - 수지가 가장 두려워하는 발표 시간은 언제일까요?
생각 질문	- 소녀는 친구들 앞에서 발표하는 걸 왜 어려워했나요? - 수지가 발표 시간에 아놀드를 소개하지 못했다면 어떻게 되었을까요? - 만약 아놀드를 만나지 못했다면 어떻게 되었을까요?
적용 질문	- 부끄러움은 꼭 다 느끼는 걸까요? - 발표는 모두가 꼭 해야 할까요? - 발표가 왜 중요할까요?

활동 3 바람개비 토론하기

모둠별 질문을 나눈 뒤 학급토론으로 이어질 학급 질문을 선정한다. 학급 질문을 뽑을 때는 다수결로 가장 많은 선택을 받은 질문을 정한다. 우리 반에서 결정된 학급 질문은 '발표는 모두가 꼭 해야 할까요?'였다. 우리 학급에서는 모두의 의견을 듣기 위해 돌아가며 모두 발표하는 방법을 활용하고 있었기 때문에 발표를 왜 모두가 해야 하는지에 대한 의문을 가지고 있는 학생들에게 지지를 받았다.

선정된 학급 질문으로 토론을 진행한다. 다양한 토론 방식 중에서 활용한 방법은 '바람개비 토론'이다. 바람개비 토론은 소수의 학생들만 참가하는 디베이트 토론 방식과 달리 모두 돌아가며 자신의 의견을 표현하고, 다른 사람의 의견에 반응을 보이는 비경쟁 토론의 한 방법이다.

바람개비 토론 진행 순서는 다음과 같다.

① 모둠별로 종이 중앙에 학급 질문을 적는다.
② 모둠원은 각각 다른 색 펜으로 질문에 대한 답변을 적는다.
③ 답변이 끝나면 토론지를 돌려서 옆 친구가 한 답변에 댓글을 단다. 댓글의 내용으로 친구가 쓴 답변에 대한 질문, 보충 설명, 의견 제시, 동의 등을 쓴다.
④ 원래 자리로 돌아와서 자신의 최종 의견을 쓴다.

학급에서 진행하는 바람개비 토론의 경우 모둠별 질문으로 진행하는 경우가 많다. 이때는 모둠별로 질문이 다르기 때문에 다른 모둠으로도 이동할 수 있다. 처음 모둠과 다른 모둠에 앉아서 다른 활동지에 댓글을 다는 것이다. 하지만 이 수업에서는 학급 질문을 정했기 때문에 모둠 간 이동 없이 수업을 진행했다.

발표는 모두가 꼭 해야 한다는 의견의 학생들은 "발표가 생각하는 힘을 길러주고, 발표를 하기 싫다고 계속 안 하게 되면 그 친구의 생각과 의견을 알 수 없다"라는 의견을 냈다. 발표에 선택권을 주는 것은 공평하지 않다고 생각하는 학생들도 있었다. 발표를 꼭 하지

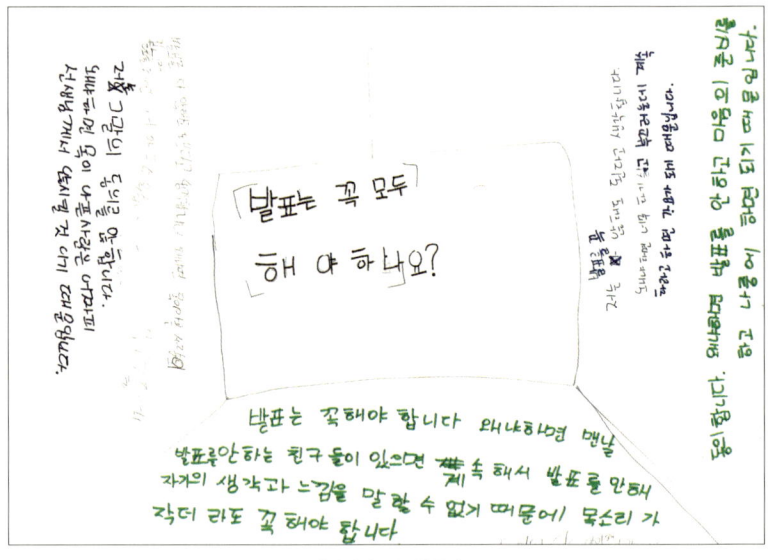

바람개비 토론 활동지

않아도 된다는 입장의 학생들은 "발표를 하기 싫은데 계속 하라고 하는 것은 강요가 될 수 있다"라고 말했고, "발표하다가 친구들의 반응 때문에 기분이 안 좋아질 수도 있다"라고 이야기했다. 학생들은 모둠원들의 이러한 의견에 동의를 표하거나 반대의 의견을 표현하며 자신의 생각을 견고히 다져갔다.

최종 의견을 정리하는 과정에서 원래의 생각과 같은 학생들도 있었지만, 친구들과 바람개비 토론을 하며 의견에 변화가 생긴 경우도 있었다. 만장일치의 의견은 나오지 않았지만, 이 토론을 통해 우리 반 학생들의 의견은 자신의 생각을 표현하기 위해서라도 발표해야 한다는 쪽으로 모아졌다.

활동 4 반짝반짝 소중한 나의 보물 발표하기

발표에 대한 의견을 나눈 후, 주인공 수지처럼 나의 보물을 발표해본다. 이때 학생들은 미리 나의 보물을 소개하는 글을 작성해둔다. 교사는 뒷면지에 담긴 발표 연습법과 발표 잘하는 팁을 다시 한번 확인한 후 연습하는 시간을 준다. 발표를 두려워하는 학생들은 미리 발표문을 쓰고 소리 내어 여러 번 읽는 연습을 하고 나니 자신감이 생긴다고 이야기했다. 고학년이라면 나의 보물 사진을 활용하여 PPT나 영상 등으로 발표 자료를 만들어 발표하는 시간을 가져도 좋다.

나의 보물은 내가 항상 쓰고 다니는 안경이다. 내가 안경을 쓰는 이유는 시력이 안 좋아서이다. 안경의 단점을 쓰고 벗을 때 불편하다는 것이다. 하지만 안경을 나에게 꼭 필요하다. 내가 좋아하는 보라색이라 예쁘고, 학교에 갈 때나 공부할 때, 놀 때에도 많은 도움이 된다. 나중에 커서 눈 수술을 하면 안경을 안 써도 된다. 하지만 지금 내 안경은 나한테 무지무지 소중한 보물이다.

나의 보물 소개하는 글쓰기

> 이 책도 추천해요

『발표하기 무서워요!』 미나 뤼스타 글, 오실 이르겐스 그림, 손화수 옮김, 두레아이들, 2017
발표 울렁증을 극복한 알프레드의 모습을 통해 발표가 두려운 사람들에게 희망을 주는 이야기.

『나 지금 떨고 있다』 임태리 글, 강은옥 그림, 가문비어린이, 2024
틀린 답을 말할까봐 발표를 잘하지 못하는 주인공이 발표의 어려움을 극복하고, 발표를 잘하게 되는 비법이 들어 있는 책.

『아주 무서운 날』 탕무니우 글·그림, 홍연숙 옮김, 찰리북, 2014
발표가 두려운 주인공 링링의 떨리고 긴장되는 마음을 잘 표현한 그림책.

10 교통 안전

코로나 시기에 잠시 줄었던 어린이 교통사고가 다시 늘어나고 있다. 경찰청 집계에 따르면 2020년 이후 매년 약 8,000건 이상의 사고가 발생했고, 어린이보호구역에서도 예외 없이 안타까운 사고가 이어지고 있다. 어린이의 안전을 위한 제도적 장치 외에도 교통 규칙을 지키려는 사람들의 인식과 행동 변화가 중요한 이유이다. 아이들은 교통 안전 수칙을 안다고 생각하지만, 실제로는 반복적인 연습과 올바른 습관이 필요하다. 그림책을 통해 교통표지판의 의미를 배우고, 실수하기 쉬운 규칙을 익히게 하여 안전한 생활을 준비할 수 있도록 하자.

함께 읽을 책

「엄마 오리 아기 오리」
이순옥 글·그림, 사계절, 2023

아홉 마리 아기 오리가 호수 공원으로 가기 위해 복잡한 도로를 건넌다. 엄마는 아기 오리들에게 교통신호와 안전 수칙을 알려주지만, 복잡한 도로 위에서 아기 오리들은 위험한 상황에 처하고 만다. 이 책은 아기 오리들의 시선으로 도로의 위험성을 보여주며, 어린이의 눈높이에서 교통 안전의 중요성을 자연스럽게 이해하게 한다. 학생들은 안전한 도로를 만들기 위해서는 어린이와 어른, 보행자와 운전자 모두가 교통 안전 규칙을 정확히 인지하고 실천하며 서로를 배려하는 마음을 갖는 것이 중요하다는 것을 배울 수 있다.

> **활동 1** 그림책으로 이야기 나누기

책 속에는 아기 오리들이 엄마 오리를 따라 횡단보도를 건너 혼잡한 길을 걸어가는 장면이 나온다. 오리들을 보며 교통 안전 규칙에 맞지 않는 모습이 있는지 살펴보고 안전하게 길을 가기 위해 유념해야 할 것과 지켜야 할 교통 안전 규칙에는 무엇이 있을지 생각하여 이야기 나눈다.

교사 아기 오리 한 마리가 신호등이 초록불일 때 길을 건너는데 갑자기 빨간불로 바뀌었어요. 이때 아기 오리는 어떻게 했나요?

학생1 횡단보도에 멈춰 서 있었어요. 너무 위험했어요.

학생2 빨간불일 때 횡단보도에 서 있으면 위험하니까 빨리 뛰어야 해요.

교사 그러면 빨리 달려서 건너야 할까요, 주위를 살피고 빠른 걸음으로 걸어야 할까요?

학생3 주위를 살피면서 빠른 걸음으로 걸어요. 앞만 보고 빨리 달리면 옆에서 오는 차를 못 볼 수 있어요.

교사 맞아요. 그러면 아기 오리들이 안전하게 길을 가기 위해 지켜야 할 교통 안전 규칙에는 어떤 것들이 있을까요?

학생4 초록불이 깜빡일 때는 기다렸다가 다음 신호에 길을 건너요.

학생5 횡단보도를 건널 때는 장난치지 않고 차가 오는지 살펴보면서 걸어요.

활동 2 교통 안전 규칙 OX 퀴즈

학생들이 이미 알고 있는 교통 안전 규칙에 대해 이야기 나눈 후 학생들이 알고 있어야 할 교통 안전 규칙을 OX 퀴즈로 알아본다. 다 함께 OX 퀴즈를 풀며 익힌 다음, 학생들이 교통 안전 규칙 한 가지를 OX퀴즈로 만들어 직접 종이에 쓴다. 그 후 교실을 돌아다니며 친구들과 만나 퀴즈를 내고 서로 맞혀본다.

도로를 건널 때는 반드시 횡단보도를 이용한다.	O
횡단보도를 건널 때는 왼쪽으로 건너는 것이 안전하다.	X
공놀이는 운동장이나 공원처럼 정해진 곳에서만 한다.	O
신호등의 불이 초록색으로 바뀌면 곧바로 길을 건넌다.	X
횡단보도를 건널 때는 손을 들고 건넌다.	O
자동차 뒷좌석에 앉을 때는 안전벨트를 하지 않아도 된다.	X
골목길에서는 자전거를 타지 않는다.	O
횡단보도가 없는 곳에서는 빠르게 뛰어서 길을 건넌다.	X

활동을 진행할 때 무엇보다 중요한 것은 이미 익숙한 교통 안전 규칙이더라도 일상에서 그것을 기억하고 잘 지키는 것이다. 퀴즈 형식을 통해 안전규칙을 말로 표현하고 다시 한번 기억함으로써 중요성을 되새긴다.

활동 3　교통 표지판 알아보기

도로에서 운전자와 보행자 모두 안전할 수 있도록 도와주는 것이 무엇일지 생각해본다. 학생들은 '신호등' '경찰' '횡단보도' '교통 표지판' 등을 이야기한다. 이 중에서 '교통 표지판'은 도로 교통에 필요한 주의사항, 규제, 지시, 방향 등을 그림이나 문자로 알려주는 표지판이라는 것을 학생들에게 알려준다. 교통 표지판에는 어떤 것이 있는지 알아보고, 각 표지판이 의미하는 것이 무엇인지 살펴본다.

먼저 교통 표지판을 보여주고 학생들이 본 적 있는지, 어디에서 봤는지 이야기 나눈다. 표지판에 간략히 글자가 쓰여 있는 것도 있고 그림으로만 나타낸 것도 있어서 어떤 의미일지 유추하며 살핀다. 표지판 간에 서로 비슷한 점이 있는지 살펴보도록 하면 학생들은 색깔, 모양, 그림에서 공통점을 찾아낸다. 먼저 색깔을 보면, 빨간색 표지판은 경고, 금지, 제한을 뜻하며, 노란색 표지판은 위험 요소를 사전에 고지하는 용도이다. 파란색 표지판은 안내 및 지시를 할 때 사용한다. 표지판의 형태도 저마다 다른 의미를 띤다. 원형은 금지 및 제한 사항을 알리고, 삼각형은 위험 요소를 경고한다. 사각형은 정보 및 방향 안내 시 사용한다.

기본적인 표지판의 쓰임을 알아본 후 표지판 이미지를 흑백으로 인쇄하여 나누어준다. 학생들은 각 표지판을 알맞은 색깔로 색칠한

| 철길 건널목이 있음을 알리는 표지판 | 보행자, 자동차 등의 통행을 금지하는 표지판 | 어린이 보호가 필요함을 지시하는 표지판 |

다. 이때 각 표지판이 어떤 의미인지 어린이들이 이해할 수 있도록 쉬운 말로 풀어서 쓰도록 한다. 학생들은 이 활동을 통해 교통 표지판의 의미를 이해하고, 교통 표지판이 운전자와 보행자의 안전을 지키기 위한 중요한 정보를 담고 있다는 것을 알게 된다. 각자 완성한 교통 표지판은 교내 게시판에 부착하여 타 학년 학생들이 교통 표지판의 의미와 쓰임을 배울 수 있도록 한다.

활동 4 나만의 교통 안전 표지판 만들기

지금까지 배운 교통 안전 규칙을 되돌아본 후 학생들이 각자 중요하다고 생각하는 규칙을 한 가지씩 생각해본다. 표지판의 색깔과 모양이 의미하는 것을 떠올려 교통 안전 표지판으로 그리고 알맞은 색으로 색칠한다. 원형, 삼각형, 사각형 형태가 그려진 종이를 나누어주고 학생들이 자유롭게 상상력을 발휘하여 표현할 수 있도록 한다. 마지막으로, 학생들이 만든 표지판은 부모님들께도 공유하여 교통 안전 규칙을 어린이와 어른 모두가 지켜야 하는 중요한 약속임을 깨닫도록 한다.

안전벨트를 잘 매도록   빨간불일 때 길을 건너지
알리는 표지판   말라는 표지판

> **이 책도 추천해요**
>
> **『수상한 신호등』** 더 캐빈 컴퍼니 글·그림, 송태욱 옮김, 비룡소, 2020
> 다양한 교통수단을 통해 신호등의 규칙을 알려주는 책.
>
> **『얼음땡』** 문명예 글·그림, 시공주니어, 2022
> 사람들과 차들이 신호등에 맞춰 움직이는 모습을 얼음땡 놀이에 비유해 보여주는 책.
>
> **『빵빵, 비켜!』** 신성희 글·그림, 고래이야기, 2024
> 여행길, 차를 운전하던 아빠가 괴물로 변하는 모습을 통해 교통 문화와 운전 예절을 돌아보게 하는 이야기.

11 자전거 안전

자전거는 많은 학생이 등하교 시 이용하는 편리한 교통수단이다. 하지만 안전 장비 미착용과 안전 수칙 무시로 인한 사고가 빈번히 발생하고 있다. 실제로 소아·청소년에게 발생하는 교통사고 중 자전거 사고율은 36.2%로, 성인의 경우보다 약 세 배나 높다고 한다. 자전거 사고로 인한 손상 중 외상성 머리 손상이 46.6%로 가장 많다는 통계가 있다. 더욱 심각한 것은 사고 발생 시 헬멧 착용률이 4.6%에 불과하다는 점이다. 이러한 수치는 많은 학생이 안전 장비 없이 자전거를 타고 있음을 의미한다. 학교에서의 자전거 교육이 일회성이 아닌 지속적이고 체계적으로 이루어져야 하는 이유이다.

함께 읽을 책

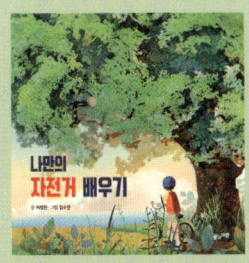

『나만의 자전거 배우기』
이영란 글, 김수연 그림, 풀과바람, 2021

학생들이 쉽게 이해하고 공감할 수 있는 방식으로 자전거 타는 법을 소개하는 책이다. 새로운 도전에 대한 응원의 메시지를 담고 있어 자전거를 배우는 과정에서 겪을 수 있는 두려움이나 어려움을 극복하도록 격려한다. 그림책 중간중간에 자전거 타기의 기본적인 안전 수칙과 주의사항이 소개되는 만큼 학생들이 이러한 수칙을 자연스럽게 학습할 수 있다. 학생들은 주인공이 자전거를 배우는 과정과 자신이 실제로 자전거를 탔던 경험을 연결 지어 생각해볼 수도 있다.

활동 1 그림책으로 이야기 나누기

교사는 학생들에게 책의 표지를 보여주며 자전거와 관련된 경험을 물어본다. 자전거를 타본 적이 있는지, 처음 배웠을 때의 느낌은 어땠는지 등을 질문하여 학생들의 관심을 유도한다. 이를 통해 학생들은 자신의 경험을 떠올리며 수업에 자연스럽게 참여하게 된다.

그림책을 함께 읽어가며, 먼저 자전거의 기본적인 구조와 부품에 대해 이야기 나눈다. 책의 자전거 그림을 보며 각 부분의 명칭을 함께 알아보고 학생들이 알고 있는 자전거 구조와 부품, 처음 알게 된 부품에 대해서 이야기한다. 이 과정에서 학생들은 자전거에 대한 기본적인 이해를 넓힐 수 있다. 이 책은 자전거를 탈 때 꼭 알아야 하는 중요한 사항을 책의 오른쪽 하단에 설명해놓았다. 자전거 타기를 연습할 때 적합한 장소에 대해서도 제시되어 있기에 책에서 제시하는 연습 장소의 특징을 살펴보고, 학생들이 자전거 타기를 배웠거나 연습했던 장소와 비교해본다. 이를 통해 학생들은 안전하고 효과적인 연습 장소의 중요성을 인식하게 된다.

끝으로 교사는 자전거의 구조, 안전 장비, 연습 수칙, 그리고 자전거 타기의 7단계에 대해 다시 한번 정리하고, 안전한 자전거 타기의 중요성을 강조한다. 또한, 자전거 타기를 통해 얻을 수 있는 즐거움과 성장의 기회에 대해서도 함께 이야기할 수 있다.

활동 2 안전한 자전거 타기 표어 만들기

그림책을 읽고 나서는 안전한 자전거 타기 표어 만들기 활동으로 수업을 이어간다. 이 활동은 학생들이 책에서 배운 내용을 바탕으로 자전거 안전의 중요성을 창의적으로 표현하는 기회를 제공한다.

표어 만들기 활동을 진행하기 전에 교사는 표어의 개념과 특징에 대해 간단히 설명한다. 표어는 짧고 강렬한 문구로 중요한 메시지를 전달하는 역할을 한다는 점을 강조한다. 학생들은 그림책에서 배운 내용 중 가장 중요하다고 생각하는 안전 수칙이나 메시지를 선택한다. 이는 안전 장비 착용의 중요성, 안전 수칙 준수, 자전거 점검의 필요성 등 다양한 주제가 될 수 있다.

학생들은 선택한 주제를 바탕으로 개별적 표어를 만든다. 이때 교

자전거 안전 표어

사는 학생들에게 간결하면서도 호소력 있는 문구를 만들도록 조언한다. 표어 제작 과정에서 교사는 교실을 돌아다니며 학생들의 진행 상황을 확인하고 필요하다면 조언을 제공한다. 학생들이 어려워하는 경우, 그림책의 내용을 다시 한번 상기시키거나 다른 관점에서 생각해볼 수 있도록 유도한다. 표어가 완성되면 교실 게시판에 전시하여 다른 학생들과 교직원들에게도 자전거 안전의 중요성을 알린다.

활동 3 나의 자전거 안전 수칙 세우기

안전 수칙 만들기 활동은 학생들의 능동적 참여와 창의성을 촉진한다. 이 활동을 위한 사전활동으로 자전거 안전에 대한 브레인스토밍을 한다. 학생들은 자유롭게 자전거 안전과 관련된 아이디어를 제시하고, 교사는 이를 칠판에 정리한다. 학생들이 자유롭게 자신의 생각을 말하면 교사는 학생들에게 헬멧 착용, 야간 주행 시 안전 장비, 교통 규칙 준수, 자전거 점검, 안전한 주행 방법 등 고려해야 할 주요 항목들을 안내한다. 이를 바탕으로 학생들은 각자 5~7개의 안전 수칙을 만든다. 이때 학생들은 브레인스토밍 결과와 교사의 안내를 참고하면서 자신의 경험과 생각을 반영하여 독창적인 수칙을 만들어야 한다. 안전 수칙을 정한 후에는 이를 글과 그림으로 표현하는 시간을 갖는다. 학생들은 색연필이나 마커를 사용해 자신의 안전 수

> 자전거를 안전하게 타는 방법 5가지
> 1. 좁은 길에서는 주위를 더욱더 잘 살피자
> 2. 내리막길에서는 속도를 줄이고 브레이크를 사용하자
> 3. 횡단보도에서는 자전거에서 내려서 걸어가자
> 4. 안전장비를 착용하고, 헬멧은 더욱더 잘 착용하자
> 5. 다른데를 보지않고 자전거에 집중하자

나의 자전거 안전 수칙

칙을 시각적으로 표현하며, 이 과정에서 창의성을 발휘할 수 있다.

개인 활동이 끝나면 모둠끼리 서로의 안전 수칙을 공유하고 토론한다. 각자 만든 수칙 중 가장 중요하다고 생각하는 것을 선택해 모둠원들과 이야기를 나누며, 서로의 의견을 교환하고 수칙을 보완한다. 모둠활동 후에는 각 모둠에서 가장 인상적이었던 안전 수칙을 전체 학생들과 공유한다. 교사는 학생들의 발표를 경청하고, 필요한 경우 보완점을 제시하거나 추가 설명을 덧붙인다.

마지막으로 학생들이 만든 안전 수칙을 교실에 전시하여 일상생활에서도 자전거 안전을 상기할 수 있도록 한다. 이러한 과정을 통해 학생들은 자전거 안전의 중요성을 깊이 이해하고, 스스로 만든 안전 수칙을 통해 안전 의식을 내면화할 수 있다.

활동 4 안전한 자전거 구상하기

안전한 자전거를 구상하여 그림으로 설계해보는 활동은 학생들의 창의성과 문제 해결 능력을 키우는 좋은 기회가 된다. 이 활동은 앞서 진행한 '안전 수칙 세우기'의 연장선상에 있으며, 학생들이 자전거 안전에 대해 더욱 깊이 있게 생각해볼 수 있는 계기를 제공한다.

활동을 시작하기 전, 교사는 학생들에게 현재 사용되고 있는 다양한 안전장치나 기술들을 소개한다. 예를 들어 자동차의 에어백, 자전거 헬멧의 구조, 야간 주행을 위한 반사 장치 등을 설명한다. 이를 통해 학생들이 안전장치에 대한 기본적인 이해를 갖추도록 한다.

다음으로 학생들에게 '미래의 안전한 자전거'라는 주제로 자유롭게 아이디어를 떠올려보도록 한다. 이때 학생들은 앞서 만든 안전 수칙을 참고하여, 각 수칙을 실현할 수 있는 안전장치나 기능을 구상해볼 수 있다. 예를 들어 헬멧 착용을 잊지 않도록 하는 알림 장치, 야간 주행 시 자동으로 작동하는 조명 시스템, 주변 차량과의 거리를 감지하는 센서 등을 생각해볼 수 있다.

아이디어 구상이 끝나면 학생들은 자신이 생각한 안전한 자전거를 그림으로 표현한다. 이때 교사는 학생들에게 자전거의 전체적인 모습뿐만 아니라, 특정 안전장치의 세부적인 모습도 그려볼 것을 권장한다. 학생들은 색연필, 사인펜 등을 활용하여 자신의 아이디어를

안전한 자전거 그림

시각적으로 표현한다.

그림 그리기가 끝나면 학생들은 자신이 설계한 안전한 자전거에 대해 간단한 설명을 작성한다. 이 설명에는 자전거의 특징, 새롭게 추가한 안전장치의 기능, 그리고 이 자전거가 어떻게 안전한 주행에 도움이 되는지 등의 내용이 포함되어야 한다.

다음으로 학생들은 4~5명씩 모둠을 이루어 서로의 작품에 대해 설명한다. 이 과정에서 학생들은 서로의 아이디어에 대해 질문하고, 피드백을 주고받으며, 자신의 설계를 더욱 발전시키게 된다.

마지막으로 학급의 전체 학생이 함께 모여 각 모둠에서 가장 인상적이었던 작품을 소개해본다. 이때 교사는 학생들의 창의적인 아이디어를 칭찬하고, 현실적으로 적용 가능한 부분과 그렇지 않은 부분은 무엇이 있을지 함께 논의해보도록 한다. 또한 실제로 미래에 구현될 만한 가능성이 있는 학생들의 작품에 대해서는 교사가 상상력과 창의성을 북돋아준다.

이 활동을 통해 학생들은 자전거 안전에 대해 더욱 깊이 있게 생각해볼 수 있으며, 창의적 문제 해결 능력과 시각적 표현 능력을 기를 수 있다. 또한 자신의 아이디어를 다른 사람들과 공유하고 토의하는 과정에서 의사소통 능력도 향상시킬 수 있다. 교사는 이 활동이 단순한 그림 그리기에 그치지 않고, 학생들이 안전에 대해 능동적으로 생각하고 문제를 해결하는 태도를 기르는 기회가 되도록 지도한다.

> 이 책도 추천해요
>
> 『내 자전거가 좋아!』 사이먼 몰 글, 샘 어셔 그림, 이상희 옮김, 주니어RHK, 2024
> 두발자전거를 처음 배우는 아이의 두려움과 설렘, 성취감을 이야기하는 책.
>
> 『자전거』 루카스 아놀두센 글, 마크 얀센 그림, 정회성 옮김, 사파리, 2020
> 자전거에 대한 역사와 종류, 구조 등을 글과 그림으로 쉽게 알려주는 지식 그림책.
>
> 『자전거 도시』 앨리슨 파렐 글·그림, 엄혜숙 옮김, 딸기책방, 2019
> 세상의 모든 자전거가 모여 있는 자전거 도시의 풍경 속에 수많은 동물의 이야기를 담은 책.

12 감염병 예방

2020년 1월, 코로나19 바이러스가 국내에 유입되면서 학교의 수업 환경은 큰 변화를 맞이했다. 사회적 거리 두기로 인해 친구들과 자유롭게 대화하는 것이 어려워졌고, 활기찼던 교실 분위기는 무거워졌다. 반면 개인위생 관념이 강화되면서 다른 감염병의 발생률이 감소했고, 학생들이 건강을 유지하기 위해 규칙적인 생활을 하려는 노력이 늘어났다. 앞으로도 환경 변화 등으로 인해 새로운 감염병이 발생할 가능성이 있다. 이에 대비하기 위해 학생들에게 올바른 정보를 제공하고, 건강한 생활 습관을 기를 수 있도록 지속적인 예방 교육을 실시해야 한다. 이를 통해 학생들은 자연스럽게 감염병에 대응하는 법을 익히고, 바이러스 확산을 막기 위해 노력하는 분들의 수고에 감사하는 마음을 가질 수 있을 것이다.

함께 읽을 책

『지구 어디에나 있는 바글바글 바이러스』
권오준 글, 정문주 그림, 한솔수북, 2022

바이러스에 대한 다양한 궁금증을 풀어주며, 우리가 바이러스와 함께 건강하게 살아가기 위해 무엇을 해야 하는지 알려주는 책. 감염병 예방은 나 자신뿐만 아니라 가족, 친구, 이웃 모두를 보호하는 중요한 일이라는 점을 일깨워주며, 누군가가 감염병 예방을 위해 노력하고 있다는 사실도 보여준다. 바이러스에 대한 정확한 정보를 알고 예방 수칙을 잘 지키는 것이야말로 건강을 지키는 가장 좋은 방법이므로 이 그림책을 통해 타인을 배려하는 태도와 더불어 함께 살아가는 지혜를 가져보자.

> **활동 1** 그림책으로 이야기 나누기

함께 그림책을 읽은 후 새롭게 알게 된 사실에 대해 이야기를 나눈다. 학생들은 "바이러스는 스스로 움직이거나 자라지 못하고, 사람이나 동물, 식물과 같은 살아 있는 생명체의 몸 속에 들어가야만 살 수 있다는 것을 알았다" "바이러스는 모두 병을 일으킨다고 생각했는데, 오히려 병을 치료하거나 도움을 주는 유익한 바이러스도 있다는 것을 알았다"라고 이야기했다. 만약 학생들이 세균과 바이러스의 차이에 질문한다면, 교사는 세균은 세포로 이루어져 스스로 자라고 번식할 수 있지만 바이러스는 생명체의 몸속에 들어가야만 번식이 가능하다고 설명해준다.

이어 그림책에서 소개된 바이러스 감염 예방 방법을 살펴보며 자신의 생활을 점검한다. 대부분의 학생이 비누로 손 씻기를 실천하고 있었지만, 밤늦게 잠을 자거나 음식을 골고루 먹지 않는 경우도 많았다. 이를 통해 바이러스와 함께 건강하게 살아가기 위해서는 규칙적인 생활과 올바른 개인위생 습관이 중요하다는 점을 함께 되새긴다.

> **활동 2** 감염병 유행 시기, 누군가의 하루 상상하기

바이러스와 함께 건강하게 살아가기 위해 감염병 유행 시기를 살아

가는 누군가의 하루를 상상해본다. 개인별로 감염병에 걸린 친구, 감염병 환자를 치료하는 의료진, 바이러스에 대해 연구하는 과학자, 담임선생님, 보건 선생님 중 한 명을 선택하여 그 인물이 보내는 하루를 상상해 작성한다.

감염병 유행 시기에 담임선생님의 하루를 선택한 경우, 먼저 얼굴 표정을 그리고 그 표정에 어울리는 담임선생님의 하루를 상상하여 작성한다. 아침에 출근하여 교실을 환기시키고, 조회 시간에 손 씻기와 기침 예절 교육을 진행한다. 수업 시간에는 그림책을 읽어주며 감염병 예방 수칙을 알려주고, 점심시간에는 학생들이 조용히 식사할 수 있도록 지도한다. 또한, 아픈 학생이 있을 경우 병원에 갈 수 있도록 안내하며 하루를 마무리한다고 말한다.

끝으로, 작성한 내용을 모둠원들과 공유한다. 이 과정에서 학생들은 감염병 예방을 위해 많은 사람이 노력하고 있음을 알고 공동체 의식과 배려의 필요성을 느낀다.

> (**담임선생님**)의 하루를 상상해서 작성해볼까요?
>
> 아침에 출근해서 교실을 환기하고 조회 시간에 손 씻기와 기침 예절 교육을 한다. 수업 시간에는 『지구 어디에나 있는 바글바글 바이러스』 그림책을 읽어주며 감염병 예방 수칙을 알려주고 점심시간에는 학생들을 조용히 식사할 수 있도록 지도한다. 아픈 학생이 있을 경우 병원을 갈 수 있도록 안내하며 하루를 마무리한다.

(**감염병에 걸린 친구**) 의 하루를 상상해서 작성해볼까요?

학교를 가고 싶었지만 친구들에게 전염될 수도 있어 병원으로 간다. 의사 선생님은 감염병에 걸려서 격리를 해야 된다고 한다. 가족들과 떨어진 방에서 마스크를 쓰고 밥을 따로 먹어야 해서 외로웠다. 얼른 회복해서 친구들과 건강하게 다시 만나고 싶다.

활동 3 감염병 유행 시기 인물 일기 쓰기

감염병 유행 시기, 자신이 선택한 인물의 하루를 상상하며 오늘 하루를 마무리하는 일기를 작성한다. 일기의 날짜는 꼭 오늘이 아니어도 되며, 자신이 설정한 배경에 맞게 자유롭게 정할 수 있다. 날씨는 '너무너무 힘든 추운 날씨'처럼 나의 감정을 담은 표현을 사용하여 쓴다. 제목은 하루의 핵심 내용을 요약해 작성하도록 한다. 내용에는 인물의 행동, 들은 말, 생각한 일, 느낀 감정 등을 균형 있게 담도록 한다. 그림을 함께 그려도 좋으며, 대화체 등 자유로운 형식으로 작성할 수 있다. 완성된 일기는 모둠원들과 함께 나눠 본다. 이 과정에서 학생들은 감염병 유행 시기를 살아가는 다양한 사람들의 마음을 이해하고 공감해보게 된다.

감염병 유행 시기 인물 일기 쓰기

> **활동 4** 감염병 대응을 위해 필요한 가치 찾기

교사는 '책임' '협동' '존중' '배려' 등의 단어가 적힌 카드를 나눠준다. 학생들은 감염병 대응을 위해 필요하다고 생각하는 가치 덕목 카드를 선택하고, 포스트잇을 활용하여 해당 카드를 선택한 이유를 작성한 후 모둠원들과 이야기를 나눈다. 이를 통해 학생들은 단순히 방역 수칙을 따르는 것에 그치는 것이 아니라, 감염병 예방을 위해

개인이 가져야 할 태도를 배우고 이를 스스로 실천해야 함을 깨닫게 된다.

선택한 가치 덕목	선택한 이유
책임	감염병에 대한 가짜 뉴스를 퍼뜨리지 않는 책임이 있는 행동이 필요하다.
협동	코로나 같은 위기를 극복하기 위해 모두의 노력이 필요하다.
존중	의료진과 방역을 담당하는 모든 사람의 노력을 이해하고 존중하는 마음이 필요하다.
배려	몸이 아플 때 충분히 쉬면서 다른 사람에게 바이러스가 퍼지지 않도록 조심하는 배려가 필요하다.

이 책도 추천해요

『바이러스』 발레리아 바라티니·마티아 크리벨리니 글, 빅토르 메디나 그림, 김아림 옮김, 보림, 2022
바이러스의 크기, 좋아하는 환경, 전파되는 과정 등 바이러스의 특징을 쉽게 설명하며, 감염을 예방하는 방법까지 들려주는 이야기.

『잠깐! 깜빡깜빡 안 돼요!』 박은주 글·그림, 형설아이, 2021
콩콩이네 가족의 이야기를 통해 감염병이 우리의 소중한 일상을 어떻게 변화시키는지 보여주고 일상을 되찾기 위해 실천해야 할 감염병 예방 수칙을 재미있고 쉽게 알려주는 그림책.

『손가락 요괴』 김지연 글, 김이조 그림, 보랏빛소어린이, 2024
손가락 요괴들이 주안이에게 딱 달라붙으며 벌어지는 다양한 사건을 통해, 손 씻기의 중요성을 깨닫게 해주는 책.

13 흡연 예방

초등학생에게 실시하는 흡연 예방 교육은 여러 의미를 지닌다. 많은 청소년이 14세 무렵에 처음 담배를 접하게 되므로 이 시기에 학생들에게 흡연에 대한 교육을 함으로써 건강한 습관을 기르도록 하는 것이 중요하다. 또한 초등학생 시기의 흡연 예방 교육은 교육 효과를 극대화할 수 있다. 초등학생들은 흡연에 대한 태도와 신념 변화가 청소년기 아이들에 비해 쉽기 때문이다. 이들은 새로운 지식을 쉽게 흡수하기 때문에 효과적인 교육이 가능하다. 따라서 흡연 예방 교육은 장기적으로 청소년 및 성인의 흡연율을 낮추고 국민 건강을 증진시키는 데 중요한 역할을 할 것이다.

함께 읽을 책

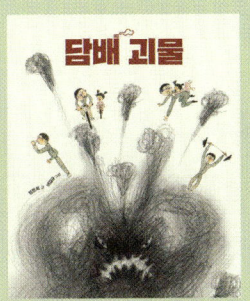

『담배 괴물』
정란희 글, 이갑규 그림,
크레용하우스, 2020

담배의 해로움을 '괴물'로 표현한 그림책이다. 이 책에서는 아빠의 몸에 붙은 담배 괴물이 가족 모두에게 해를 끼치는 모습을 보여주며, 결국 아빠가 가족을 위해 담배를 끊기로 결심하는 내용을 담고 있다. 이 그림책은 담배의 해로움을 괴물로 형상화하여 학생들에게 강한 시각적 효과를 준다. 또한, 학생들의 눈높이에 맞춰 제작되어 흡연의 위험성을 쉽게 이해할 수 있게 한다. 흡연이 개인뿐만 아니라 가족에게도 해롭다는 점을 강조하여 가족 건강의 중요성을 일깨우며, 금연의 가능성과 중요성을 긍정적으로 전달한다.

> **활동 1** 흡연하면 떠오르는 것 브레인스토밍하기

그림책을 활용한 흡연 예방 수업을 시작하기 전, 학생들과 함께 흡연에 대한 브레인스토밍을 진행한다. 이때 '멘티미터'를 활용하면 더욱 역동적이고 참여도 높은 활동을 꾸릴 수 있다. 멘티미터는 실시간 온라인 투표 및 프레젠테이션 도구로, 학생들이 스마트폰이나 태블릿을 통해 즉각적으로 의견을 제시하고 그 결과를 한눈에 볼 수 있다.

 교사는 멘티미터 웹사이트에서 '워드 클라우드' 형식의 질문을 만든다. 질문은 '흡연 하면 떠오르는 단어나 이미지 세 가지를 써봅시다'로 설정하고, 수업을 시작할 때 학생들에게 멘티미터 접속 방법을 안내한다. 질문을 설정할 때 교사는 원하는 단어나 문장의 수를 원하는 만큼 지정할 수 있다. 보통 간단한 코드를 입력하면 해당 질문에 접속된다. 학생들은 각자의 기기를 통해 흡연과 관련된 단어나 짧은 문구를 입력한다. 한 학생당 여러 개의 단어를 입력할 수 있어 떠오르는 단어를 자유롭게 표현할 수 있다. 학생들이 단어를 입력하는 동안, 교실의 전자칠판이나 대형 텔레비전을 통해 실시간으로 워드 클라우드가 형성되는 과정을 보여준다. 자주 언급되는 단어일수록 더 크게 표시되어 학급 전체의 인식을 한눈에 파악할 수 있다.

 워드 클라우드가 완성되면 결과를 함께 보면서 가장 크게 나타

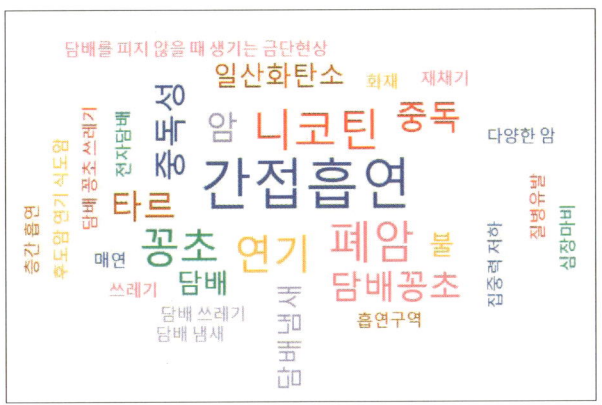

워드 클라우드 예시

난 단어들, 예상 외로 등장한 단어들, 긍정적인 단어와 부정적인 단어의 비율 등을 학생들과 함께 분석한다. 이때 교사는 "왜 이 단어가 가장 많이 나왔을까요?" "이 단어는 어떤 의미에서 흡연과 연관된다고 생각하나요?" 등의 질문을 통해 더 깊은 토의를 이끌어낸다.

활동을 마무리하며, 교사는 이어질 그림책 읽기 활동과 연결 지어 설명한다. 지금까지 나온 단어들이 그림책에서는 어떻게 표현되어 있는지, 또 우리가 미처 생각하지 못한 부분은 무엇인지 찾아보자고 제안한다. 이러한 브레인스토밍 활동은 학생들의 흡연에 대한 인식을 명확히 하고, 그림책 읽기에 대한 동기를 부여한다. 또한 디지털 기기를 활용한 참여 학습을 통해 학생들의 관심과 집중도를 높이며, 흡연 예방 교육의 효과를 높일 수 있다.

활동 2 그림책으로 이야기 나누기

그림책의 표지를 보여주며 제목과 그림에 대해 이야기를 나누는 것으로 활동을 시작한다. 이때 교사는 담배 괴물의 모습에 대한 학생들의 상상을 유도하여 호기심을 자극한다.

책을 읽어가는 과정에서는 장면마다 멈추어 그림을 자세히 관찰하고 이야기를 나눈다. 담배 괴물이 처음 등장하는 장면에서는 괴물의 모습과 그 의미에 대해 토의한다. 아빠의 몸에 담배 괴물이 붙어있는 장면에서는 등장인물들의 표정과 감정에 주목하도록 한다. 이를 통해 학생들이 흡연이 개인과 가족에게 미치는 영향을 깊이 있게 이해할 수 있도록 돕는다.

책을 읽는 과정에서 흡연 문제에 대해서도 자연스럽게 이야기를 나눈다. 담배 괴물이 아빠의 몸에 붙어 있는 모습은 흡연이 건강을 해치는 과정을 상징적으로 보여준다. 이 장면을 통해 흡연이 폐와 심장 등 신체에 미치는 영향을 설명할 수 있다. 또한, 가족들이 괴물 때문에 힘들어하는 모습을 보며 간접흡연의 위험성도 함께 논의한다. 학생들에게 흡연이 단순히 개인의 문제가 아니라 주변 사람들에게도 해를 끼칠 수 있는 문제라는 점을 강조하며, 흡연으로 인해 가족 간의 관계가 어떻게 영향을 받을 수 있는지 생각해보게 한다.

담배 괴물이 가족에게 영향을 미치는 장면에서는 간접흡연의 위험성뿐만 아니라, 흡연이 경제적 부담이나 생활 습관에도 부정적인 영향을 줄 수 있다는 점을 함께 이야기한다. 아빠가 담배를 끊기로 결심하는 장면에서는 금연 결심의 의미와 중요성을 이해하도록 유도하며, 금연이 가족 모두에게 긍정적인 변화를 가져올 수 있음을 강조한다.

책을 다 읽은 후에는 전체적인 내용에 대해 종합적으로 이야기를 나눈다. 가장 기억에 남는 장면이나 담배 괴물이 사라진 후 가족들의 생활 변화에 대해 학생들의 생각을 들어본다. 이어서 책의 내용을 현실과 연결 지어 생각해본다. 주변에서 담배를 피우는 사람들을 본 경험과 그들에게 하고 싶은 말에 대해 이야기를 나누며, 실제 생활에서 흡연 문제에 어떻게 대처할 수 있을지 고민해본다.

이러한 방식의 수업은 학생들이 흡연의 위험성을 깊이 있게 이해하고 비판적 사고력을 기르는 데 도움이 된다. 그림책의 시각적 요소를 통해 추상적인 개념을 구체화하고, 등장인물의 감정에 공감하며 정서적 이해를 높이는 데에도 도움이 된다. 학생들은 자신의 생각을 자유롭게 표현하고 다른 사람의 의견을 경청하는 과정에서 의사소통 능력과 공감 능력을 기를 수 있다.

활동 3 흡연으로 인한 문제 사례 조사하기

디지털 기기를 사용하여 인터넷에서 흡연으로 인한 다양한 문제 사례를 조사한다.

조사 주제는 크게 세 가지로 나눌 수 있다. 첫째, 흡연이 건강에 미치는 영향이다. 여기에는 폐암, 심혈관 질환, 구강 질환 등 직접적인 건강 문제뿐만 아니라 피부 노화나 체력 저하와 같은 간접적인 영향도 포함된다. 둘째, 간접흡연의 문제이다. 학생들은 간접흡연이 비흡연자, 특히 어린이와 노약자에게 미치는 영향을 조사한다. 셋째, 흡연으로 인한 이웃 간의 충돌이다. 흡연으로 인한 이웃 간의 충돌은 최근 심각한 사회 문제로 대두되고 있다. 특히 아파트나 다세대주택과 같은 공동주택에서 이러한 갈등이 두드러지게 나타나고

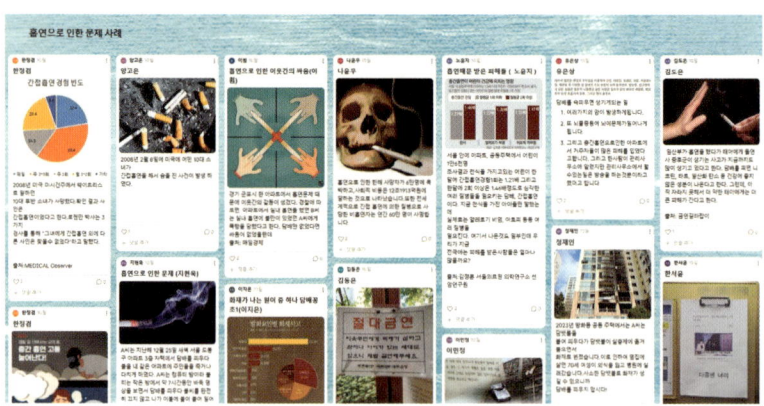

있으며, 단순한 불편함을 넘어 폭력 사태로 번지는 경우도 있다. 조사가 끝나면, 학생들은 조사한 내용 중 가장 중요하고 흥미로운 정보를 선별하고, 자신들의 의견과 해석을 함께 쓴다. 마지막으로, 자신의 조사 결과를 패들렛에 업로드한다. 업로드가 완료되면, 학생들은 서로의 패들렛 게시물을 살펴보고 댓글을 통해 피드백을 주고받는다. 이 과정을 통해 학생들은 흡연의 문제점에 대해 더욱 깊이 있게 이해하게 되며, 디지털 리터러시, 정보 분석 능력, 온라인 의사소통 기술 등 다양한 역량을 기를 수 있다.

활동 4) 흡연 예방 포스터 만들기

그동안 학습한 내용을 바탕으로 흡연 예방 포스터를 제작한다. 먼저, 교사는 효과적인 포스터 디자인의 기본 원칙에 대해 간단히 설명한다. 주요 메시지의 명확성, 시각적 요소의 중요성, 보는 사람들의 편의성을 고려한 디자인 등에 대해 안내하고 지금까지 학습한 내용 중 포스터에 담을 수 있는 핵심적인 정보들을 학생들과 함께 정리한다.

 제작에 앞서, 학생들은 포스터의 주제와 핵심 메시지를 구상한다. 이때 그림책에서 얻은 아이디어나 조사한 문제 사례를 활용하는 것이 좋다. 학생들은 자신이 선택한 메시지를 효과적으로 전달할 수 있는 그림, 색상, 글씨체 등을 선택하여 직접 포스터를 그리고 꾸민다. 이 과정에서 그동안 학습한 흡연의 위험성, 간접흡연의 문제점, 금연의 이점 등을 시각적으로 표현한다.

포스터가 완성되면 2~3분 동안 자신의 포스터에 담긴 메시지와 디자인 의도를 설명한다. 이때 다른 학생들은 발표를 경청하고, 포스터의 장점과 포스터에 대한 자신의 생각을 이야기한다. 마지막으로, 완성된 포스터를 학교 내 게시판이나 복도에 전시하여 다른 학생들에게도 흡연 예방 메시지를 전달한다.

흡연 예방 포스터

> **이 책도 추천해요**
>
> 『**중독에 빠지면 위험해!**』 이윤희 글, 신보미 그림, 하마, 2021
> 중독으로부터 나 자신과 가족을 지키는 방법을 구체적으로 생각하게 하는 책.
>
> 『**건강이 최고야!**』 마리 프랑소와즈 그리요 글, 페프 그림, 김예령 옮김, 시공주니어, 2003
> 건강에 대한 지식과 알레르기, 암 등의 여러 질병에 대해 소개하는 정보 그림책.
>
> 『**배가 아플 때**』 피에르 윈터스 글, 에스터르 레카너 그림, 사파리, 2020
> 호기심 많은 아이들에게 일어날 수 있는 여러 일상 상황 속 안전사고의 사례를 담은 그림책.

14 외모 콤플렉스 극복

소셜 미디어, 텔레비전, 광고 등에서 외모가 이상화되면서 학생들은 외모에 민감해지고 자신을 부정적으로 비교하는 경우가 많다. 이로 인해 교실에서도 외모 비하 발언이 나타나며, 이는 상대에게 상처를 주고 자존감을 낮출 수 있다. '뚱뚱하다' '그 옷은 안 어울려'와 같은 말은 콤플렉스를 유발한다. 외모 비하가 반복되면 외모로 사람을 판단하는 문화가 형성될 수 있으므로 빠른 중재가 필요하다. 교사는 학생들이 다양한 외모를 존중하고 미디어를 비판적으로 바라볼 수 있도록 지도해야 한다. 외모 콤플렉스를 긍정적으로 전환하고, 내면의 가치를 찾는 활동을 통해 학생의 자존감을 높여야 한다.

> 함께 읽을 책

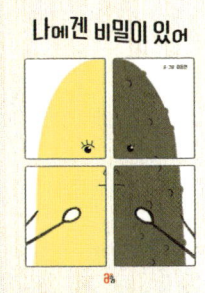

『나에겐 비밀이 있어』
이동연 글·그림, 올리, 2022

친구들에게도 말하지 못할 비밀을 가진 채 살아가는 망고. 사실 망고의 진짜 정체는 울퉁불퉁한 아보카도였고, 망고는 자기 외모에 대한 콤플렉스로 늘 화장을 하고 다닌다. 진짜 모습을 숨기며 살아가던 망고는 친구가 물에 빠지는 사건을 계기로 결국 자신의 외모를 드러내게 되고, 친구들은 "망고든 아보카도든 우리는 친구야"라며 따뜻하게 받아들인다. 이 그림책은 외모에 대한 불안과 콤플렉스를 지닌 학생들에게 자기 모습을 있는 그대로 받아들이는 용기를 전하며, 동시에 타인의 다름을 존중하는 태도의 중요성을 자연스럽게 알려준다.

> **활동 1** 그림책으로 이야기 나누기

주인공에게 어떤 비밀이 있는지 이야기를 나누어본다. 학생들은 "사실 아보카도인데 망고로 숨기고 있었어요!"라고 이야기한다. 이에 교사가 "주인공은 왜 자신의 모습을 숨겼을까?"라는 질문을 던지면 외모에 대한 고민이나 콤플렉스 때문에 남들에게 말하기 어려웠을 것이라는 대답이 돌아온다.

자신의 진짜 모습을 감추고 살아야 한다면 어떤 기분일지 이야기를 나눈다. 학생들은 누군가와 친해지는 것이 어렵게 느껴질 것 같고, 진짜 자신의 모습을 숨긴 채 지내다 보면 다른 사람에게 마음을 완전히 열 수 없을 것 같다고 말한다. 또한, 진짜 나를 보여줬을 때 실망할까봐 걱정되어 더 말을 아끼게 되고, 그러다 보니 자꾸 혼자 있게 되어 외로울 것 같다고 한다. 친구들과의 일상 속에서도 오해가 생겨 슬픈 기분이 들 것 같다는 의견도 나온다.

이후, 망고의 친구들이 망고가 사실 아보카도라는 것을 알게 된 후에도 변함없이 망고를 친구로 대해주는 장면을 함께 본다. 이 장면을 통해 친구가 자신에게 고민이나 비밀을 털어놓는다면 어떻게 반응하면 좋을지 이야기해본다. 학생들은 먼저 친구의 이야기를 잘 들어주고, 필요할 경우 선생님께 알려 도와줄 수 있다고 말한다. 또한, "나라도 고민이 될 것 같아"라고 감정을 공감해주며, 친구가 힘을 낼 수 있도록 긍정적인 말을 해주고 곁에서 도와주겠다고 한다.

활동 2 나만의 비밀 이야기하기

거울을 보거나 스스로의 모습을 떠올리며 신경 쓰이는 신체적인 특성을 하나 또는 여러 개 적어본다. "나는 코가 너무 크다고 생각해" "피부가 어두운 게 신경 쓰여" "여드름이 많아서 보기 싫어"와 같이 작성한다. 그다음 콤플렉스를 처음 인식한 순간을 떠올려본다. 언제부터 신경 쓰이기 시작했는지, 스스로 그렇게 느낀 것인지, 아니면 주변의 말 때문인지 적어본다. 많은 학생이 친구들의 놀림을 받은 후부터 신경 쓰이기 시작했다고 말한다.

이 콤플렉스로 인해 느낀 감정을 솔직하게 표현해본다. 자신이 싫어진 순간이 있었는지, 다른 사람 앞에서 위축된 적이 있는지 돌아본다. 여드름 난 얼굴이 신경 쓰여 방학 동안 대부분 집에서 보냈던 경험과 개학 후 친구들이 말을 걸어오는 것이 부담스럽게 느껴졌던 순간을 떠올린다.

반대로, 이 특징이 나만의 개성이라고 생각한 경험이 있다면 그에 대해서도 작성해본다. 그 예시는 "성장하고 있기 때문에 여드름이 자란다고 생각한다" "어른이 되는 과정이라고 생각한다"와 같다. 나만의 비밀 이야기를 해보면서 학생들은 콤플렉스를 단순히 부정적으로만 바라보는 것이 아니라 그 원인을 탐색하고 감정을 정리해 보며 자신을 긍정적으로 바라보는 연습을 하게 된다.

1. 나만의 비밀(외모 콤플렉스)를 적어보세요.

여드름이 많아서 스트레스를 받는다.

2. 그것이 언제부터 어떻게 생기게 되었나요?

친구들이 여드름이 많아서 더러워 보인다고 말한 후부터 신경 쓰인다.

3. 이 콤플렉스로 인해 느낀 감정을 솔직하게 작성해보세요.

여드름이 난 얼굴이 신경 쓰여 방학 동안 대부분의 시간을 집에서 보냈다. 음식까지 조절하고 있는데 개학 후 친구들이 바뀌면서 말을 걸어오는 것이 부담스럽다.

4. 나의 비밀이 나만의 개성이라고 생각한 경험이 있으면 작성해주세요.

성장하고 있기 때문에 여드름이 자란다고 생각한다. 어른이 되는 과정이라고 생각한다.

나만의 비밀 이야기

활동 3 '외모도 경쟁력이다' 두 마음 토론

'외모도 경쟁력이다'를 주제로 두 마음 토론을 진행한다. 학생들은 찬성과 반대로 나누어 4인 1모둠을 구성하며, 모둠 내 역할은 다음과 같이 정한다. 찬성 토론자 한 명, 반대 토론자 한 명, 찬반 의견을 듣고 판단하는 판정관 한 명, 그리고 토론 시간을 재고 과정을 기록

하는 관찰자 한 명이다.

  토론의 규칙도 함께 안내한다. 판정관이 고개를 돌려 바라보는 토론자만 발언할 수 있으며, 찬성과 반대 토론자는 서로 대화하지 않고 오직 판정관에게만 말한다. 판정관은 토론자와 대화하지 않고 양측의 주장을 번갈아 공정하게 듣는다. 중복된 주장이나 판단이 끝났다고 느껴질 경우 고개를 돌려 다른 쪽의 의견을 들을 수 있으며, 중립적인 태도를 유지해야 한다.

  토론은 찬성 측의 발언으로 시작되며 발언 시간은 2분이다. 찬성 학생은 외모를 가꾸는 것도 하나의 노력이며, 실제 채용 과정에서 외모가 영향을 미친다는 뉴스를 본 경험을 들어 자신의 입장을 설명한다. 이어 반대 학생이 외모보다 인성과 능력이 더 중요하다는 주장을 펼친다. 이후 찬성과 반대 측은 총 세 번씩 번갈아가며 의견을 발표한다.

  판정관은 양측의 주장을 모두 들은 뒤 어느 쪽이 더 설득력 있었는지 판단하고, 그 이유를 담은 판정문을 작성한다. 예를 들어, '외모도 경쟁력이다'라는 주장에 반대한다고 판정하며, 외모 중심 사회는 차별과 편견을 유발할 수 있고, 사람을 평가하는 데 있어 인성이 더 중요하다는 근거를 제시할 수 있다. 모든 모둠의 판정 결과는 전체 학생들과 공유하며, 이를 통해 학생들은 외모에 대한 다양한 관점을 이해하고 서로의 생각을 존중하는 태도를 기르게 된다.

토론 주제: 외모도 경쟁력이다	
찬성	반대
- 외모를 가꾸는 것도 노력이다. - 회사에서도 얼굴로 직원을 뽑는다는 뉴스를 봤다. - 자기 표현의 방법이다. - 외모를 통해 기회를 잡는 경우가 많다.	- 외모보다 능력과 인성이 중요하다. - 진정한 경쟁력은 실력, 태도, 성격이다. - 개성과 다양성을 존중해야 한다. - 외모 중심 사회는 차별과 편견을 조장한다.
판정문	
반대 저는 외모도 경쟁력이라는 의견에 반대합니다. 그 이유는 외모보다는 인성이 중요하며 외모 중심 사회는 차별과 편견을 조장하기 때문입니다.	

찬반 의견 및 판정문

활동 4 외모 콤플렉스 긍정적으로 변화시키기

모둠 내 친구의 모습을 자세히 관찰한 뒤, 칭찬하고 싶은 점을 서로 한 가지씩 작성하여 따뜻한 메시지를 전달한다. 이때 '운동을 잘한다' '인성이 좋다'처럼 외모뿐만 아니라 태도, 성격, 행동 등 다양한 긍정적인 특징을 자유롭게 칭찬해도 좋다. 작성한 메시지는 모둠 내 친구에게 직접 전달하고 서로의 장점을 말해준다. 친구로부터 들은 칭찬을 진심으로 받아들이고, 상대의 좋은 점도 인정하며 따뜻한 긍정 메시지를 나눈다. 이 과정을 통해 학생들은 서로를 더 깊이 이해하고 긍정적인 관계를 형성하게 된다.

이 활동의 다음 단계에서는 친구들이 자신에게 해준 칭찬을 떠올리며, 그동안 콤플렉스로 느꼈던 자신의 외모를 긍정적인 시각으로 바꾸는 연습을 한다. 예를 들어 "나는 피부가 어두워서 신경 썼었지만, 운동을 열심히 해서 햇빛을 많이 받아서 그렇다고 생각하니 자랑스럽다" "니는 키기 작아서 자신이 없었지만, 작은 키 덕분에 민첩하게 움직일 수 있어서 운동할 때 유리하다고 느낀다" "나는 쌍꺼풀이 없어 고민이었지만, 또렷한 눈매라는 친구의 칭찬을 듣고 나니 내 눈이 더 특별하게 느껴진다"와 같이 적을 수 있다.

활동을 통해 학생들은 자신의 외모를 새로운 관점으로 생각해보고, 콤플렉스를 자신만의 개성과 장점으로 받아들인다. 이 활동을 통해 학생들은 자신과 타인의 외모를 존중하고 긍정적으로 바라보는 태도를 기를 수 있으며, 있는 그대로의 자신을 받아들이는 자기 수용의 자세를 배우게 된다. 또한, 진심 어린 칭찬과 따뜻한 메시지를 주고받으며 서로에게 긍정적인 영향을 주고받는 공동체 의식도 함양할 수 있다. 학생들의 자존감 향상과 더불어 외모 중심의 사고에서 벗어나 다양성과 내면의 가치를 존중하는 건강한 시각을 기르는 데 의미가 있다.

> 이 책도 추천해요

『마음 안경점』 조시온 글, 이소영 그림, 씨드북, 2021
자신의 결점만을 보는 돋보기가 아니라 자신을 있는 그대로 보여주는 안경이
필요함을 알려주는 책.

『난 나의 춤을 춰』 다비드 칼리 글, 클로틸드 들라크루아 그림, 이세진 옮김, 다그림책, 2024
누군가에게는 뚱뚱한 모습이겠지만 자신이 좋아하는 것을 먹고, 좋아하는 것을 하며
당당한 자신을 찾는 이야기.

『모자 달린 노란 비옷』 윤재인 글, 장경혜 그림, 느림보, 2023
어른들의 잘못된 시각으로 시작된 작고 귀여운 꼬마 아이의 불편한 외모 기준에 대한
이야기를 밝고 유쾌하게 표현한 그림책.

15 스마트폰 사용

조사에 따르면 우리나라 학생들이 스마트폰을 처음 소유하는 나이는 평균 9.4세로, 대한소아청소년정신의학회의 권장 연령보다 훨씬 빠르다. 특히 아동행복지수가 낮은 지역일수록 더 어린 나이에 스마트폰을 사용하기 시작한다. 스마트폰은 학습, 소통 등에 유익하지만, 사용 시간이 길어질수록 수면 부족, 시력 저하, 운동 부족, 친구와의 교류 감소 등 부정적인 영향을 초래한다. 또한 중독 위험도 있으며, 부적절한 콘텐츠에 노출될 수도 있다. 그림책을 통해 스마트폰 의존의 문제를 살펴보고 올바른 사용 습관을 길러보자.

함께 읽을 책

『배고픈 늑대가 사냥하는 방법』
밤코 글·그림, 미래엔아이세움, 2022

스마트폰에 빠진 사람들 틈에 섞인 늑대 유튜버를 통해 과도한 스마트폰 사용의 위험을 풍자하는 그림책이다. 늑대가 사람들을 거대한 뱃속으로 이끌지만, 모두 스마트폰만 보느라 눈치채지 못한다. 이 그림책은 스마트폰 과의존의 문제를 객관적으로 보여주며, 올바른 사용법과 건강한 삶의 중요성을 생각하게 한다. 스마트폰을 사용할 때 유의해야 할 점을 비롯해 바르게 사용하는 방법, 건강한 삶을 영위하는 방법을 살펴볼 수 있다.

활동 1   그림책으로 이야기 나누기

책 표지에는 빨간 옷을 입은 어린아이가 휴대폰을 보며 걷고 있고, 그 앞에 커다란 늑대가 입을 벌리고 있다. 표지의 그림이 책의 주제와 연결되므로 표지 그림을 보고 떠오르는 생각을 자유롭게 이야기해본다. 이는 본격적인 수업 시작 전에 스마트폰에 대한 학생들의 생각을 나누고 책의 내용과 수업의 방향을 예측할 수 있도록 한다. 학생들은 "아이가 휴대폰을 보느라 앞을 못 보고 있다" "늑대가 아이를 잡아먹으려고 기다리고 있다" "휴대폰을 너무 많이 보면 위험한 일이 생길 수 있다" 등과 같이 이야기한다.

책을 읽은 후에는 두 사람이 짝이 되어서 책을 읽은 소감을 나누고, 책 내용과 관련한 자신의 경험을 서로 이야기한다. 이야기를 나눈 후에는 두 사람 중의 한 명이 짝의 이야기를 전하는 방식으로 발표하도록 한다. 학생들이 들려준 경험은 아래와 같다.

- 밤에 유튜브를 보느라 너무 늦게 자서 엄마한테 엄청나게 혼났다.
- 내 폰은 록이 걸려서 많이 못 쓰는데 엄마 아빠는 스마트폰을 너무 자주 본다.
- 친구들한테 톡이 안 오면 불안하다.
- 욕하면서 싸우는 영상이 머릿속에 오래 남아 힘들었다.

다음으로 모둠원과 함께 스마트폰에 과의존할 때 일어날 수 있는 일에 대해 이야기 나누고 기록하여 발표해본다. 학생들이 기록한 내용은 다음과 같다.

- 스마트폰 외에 학교 활동에 흥미를 잃는다.
- 가족과 대화의 시간이 줄어든다.
- 친구나 선생님과의 관계가 멀어진다.
- 스마트폰을 쓰지 않으면 스트레스를 받고 짜증이 많이 난다.

활동 2 스마트폰 과의존 척도 검사하기

학생들 중에는 부모님과의 약속을 지키기 위해 또는 스스로 시간을 정해서 스마트폰을 사용하는 경우도 있지만, 자신이 스마트폰을 어느 정도 사용하고 의존하고 있는지 스스로 파악하고 있지 않은 경우가 많다. 학생들의 스마트폰 과의존은 스마트쉼센터에서 제공하는 '스마트폰 과의존 척도'를 통해 점검해볼 수 있다. 유아동(만9세 이하)의 경우 관찰자용(부모 혹은 교사 등) 검사로 진행되고 청소년(만 10~19세)은 스스로 체크할 수 있다.

초등 5~6학년은 자기보고용 검사가 가능하므로 컴퓨터를 이용하여 학생 스스로 점검해보도록 한다. 먼저 스마트쉼센터 사이트에

속하여 성별, 학교, 나이, 거주 지역을 선택한다. 해당 나이에 따라 청소년(만 10~19세)을 선택한다. 총 10개의 문항이 있고, 각 항목에 대한 보기는 '전혀 그렇지 않다(1점)' '그렇지 않다(2점)' '그렇다 (3점)' '매우 그렇다(4점)'이다. 10개의 문항을 읽고

스마트쉼센터
사이트

답변을 한 후 '결과보기'를 클릭하면 청소년 스마트폰 과의존 척도 해석을 보여준다. 스마트폰에 과의존하는 원인을 '조절실패' '현저성' '문제적 결과'의 세 가지 요인으로 보여주며, 결과치는 '일반 사용자군' '잠재적위험 사용자군' '고위험 사용자군'으로 나타난다. 각 결과치에 대한 해석과 함께 필요한 조치도 간략히 서술되며, 결과를 출력할 수도 있다.

활동 3 스마트폰의 올바른 사용 실천하기

스마트폰 과의존 청소년 척도 검사 결과 스마트폰을 조절된 형태로 사용하고 있는 일반 사용자군 학생들도 있었지만 스마트폰 사용에 대한 조절력이 약화되어 이용 시간이 증가하고 일상에 문제가 발생하기 시작한 잠재적위험 사용자군인 학생들과, 스마트폰 사용에 대한 통제력을 상실한 상태인 고위험 사용자군인 학생들도 있었다. 학생들은 수치화되어 나타난 결과를 통해 자신의 스마트폰 사용 모습

을 돌아보는 기회를 가질 수 있다.

　스마트폰 과의존을 예방하기 위해 우리가 스스로 할 수 있는 것에는 무엇이 있는지 모둠원과 이야기를 나눈다. 학생들은 '스마트폰 사용 시간을 조금씩 줄이기' '가족이나 친구와 함께 있을 때 스마트폰 보지 않기' '식사 중이나 걸을 때 스마트폰 보지 않기' '스마트폰을 사용하는 대신 다양한 활동 하기' '늦은 밤에 스마트폰 보지 않기' 등의 의견을 제시했다.

　모둠원과 이야기 나눈 것과 각자 자신의 스마트폰 과의존 척도 검사 결과에 따라 스마트폰 사용에 있어 조절해야 할 부분을 떠올려 규칙으로 만들어 본다. 스마트폰 그림이 그려진 종이를 A5 정도 크기로 출력하고, 스마트폰을 올바르게 사용하기 위한 방법 및 나의 다짐을 간단한 그림으로 나타낸다.

나의 스마트폰 약속

　학생들은 '스마트폰 사용 시간 정하기' '눈 건강 보호하기' '안전하고 유익한 콘텐츠만 시청하기' 등을 약속으로 정하며 올바른 스마트폰 사용을 다짐했다. 스마트폰을 제대로 스마트하게 사용할 수 있도록 약속을 꾸준히 실천하고 가족, 친구들과 함께 하는 시간을 늘려가는 것을 강조하는 수업으로 마무리한다.

> **이 책도 추천해요**

『도시 해킹』 한수연 글·그림, 책빛, 2024
어느 날 갑자기 인터넷이 먹통이 되고, 휴대전화를 사용할 수 없게 된 사람들이 소중한 일상을 돌아보게 되는 책.

『스마트폰에 갇혔어!』 엘리센다 로카 글, 크리스티나 로산토스 그림, 김정하 옮김, 노란상상, 2017
스마트폰에 빠져서 일상이 어려워진 소년이 친구들을 통해 지금 이 순간과 곁에 있는 친구들이 스마트폰보다 소중하고 아름답다는 것을 깨닫게 되는 이야기.

『엄마의 스마트폰이 되고 싶어』 노부미 글·그림, 고대영 옮김, 길벗어린이, 2017
엄마의 스마트폰이 되는 게 소원이라고 말하는 아이를 통해 스마트폰보다 가족 간의 대화가 중요함을 보여주는 그림책.

2부

인성 교육

내 감정 알고 표현하기

오늘 하루도 교실에서는 이런저런 갈등이 일어난다. 아이들끼리 오가는 말 속에는 뾰족한 말들이 가득하다. 가만히 들어보면 아이들이 자신의 감정을 표현하는 어휘가 한정적일 때가 많다. 하루 동안 아이들은 다양한 일을 겪으며 '좋다' 혹은 '싫다'로만 표현하기 어려운 여러 감정을 느끼며 살아간다. 학생들과 함께 우리가 경험하는 다양한 감정 어휘를 알아보며, 언제 그러한 감정을 느끼는지, 그 감정을 느낄 때 나의 신체는 어떠했는지 이야기를 나누는 시간을 가져보려 한다.

함께 읽을 책

『좋아, 싫어 대신 뭐라고 말하지?』
송현지 글·순두부 그림,
이야기공간, 2023

책에는 아침부터 잠들기 전까지 주인공 승규에게 일어나는 상황이 나온다. 이를 살펴보고, 좋아 또는 싫어 대신 사용할 수 있는 말을 알아본다. 아울러 그 속에 어떤 감정이 숨어 있는지 찾아보며 감정을 표현할 수 있는 여러 감정 어휘를 떠올려본다. 그림책 장면이 학생들의 일상과 맞닿아 있어서 공감하는 마음으로 그림책을 읽어나갈 수 있다. 그림책의 뒷장에 '좋다'와 '싫다' 대신 사용할 수 있는 여러 감정 어휘가 수록되어 있기 때문에 자신이 느낀 감정을 풍부하게 표현하는 데에도 도움이 될 것이다.

활동 1 그림책으로 이야기 나누기

그림책을 읽기 전 학생들에게 책에 나오는 다양한 감정 어휘 목록을 제시한다. 하나씩 읽어보며 감정 어휘의 의미를 살펴본다. 낯선 감정 어휘나 친숙한 감정 어휘는 무엇인지, 자주 느끼는 감정은 무엇인지 함께 나눈다.

이제 함께 그림책을 읽으며 제시된 장면에서 느껴지는 감정을 앞서 살펴보았던 활동지에서 찾아본다. 다음 장면에서 나오는 감정표현 문장을 통해 일치 여부를 확인할 수 있다. 학생들은 이 과정에서 자신의 추측이 맞았는지 틀렸는지 여부에 집중하는 모습을 보인다. 이때 교사는 허용적인 태도로 접근하는 것이 좋다. 왜 그 감정이라고 생각했는지, 어떨 때 그러한 감정을 느끼는지 이야기 나눈다면 배움이 보다 풍성해질 것이다. 이를 통해 학생들은 단순히 정답을 맞히는 것에서 나아가 감정의 분화를 이해하고, 다양한 감정 어휘의 의미를 이해할 수 있다.

활동 2 무드미터를 살피며 내가 자주 느끼는 감정 찾기

학생들과 그림책을 읽고 난 뒤 몇몇 장면을 보여주며 얼마나 많이 경험해보았고, 공감하는지 손을 들게 하여 공감 지수를 확인한다.

'무드미터(Mood Meter)'를 통해 그림책에 등장하는 감정 어휘 외에 어떠한 감정 어휘들이 있는지 심화하여 알아본다. 무드미터는 예일대학교 감성지능 센터장인 마크 브래킷 교수가 개발한 것으로, 그의 저서『감정의 발견』에 실린 감정 어휘 목록표이다. 그는 쾌적함(Pleasantness)과 활력(Energy), 두 가지 핵심 요소를 기준으로 크게 네 가지의 색깔로 100개의 감정을 분류하였다. 가로축과 세로축의 교차를 살펴보며 감정을 인식하고 측정하는데 활용할 수 있다.

아이들에게 무드미터를 한 장씩 나눠주며 함께 어휘를 익혀본다. 감정 어휘를 읽으면서 잘 모르거나 이해가 안 되는 단어의 의미도

무드미터

격분한 Enraged	공황에 빠진 Panicked	스트레스받는 Stressed	초조한 Jittery	충격받은 Shocked		놀란 Surprised	긍정적인 Upbeat	흥겨운 Festive	아주 신나는 Exhilarated	황홀한 Ecstatic
격노한 Livid	몹시 화가 난 Furious	좌절한 Frustrated	신경이 날카로운 Tense	망연자실한 Stunned		들뜬 Hyper	쾌활한 Cheerful	동기 부여된 Motivated	영감을 받은 Inspired	의기양양한 Elated
화가 치밀어 오르 Fuming	겁먹은 Frightened	화난 Angry	초조한 Nervous	안절부절못하는 Restless		기운이 넘치는 Energized	활발한 Lively	흥분한 Excited	낙관적인 Optimistic	열광하는 Enthusiastic
불안한 Anxious	우려하는 Apprehensive	근심하는 Worried	짜증나는 Irritated	거슬리는 Annoyed		만족스러운 Pleased	행복한 Happy	집중하는 Focused	자랑스러운 Proud	짜릿한 Thrilled
불쾌한 Repulsed	골치 아픈 Troubled	염려하는 Concerned	마음이 불편한 Uneasy	언짢은 Peeved		유쾌한 Pleasant	기쁜 Joyful	희망찬 Hopeful	재미있는 Playful	더없이 행복한 Blissful
역겨운 Disgusted	침울한 Glum	실망스러운 Disappointed	의욕 없는 Down	무관심한 Apathetic		긴장 풀어 편안한 At ease	태평한 Easygoing	스스로 만족하는 Content	다정한 Loving	충만한 Fulfilled
비관적인 Pessimistic	시무룩한 Morose	낙담한 Discouraged	슬픈 Sad	지루한 Bored		평온한 Calm	안전한 Secure	만족스러운 Satisfied	감사하는 Grateful	감동적인 Touched
소외된 Alienated	비참한 Miserable	쓸쓸한 Lonely	기죽은 Disheartened	피곤한 Tired		여유로운 Relaxed	부담 없이 편한 Chill	편안한 Restful	축복받은 Blessed	안정적인 Balanced
의기소침한 Despondent	우울한 Depressed	풍한 Sullen	기진맥진한 Exhausted	지친 Fatigued		차분한 Mellow	생각에 잠긴 Thoughtful	평화로운 Peaceful	편한 Comfortable	근심 걱정 없는 Carefree
절망한 Despairing	가망 없는 Hopeless	고독한 Desolate	소모된 Spent	진이 빠진 Drained		나른한 Sleepy	흐뭇한 Complacent	고요한 Tranquil	아늑한 Cozy	안온한 Serene

Low Pleasantness 즐거움, 쾌적함 낮음   High Pleasantness 즐거움, 쾌적함 높음

함께 알아본다. 100개의 감정이 학생들에게는 다소 부담이 될 수 있지만, 우리에게 이렇게 다양하고 세분화된 감정이 있음을 접하는 과정은 언뜻 비슷해 보이는 감정의 차이를 이해하는 데 도움이 된다.

이제 아이들과 함께 요즘 자주 느끼는 감정에 대해 돌아가며 이야기를 나눠본다. 오늘 아침부터 시작해서 어제저녁, 어제 오후 그리고 저번 주에 인상적이었던 일이나 기억나는 일 그로 인한 감정을 칠판에 적는다. 학생들은 무드미터를 참고하여 사신의 감정을 이야기해나간다. 이때 단순히 '좋다' '싫다'로 감정을 나타낸 학생에게는 무드미터를 보고 더 적확한 감정이 있는지 살펴볼 기회를 한 번 더 줄 수 있다. 그러고 나서 내가 자주 느끼는 감정은 무엇인지, 어떤 색깔의 감정을 많이 느끼는지 살펴본다. 아울러 감정별로 구분된 색깔의 의미를 추측하며 어떤 차이가 있는지 함께 이야기 나눈다.

활동 3 나만의 감정 카드 만들기

나만의 감정 카드를 만드는 활동이다. 이때 다른 사람들이 이미 만들어놓은 감정 카드가 아니라 나의 이야기와 경험을 담은 카드를 만들어야 한다. 먼저 학생들에게 종이를 나눠주고 반으로 접게 한다. 오른쪽에는 자신이 자주 경험하는 감정 단어를 적도록 한다. 그리고 언제 무엇을 할 때 그 감정을 느끼는지, 그때 몸의 반응은 어떠한지 쓴다. 그 후에 왼쪽의 공간에는 기억에 남는 감정의 순간을 떠올리고 그림이나 이미지로 표현한다. 그러고 나서 종이를 반으로 접고 붙인 후 양면카드를 완성한다. 학생의 수준과 수업의 여건에 따라 개인별로 두세 장씩 만들 수 있다.

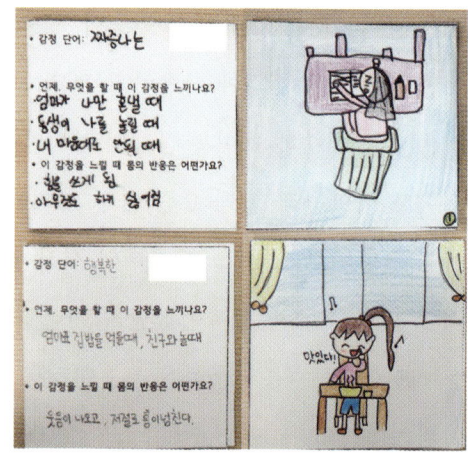

나만의 감정 카드와 그림

> 이 책도 추천해요

『감정은 무얼 할까?』 티나 오지에비츠 글, 알렉산드라 자욘츠 그림, 이지원 옮김, 비룡소, 2021
31가지 감정을 생명체로 표현하여 감정을 쉽고 명쾌하게 알려주는 그림책.

『내 마음은』 코리나 루켄 글·그림, 김세실 옮김, 나는별, 2019
하루에도 여러 번 바뀌는 마음의 상태. 하지만 마음은 자라고 닫히며, 아픈 마음 역시 다시 나아질 수 있다는 희망을 노래하는 이야기.

『오늘 내 기분은…』 메리앤 코카-레플러 글·그림, 김영미 옮김, 키즈엠, 2015
다양한 기분을 표현한 단어들을 소개하며 어떤 기분에 어떤 표현이 적절한 표현인지를 아이들의 눈높이에 맞춰 알기 쉽게 안내하는 책.

2 친구의 감정 알아차리기

같은 공간에서 공부하고 생활하지만, 학생들은 각자 다른 감정을 느낀다. 아침에 가정에서 다툼이 있었거나 꾸지람을 듣고 등교했다면 불편한 마음으로 자리에 앉는다. 교실 문을 열고 들어오는 학생을 보면 교사는 어느 정도 학생의 감정을 알아챈다. 힘없이 터덜터덜 걷는 발소리를 듣고 얼굴을 바라보면 분명 학교 오기 전 무슨 일이 있었음이 감지된다. 감정은 얼굴에 표정으로 드러나고, 말투에서 기분을 짐작할 수 있다. 같이 생활하는 구성원의 감정을 고려하지 않고 행동한다면 갈등이 생겨 좋은 관계를 유지하지 못한다. 상대를 관찰하며 감정을 알아차리게 된다면 서로를 더 깊이 이해하고 존중하는 관계로 발전할 수 있을 것이다.

함께 읽을 책

『악어 형사의 감정 탐구 생활』
수산나 이세른 글, 모니카 카레테로 그림, 김서윤 옮김, 찰리북, 2018

다양한 감정의 종류와 감정을 제대로 표현하는 방법을 소개하는 책이다. 툭하면 눈물을 보이던 꼬마 악어는 눈물을 흘리는 이유가 궁금해 마을 동물들을 관찰하다 감정에 관한 사건을 해결하는 형사가 된다. 악어 형사의 사건 수첩에는 특정 감정을 느꼈을 때 어떤 표정을 짓고 행동하는지 자세히 쓰여 있다. 형사 수첩을 바탕으로 관찰한 사실을 적용하면 상대가 느끼는 감정을 파악하기가 용이하다. 악어 형사처럼 친구들의 상황, 행동을 관찰하고 친구의 감정을 추리하는 활동으로 연결 가능해 학생들의 적극적인 참여를 유도할 수 있다.

> **활동 1** 그림책으로 이야기 나누기

책 속에서는 악어 형사가 10개의 감정 사용법을 알려준다. 그림책 앞부분은 악어 형사가 감정에 관한 사건을 해결하는 방식으로 이야기가 진행되며, 악어 형사가 감정을 추리하는 과정을 자세히 보여주고 있다. 교사는 감정을 찬찬히 알아가야 더 잘 알 수 있다고 말해준다. 한 번에 읽기에는 쪽수가 많아 매일 한두 개의 감정에 관해 읽을 거라고도 안내한다.

  감정이 생기는 과정을 읽어주니 아이들은 "머릿속에서 이런 생각을 한다고요?"라며 반문한다. 기분이 변하면 몸도 같이 변한다는 사실을 알고는 기분에 따라 변하는 몸의 변화에 관해 재잘재잘 이야기하기도 한다. 기쁜 일이 생기면 입꼬리가 위로 올라가서 부모님이 바로 알아챈다거나, 학교에서 좋지 않은 일이 있으면 언니가 바로 눈치채고 무슨 일인지 물어본다거나 하는 경험에 대해 이야기 나누었다. 교사는 우리도 악어 형사처럼 친구들을 관찰하고 감정을 추리해보며 감정 수첩을 써볼 것임을 안내한다. 학생들은 형사처럼 수첩을 쓴다는 사실에 기뻐하며 더욱 집중해서 그림책을 본다.

활동 2 표정으로 감정 표현하기

친구를 관찰하고 그 결과로 감정을 추리하려면 먼저 어떤 감정이 있는지 알아야 한다. 책 속에서는 10개의 감정을 소개하고 감정마다 다른 이름을 붙였다. 기쁨은 '야호', 무서움은 '벌벌이'와 같이 이름을 붙여 감정을 더 명확하게 인식하고 구별하는 것이다. 교사는 칠판에 감정을 붙여두고 아이들에게 이를 계속 살펴보도록 한다.

친구가 상황에 따라 어떤 표정을 짓는지 미리 알고 있어야 친구의 감정을 추리하기 쉬워진다. 책에서 소개하는 열 가지 감정 요정이 된 것처럼 표정으로 감정 표현하기 활동을 한다. 먼저 교사는 학생들이 따라 할 감정을 제시한다. 그 감정을 느꼈던 순간을 떠올려 보라고 안내하고 10초의 시간을 준다. 준비되면 정해진 순서에 맞춰 표정으로 감정을 표현한다. 한 학생의 경우 학급 친구들이 자기 얼굴을 바라보는 걸 부담스러워했다. 이에 감정을 표현하는 순간을 부드럽게 느낄 수 있도록 인형을 토킹스틱처럼 활용했다. 학생들이 부드러운 촉감을 느낄 수 있는 것이면 어느 것이든 사용할

칠판에 감정 게시하기

수 있다. 감정 이름표를 인형의 어깨에 걸어 지금 표현하는 감정이 무엇인지 알 수 있게 했다.

학생들은 표정으로 감정을 표현하면서 어떤 감정이 있는지 알아본다. 또한 감정을 표현하는 친구의 표정을 관찰하면서 친구의 감정을 추리할 단서

감정을 어깨에 멘 인형

를 얻는다. 처음에는 소극적으로 감정을 표현하였지만, 횟수가 늘어나면서 적극적으로 참여하고 더욱 과장하여 표현하기도 했다. 특히 사랑을 표현할 때 쑥스러워하면서도 인형에 뽀뽀를 하는 등 풍부한 표정과 행동을 보여주었다.

활동 3 │ 감정 수집하기

감정을 수집할 수첩을 나누어준다. 시중에 파는 수첩을 사용하거나 A4 종이로 직접 만들어서 쓸 수 있다. 감정 수첩에는 친구를 관찰하며 파악한 친구의 말과 행동을 쓰고, 말과 행동을 단서로 하여 친구의 감정을 추리해 쓴다. 친구를 관찰하는 그 상황을 추가로 쓰면 감정을 추리하기 쉽다. 정해진 기간 동안 여러 명의 친구를 관찰하여 다양한 감정을 수집한다. 감정 수첩을 쓸 때에는 꼭 단서를 찾아야 한다. 교사는 '악어 형사의 사건 수첩'에서 행동이나 말을 단서로 감정을 추리하는 장면을 자세히 읽게 하여 아이들이 감정 수첩을 쓰는 방법을 익히도록 한다.

작성을 마쳤다면 수첩에 수집한 감정을 학급 전체와 함께 나눈다. 친구를 관찰하면서 수집한 단서를 먼저 소개한다. 친구의 발표를 듣고 어떤 감정일지 떠올린 뒤 생각한 감정을 발표한다. 학생들은 '목소리가 커진다' '눈을 크게 뜬다'라는 문장을 보고 친구의 감정이 '놀람'일 것이라고 추리하였다. 수집한 감정과 다른 친구가 단서를 듣고 생각한 감정이 대부분 비슷했다. 퀴즈를 내고 풀 듯 단서를 듣고 감정을 추리하면서 학생들은 자연스럽게 친구의 표정이 어떤 감정을 나타내는지 알게 된다.

수집한 감정에 관해 이야기 나눈 뒤에는 내가 특정 감정에 빠졌을 때 어떻게 해주면 좋을지 말해본다. 예를 들어 '놀람'을 수집한 학생은 손을 잡고 호흡을 같이 해주면 놀란 마음이 가라앉는다고 말하였다. 감정에 빠져 있을 때 감정에서 벗어나는 방법도 이야기 나눈다.

활동 4 감정 셜록 카드 만들기

감정 수집하기 후속 활동으로 감정 셜록 카드를 만들어 친구의 감정이 궁금할 때 확인할 수 있도록 한다. 앞서 활용한 감정 수첩에서 감정 셜록 카드로 만들 감정을 고른다. 수업 상황에 따라 만들 카드 개수를 정하면 된다.

감정 셜록 카드 만드는 방법은 다음과 같다.

① A4 크기의 두꺼운 종이를 8등분으로 자른다.
② 종이의 한 면에는 감정 수첩에 쓴 단서와 감정을 한두 문장으로 쓴다.
   예) "친구가 눈을 크게 뜨고 큰 목소리로 말한다면 '놀라움'을 느끼고 있어요."
③ 종이의 다른 면에는 한 면에 적은 감정에서 빠져나오는 방법을 쓰거나 책 속에 나오는 열 가지 감정 요정을 그린다.
④ 감정 셜록 카드를 만들었다면 결과물을 학급 전체 학생과 살펴본다. 감정 셜록 카드를 교실 한 곳에 비치하여 학생들이 친구의 감정이 궁금하거나 잘 모를 때 찾아볼 수 있도록 한다.

감정 셜록 카드 앞면 / 감정 셜록 카드 뒷면

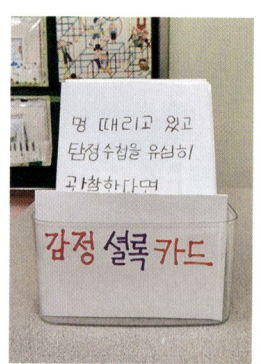

감정 셜록 카드 모음

긴 시간 동안 친구의 감정을 수집하는 활동을 하면서 학생들은 같은 공간에서 생활하지만 서로 다른 감정을 느낀다는 것을 깨닫는다. 나아가 친구들에게는 다양한 감정이 있음을 알고 내가 느끼는 감정만으로 특정한 상황이나 친구의 마음을 판단하지 않아야 함을 배운다. 체육 시간에 얼굴을 붉히며 유난히 큰 소리를 내는 친구를 보고 '또 그러네' '왜 그러지?' 하고 생각하는 대신 친구의 감정을 이해하고 갈등을 해결하려고 노력하게 된다. 이렇게 서로의 감정을 알아차리는 활동은 교실 내 갈등을 줄이고 학생들이 교실에서 편안함을 느끼게 한다.

> **이 책도 추천해요**
>
> 『컬러 몬스터 : 감정의 구급상자』 아나 예나스 글·그림, 김유경 옮김, 청어람아이, 2024
> 감정에 휘둘리지 않고 감정을 스스로 이해하고 관리하는 방법을 알려주는 책.
>
> 『감정 호텔』 리디아 브란코비치 글·그림, 장미란 옮김, 책읽는곰, 2024
> 날마다 다른 감정이 찾아오는 감정 호텔. 감정마다 주의점이 각각 다르지만, 모든 감정을 따뜻하게 대해야 한다는 이야기.
>
> 『네 기분은 어떤 색깔이니?』 최숙희 글·그림, 책읽는곰, 2023
> 하루에도 다양하게 변화하는 감정을 색에 빗대어 표현하고 마음을 채우는 감정 모두 소중하다고 이야기하는 책.

3 화, 분노 다스리기

분노 조절이 안 되는 학생들은 갑작스러운 폭력적 행동, 언어적 폭력, 수업 방해 등의 행동을 내보인다. 이러한 행동으로 인해 다른 학생들은 학습권을 침해받는다. 또한 예측할 수 없는 폭발적 행동으로 다른 학생들은 불안과 공포를 느끼기도 한다. 분노 조절이 안 되는 학생은 감정 조절이 어려워 수업에 집중하기 어렵고, 또래 관계에서 어려움을 겪는다. 서로 좋은 관계를 유지하며 상대방의 감정에 공감하고 인정하는 평화로운 학급을 만들기 위해서는 학생들이 자신의 화라는 감정을 적절하게 표현하는 방법을 알고 화를 진정시키는 자신만의 방법을 찾도록 하는 교육이 필요하다.

함께 읽을 책

『소피아의 화를 푸는 방법』
제인 넬슨 글, 빌 쇼어 그림,
김성환 옮김, 교실어린이, 2021

동생으로 인해 화가 난 소피아가 감정을 스스로 조절하는 방법을 찾아가는 과정을 그린 책이다. 소피아는 화난 감정을 조절하기 위해 피자 모양의 원을 그리고 여러 조각으로 나눈 후 조각마다 자신의 화를 다스리는 방법을 그려넣는다. 소피아의 화를 푸는 과정을 통해 화가 나는 것은 자연스러운 감정임을 알게 되고 화를 건강하게 표현하는 방법을 배울 수 있다. 소피아가 제시한 방법들을 학생들에게도 쉽게 적용할 수 있기 때문에 자신의 화 푸는 방법 찾기 활동으로 연계하기에 좋다.

활동 1 　그림책으로 이야기 나누기

책 표지를 보고 소피아의 표정과 제목에 대해 이야기를 나누며 학생들의 호기심을 자극한다. 책을 펼치면 소피아가 블록으로 큰 건물을 쌓고 있는 장면이 나온다. 동생 노아의 축구공이 날아와 소피아의 블록 건물을 무너뜨리는 장면에서 소피아의 기분에 대해 이야기한다. 소피아가 화가 나서 동생을 때리려는 순간 엄마가 등장하는 장면에서는, 학생들에게 만약 나라면 어떻게 했을지 생각하게 한다. 엄마가 소피아에게 화가 나는 것은 당연하지만 동생을 때려서는 안 된다고 말해주는 부분에서는, '화'라는 인간의 자연스러운 감정을 어떻게 다뤄야 하는지 그 방법을 찾는다.

책을 다 읽은 후에는 소피아가 화를 어떻게 다스렸는지, 우리는 화가 났을 때 어떻게 해야 하는지 토론한다. 나아가 일상생활에 적용할 수 있는 방법으로는 무엇이 있을지 생각해본다. 이러한 과정을 통해 학생들은 자연스럽게 감정 조절의 중요성을 이해하고, 화를 건강하고 안전하게 표현하는 방법을 배울 수 있다.

> **활동 2**　난 이럴 때 화가 나요

　자신의 감정을 더 깊이 탐구하는 활동으로 넘어간다. 이 활동은 '난 이럴 때 화가 나요'라는 제목의 워크시트를 활용하여 학생들이 자신의 감정을 인식하고 표현하는 능력을 기르는 데 중점을 둔다.

　활동을 시작하기 전, 교사는 학생들에게 눈을 감고 최근에 화가 났던 순간을 떠올려보라고 안내한다. 이때 교사는 차분하고 편안한 목소리로 학생들을 유도하며, 그 상황에서 느꼈던 감정, 몸의 반응, 주변 환경 등을 자세히 떠올릴 수 있도록 한다. "여러분의 마음속에 어떤 감정이 일어났나요?" "몸의 어느 부분에서 화가 느껴졌나요?" "주변은 어떤 모습이었나요?" 등의 질문을 통해 학생들이 그 순간을 생생하게 떠올릴 수 있도록 한다. 각자 약 1~2분의 시간 동안 깊이 있게 자신의 감정을 탐색한다.

　그다음 워크시트의 사람 모양 안에 자신이 화가 났던 상황들을 적는다. 교사는 학생들에게 구체적이고 상세한 상황을 적도록 안내한다. 예를 들어 '동생이 내 물건을 허락 없이 가져갔을 때' '친구가 약속을 지키지 않았을 때' '게임에서 졌을 때' '부모님께 꾸중을 들었을 때' 등의 상황을 적을 수 있다. 교사는 학생들에게 최소 세 가지 이상의 상황을 적어보도록 안내하여, 다양한 상황에서의 자신의 감정 반응을 살펴본다.

이때 각 상황을 사람 모양의 다른 부분과 연결하여 적을 수 있다. 예를 들어, 머리에는 생각과 관련된 화나는 상황(시험 문제를 틀렸을 때)을, 가슴에는 감정과 관련된 상황(친구가 나를 무시했을 때)을, 손과 발에는 행동과 관련된 상황(운동 경기에서 실수했을 때)을 적을 수 있다. 또한, 얼굴에는 화가 났을 때의 표정을 그려넣을 수 있도록 하여 감정표현의 다양성을 인식하게 한다.

이 과정에서 교사는 교실을 돌아다니며 학생들의 활동을 세심히 관찰한다. 어려움을 겪는 학생들에게는 개별적으로 다가가 도움을 준다. "언제 가장 화가 났었나요?" "어떤 일을 겪으면 속상해지나요?" "화가 났을 때 몸의 어느 부분이 가장 먼저 반응하나요?" 등의 구체적인 질문을 통해 학생들의 생각을 끌어낼 수 있다. 이러한 개별적인 접근은 학생들이 자신의 감정을 더 깊이 있게 탐색하고 표현하는 데 도움을 준다.

활동지 예시

이 활동을 통해 학생들은 자신의 감정을 시각화하고 구체화함으로써 감정에 대한 이해를 높이고, 자기 인식 능력을 높일 수 있다. 또한, 다양한 상황에서 자신의 화라는 감정을 인식함으로써 향후 분노 감정 조절에 필요한 기초를 마련할 수 있다.

활동 3 친구의 화, 내가 도와줄게!

모둠활동을 통해 서로의 감정을 이해하고 공감하는 시간을 가진다. 학생들이 상대방의 감정을 인식하고 적절한 대처 방법을 제안하는 능력을 기르는 데 특히 중점을 둔다.

교사는 학생들을 4~5인 1모둠으로 나누고, 각 모둠에 말주머니 포스트잇을 제공한다. 모둠원들은 둘러앉아 편안한 분위기에서 활동을 시작한다. 이러한 배치는 학생들이 서로를 마주 보며 대화할 수 있게 하여 더 깊은 소통을 가능하게 한다.

먼저, 한 학생이 자신의 '난 이럴 때 화가 나요' 활동지를 보여주며 화가 나는 상황들을 설명한다. 이때 다른 모둠원들은 주의 깊게 경청하며, 발표하는 친구의 감정과 상황을 이해하려 노력한다. 이 과정은 학생들의 공감 능력을 향상하는 데 도움이 된다. 한 친구의 발표가 끝나면 다른 모둠원들은 각자 포스트잇에 그 친구의 화를 진정시킬 수 있는 방법을 제안한다. 이때 교사는 학생들에게 구체적이고 실행 가능한 제안을 하도록 안내한다. 예를 들어, "깊게 숨을 쉬어봐" "좋아하는 음악을 들어봐" "잠시 산책을 해보는 건 어때?" 등의 제안을 할 수 있다. 이 과정에서 학생들은 다양한 감정 조절 방법을 배우고, 창의적인 문제 해결 능력을 길러나간다.

모든 모둠원이 제안을 적으면, 순서대로 발표자에게 포스트잇을 붙여주며 자신의 제안을 간단히 설명한다. 이때 발표자는 주의 깊게 듣고 감사의 마음을 전한다. 이러한 활동은 학생들에게 긍정적인 피드백을 주고받는 경험을 제공하여 자존감과 대인 관계 능력을 높인다.

이 과정을 모든 모둠원이 발표할 때까지 반복한다. 교사는 활동 중 모둠을 순회하며 학생들의 참여를 독려하고, 필요한 경우 적절한 조언을 제공한다. 특히 건설적이고 긍정적인 제안을 하도록 지도하며, 모든 학생이 참여할 수 있도록 한다.

활동이 끝나면 전체 학급이 모여 느낀 점을 공유

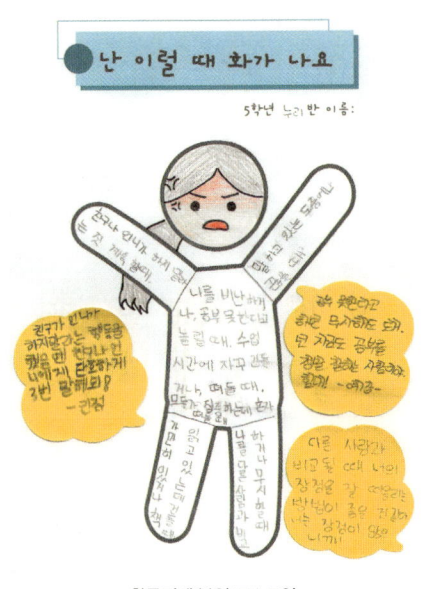

활동지에 붙인 포스트잇

한다. 교사는 "친구들의 제안 중 가장 도움이 될 것 같은 방법은 무엇인가요?" "친구의 감정을 들어주고 도와주는 과정에서 어떤 점을 느꼈나요?" "우리가 서로의 감정을 이해하고 돕는 것이 왜 중요할까요?" 등의 질문으로 토의를 이끈다. 이를 통해 학생들은 활동의 의미를 되새기고, 배운 내용을 일상생활에 적용할 수 있는 방법을 생각해볼 수 있다.

활동 4 나만의 화 푸는 방법 룰렛 만들기

교사는 앞서 진행한 활동에서 친구들이 제안해준 방법들을 참고하여 자신만의 룰렛을 만들 수 있다고 안내한다.

룰렛을 제작하기 전, 교사는 학생들에게 피자 모양으로 미리 나눈 원형 워크시트를 나눠준다. 이 워크시트는 6등분되어 있고, 각 칸에 자신만의 화 푸는 방법을 그림과 글로 표현할 수 있다. 교사는 학생들에게 소피아의 방법, 친구들이 제안한 방법, 그리고 자신만의 독특한 방법을 조합하여 룰렛을 구성할 수 있다고 설명한다.

룰렛에 내용을 적을 때는 소피아의 방법과 친구들이 제안한 방법 중 자신에게 효과적일 것 같은 방법을 선택하고, 자신만의 독특한 방법도 반드시 포함시켜야 한다. 그림과 짧은 문구를 함께 사용하여 룰렛에 표현하며, 실제로 실행 가능한 방법들을 선택하는 것이 중요

나만의 화 푸는 방법 룰렛

함을 강조한다.

학생들이 아이디어를 떠올리는 데 어려움을 겪을 경우, 교사는 추가적인 도움을 제공한다. 앞서 진행한 활동에서 나온 다양한 제안들을 다시 언급하며, "친구들이 제안한 방법 중 어떤 것이 가장 도움이 될 것 같나요?" "그 방법을 어떻게 나에게 맞게 바꿀 수 있을까요?" 등의 질문을 통해 학생들의 사고를 촉진한다.

워크시트 완성 후, 교사는 학생들에게 클립과 할핀을 이용하여 룰렛을 만드는 방법을 설명한다. 워크시트의 중앙에 클립을 놓고 할

핀을 고정하여 클립이 화살표 모양처럼 돌아갈 수 있게 한다. 이때 안전하게 할핀과 클립을 사용해야 한다는 주의사항을 강조한다.

룰렛이 완성되면 실제 생활에서 룰렛을 활용해볼 것을 권장한다. 화가 날 때마다 클립을 돌려 나온 방법을 시도해보고, 후에 그 결과를 발표하도록 할 수 있다. 이 과정은 학생들의 감정 인식, 자기표현, 그리고 문제 해결 능력을 향상시킨다.

이 책도 추천해요

『화난 마음 다스리기』 가비 가르시아 글, 마르타 피네다 그림, 김동은 옮김, 타임주니어, 2024
화난 마음을 솔직하게 들여다보며 감정을 다스리는 방법을 찾아가는 그림책.

『쓰담쓰담 분노』 애나 셰퍼드 글, 알리시아 마스 그림, 이계순 옮김, 푸른숲주니어, 2024
분노가 왜 생겼는지 이유를 생각해보며 분노를 조절할 수 있도록 돕는 이야기.

『우르르 쾅쾅 나 지금 화났어!』 나타샤 바이두자 글·그림, 정소은 옮김, 토토북, 2023
화산의 속성으로 화의 감정을 연결하여 화난 감정을 다스리는 방법에 대해 생각하게 하는 책.

11. 슬픔 - 숨기지 말고 잘 다스리기

'슬픔'은 자신 또는 남의 불행이나 실패를 통해 느끼는 우울한 정서를 말한다. 누군가가 보기에 대수롭지 않은 일이 어떤 이에게는 커다란 상처가 되기도 하고 분노, 두려움 같은 부정적인 감정을 유발하기도 한다. 슬픔을 느끼는 건 당연한 일이지만, 슬픔이 심해지면 자존감을 떨어뜨리거나 친구 관계, 학업 등에 부정적인 문제를 일으킨다. 따라서 교사는 학생의 마음을 제대로 읽어주고, 스스로 슬픔을 다스릴 수 있도록 기다려주고 다독여줘야 한다. 자신의 감정을 다루는 데 능숙한 사람이 된다면 자존감 넘치면서도 안정적인 생활을 할 수 있을 것이다.

함께 읽을 책

『슬픔에 빠진 나를 위해 똑 똑 똑』
조미자 글·그림, 핑거, 2023

슬픔을 겪는 아이의 모습을 통해 우리가 슬픔을 어떻게 대해야 하는지 알려주는 그림책이다. 학생들은 슬픔을 다루는 방법들을 탐색하며 슬픔이 자연스러운 감정임을 깨닫게 된다. 슬픔을 느끼는 때는 언제인지, 슬플 때 제대로 슬퍼하지 못했던 적은 없는지, 슬플 땐 어떻게 하는지 등 슬픔을 어떻게 대해야 하는지에 깊은 대화를 나누기에도 좋다. 그리고 나는 슬픔의 자리를 만들어두었는지, 슬픔을 잘 대하고 있는지 자신을 되돌아보는 기회도 만들 수 있다. 글보다는 그림으로 감정을 표현하고 있어서 보는 사람마다 들려줄 이야기와 느낌이 다양하게 나온다는 장점도 있다.

활동 1   그림책으로 이야기 나누기

표지에는 계단에 홀로 앉아 있는 아이의 모습이 그려져 있다. 오른쪽 손을 턱에 괸 채 앉아 있는 아이의 표정이 그다지 밝아 보이지 않는다. 표지를 넘기면 빈 의자에 작은 가방 하나가 쓸쓸하게 놓여 있다. 글이 적은 그림책이므로 학생들과 책을 함께 살펴볼 때는 그림에 집중하여 이야기 나누는 것이 필요하다. 교사는 학생들에게 주인공의 표정이 어두운 이유에 대해 생각해보도록 유도한다. 친구와 싸웠거나 부모님에게 혼났을 것 같다는 대답이 가장 많다. 여기에서 "여러분들은 언제 슬픔을 느끼나요?"란 질문을 한다. 슬픔은 누구나 느끼는 것이기 때문에 학생들은 자신의 경험에 비추어 다양한 대답을 내놓는다. '가족이 돌아가셨을 때' '나와 가족이 아플 때' '친한 친구가 전학 갔을 때'와 같이 아픔이나 상실의 경험을 할 때 슬픔을 느낀다고 한 학생들이 많았다. 그 외에도 '내 말만 안 들어줄 때' '형제자매가 하자는 것은 해주고 내가 원하는 것은 해주지 않을 때' '친구와 싸웠을 때' 등의 외로움을 기반으로 슬픔을 느낀다고 한 학생들도 있었다.

그런 다음 이 주인공은 슬픈 감정을 어떻게 다루고 있는지 살펴보자는 말과 함께 그림책을 계속 살펴본다. 계단에 혼자 앉아 있던 아이는 일어나서 집으로 들어간다. 홀로 아이가 들어간 후 눈물 같은 비가, 문 앞의 나무가, 구름이, 작은 새가, 바람이 아이의 문을 "똑! 똑! 똑!" 두드린다. 친구들이 자신의 마음을 두드리자 용기를 얻은 아이는 비로소 자기 자신에게 "똑! 똑! 똑!" 하며 자신의 슬픔을 마주하게 된다. 그림책을 함께 보며 그림책 속에서 주인공의 슬픈 마음을 '똑! 똑! 똑!' 두드리는 것이 무엇이었는지를 확인한다. 처음에는 속표지부터 마지막 장면까지 어떤 대화도 없이 쭉 한 번 읽고, 다시 앞으로 돌아가 한 장면 한 장면을 나누는 것을 추천한다. 글보다 그림으로 설명하는 부분이 많은 책이기에 각자 다가오는 이야기가 다를 수 있기 때문이다. 처음에 쭉 읽기만 할 때는 이야기의 흐름에 집중한다면, 한 장면씩 자세히 나눌 때는 처음에 미처 보지 못했던 숨어 있는 의미를 파악하게 된다.

활동 2 나의 마음을 두드리는 똑! 똑! 똑! 찾기

슬픔을 느끼는 이유는 너무나도 많다. 슬픔을 부정적인 감정으로 여기고 외면하는 경우가 많지만, 슬픈 감정을 적절하게 표현한다면 내면을 단단하게 다져 슬픔을 이겨내는 힘을 만들어줄 것이다. 힘들다고 느낄 때 주인공의 집을 똑! 똑! 똑! 두드리는 구름, 새와 같은 친구들이 있듯이 내 주변에 손을 내밀어주는 존재가 있는지 살펴본다. 그 존재가 생명일 수도 있고, 사물일 수도 있다. 그 존재가 두드리는 노크를 듣고 슬픔의 자리를 마련한다면 나의 내면은 점차 단단해질 것이다.

  내가 슬플 때 나의 마음을 두드리는 존재를 찾아본다. 이 질문 자체가 추상적인 개념이기 때문에 처음 이 질문을 듣고 어려워하는 학생들이 있었다. 그럴 때 내가 슬플 때 나를 위로해주는 존재를 생각해보자고 덧붙인다. 가족이라면 가족 중에 특별하게 누구인지, 사람이 아니어도 괜찮고 물건이어도 괜찮다고 부연 설명을 하자 학생들이 조금씩 써가는 모습을 볼 수 있었다. 가족(엄마, 아빠), 반려동식물(강아지, 달팽이, 강낭콩)과 같이 생명체에서 위로받는 학생들도 있었고, 애착이불, 애착인형, 휴대폰 등 사물에서 위로받는다는 학생들도 있었다. 그 외에 게임을 하는 행위, 그림을 그리는 행위 등 특정

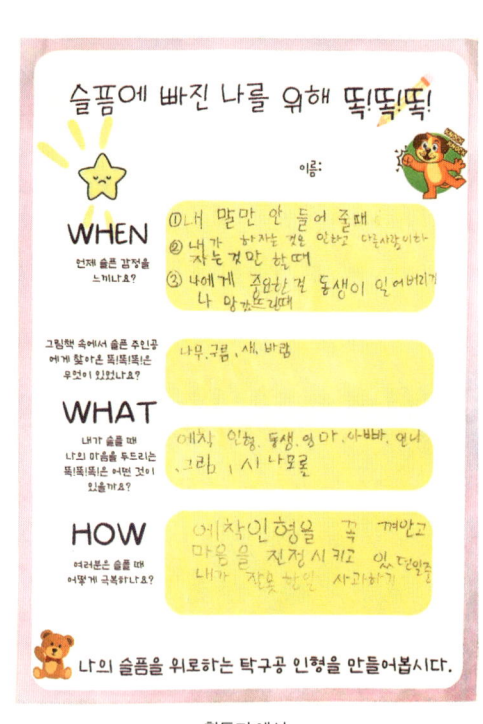

활동지 예시

행동이 나의 슬픔을 위로한다는 내용도 있었다.

활동 3 슬픔을 극복하는 방법 나누기

자신이 슬픔을 극복하는 방법을 생각하고 친구들과 나눠본다. 먼저 각자 슬픔을 이겨내는 방법이 무엇인지 적는다. 울거나 참기, 맛있는 것 먹기 등의 일반적인 방법을 적는 학생부터 각자의 특별한 방법을 적는 학생들도 있었다.

슬픔을 극복하는 방법 예시	
– 부모님과 대화하기	– 음악을 들으며 자전거 타기
– 애착 인형을 꼭 껴안고 마음 진정시키기	– 재미있는 영상을 찾아보기
– 잘못한 일 사과하기	– 혼자 게임하기
– 햄스터, 달팽이 바라보기	– 식물 키우기

개별적으로 적은 슬픔을 극복하는 방법을 학급 전체와 나눈다. 학생들은 이미 자신이 하고 있는 방법일 경우에는 공감해주고, 새로운 방법일 경우 "그런 방법도 있구나!" 하고 놀라며 동의의 끄덕임을 보였다. 여러 방법 중에서 가장 기억에 남는 방법은 무엇이며 또 어떤 새로운 방법을 시도할지 이야기하는 시간도 갖는다.

활동 4 슬픔 인형 만들기

슬플 때 위로가 되어주는 '슬픔 인형'을 만든다. 아이들의 걱정이나 공포를 대신 맡아주어 잠을 푹 자게 해주는 인형인 '걱정 인형'에서 착안한 활동이다.

교사는 걱정 인형의 유래와 의미에 대해서 설명한 뒤, 이런 걱정 인형의 의미를 받아 우리도 슬픔을 대신 해주는 '슬픔 인형'을 만들어보자고 제안한다. 시중에 판매하고 있는 걱정 인형 만들기 키트를 활용해도 좋지만, 본 활동에서는 탁구공을 활용하여 만든다. 그림이 잘 보이도록 흰색 탁구공을 구매하여 사용하는 것이 좋다.

먼저 나의 슬픔을 위로해줄 수 있는 존재를 떠올린다. 아이들은 애착 인형이나 이불에 그려진 캐릭터가 웃고 있는 모습을 주로 생각해낸다. 이때 왜 이 그림이 나의 슬픔을 위로해줄 것이라고 생각했는지 이유를 말해본다. 대부분의 학생은 귀엽고 밝은 것을 보면 슬픈 마음이 괜찮아질 것 같아서라고 이야기했다.

그런 다음 탁구공에 그림을 그린다. 탁구공에 그림을 그릴 때는 유성펜을 사용한다. 유성펜을 사용해 그림을 그렸다 하더라도 잉크가 마를 때까지 손이 닿지 않도록 유의해야 한다. 마르기 전에 만지는 경우 그림이 번질 수 있다. 슬픔 인형이 완성되면 바닥에서 잘 튀어오르는 탁구공의 성질을 활용해 바닥에 탁구공을 팅기면서 자신

의 슬픔을 한 가지씩 말한다. "이 인형에게 네 슬픔을 말하고 바닥에 튕기렴. 그럼 이 인형이 너의 슬픔을

탁구공 슬픔 인형

대신해줄 거야"라고 이야기한 뒤 인형에게 자신의 여러 가지 슬픔을 말하게 한다. 실제로 인형이 슬픔을 대신하는 것은 아니지만 서로를 위로하는 마음으로 슬픔 인형을 만들었기 때문에 즐거운 활동이 이루어진다. 학생들은 일련의 활동을 통해 슬픔이란 감정을 이해하고 슬픔을 그대로 받아들이며 마음속에 슬픔의 자리를 마련할 수 있는 성숙한 내면을 가진 사람으로 성장해나간다.

이 책도 추천해요

『내가 가장 슬플 때』 마이클 로젠 글, 퀀틴 블레이크 그림, 김기택 옮김, 비룡소, 2004
내가 언제 슬픈지, 슬픔이 내게 어떤 영향을 미치는지 보여주는 그림책.

『슬픔아 안녕』 열매 글 그림, 봄봄출판사, 2023
슬픔을 두려워하지 않고 온전히 받아들이는 과정이 담긴 이야기.

『슬픔이 찾아와도 괜찮아』 에바 엘란트 글·그림, 서남희 옮김, 현암주니어, 2019
슬픔을 대하는 방법과 함께 슬픔을 두려워하지 않아도 괜찮다는 따뜻한 위로를 전하는 그림책.

질투 - 비교보다 감사 찾기

평소 가장 친했던 친구가 다른 친구와 더 친해졌을 때 아이들은 속상해하거나 화를 내곤 한다. 이런 상황이 반복되면 친구가 미워지고 짜증이 나서 일부러 피하는 모습 또한 보인다. 또 반에서 칭찬받는 친구를 보면 부럽고 시기하는 마음이 생겨 그 친구의 흉을 보거나 무시하기도 한다. 이런 감정이 바로 질투이다. 질투는 누구나 느낄 수 있는 자연스러운 감정이지만 잘 다루지 못하면 친구와의 사이가 멀어지고 자신도 우울해질 수 있다. 질투를 잘 이해하고 조절할 수 있도록 돕는 것은 학생들의 학교생활에 매우 중요하다.

함께 읽을 책

「질투는 아웃, 야구 장갑!」
유설화 글·그림, 책읽는곰, 2024

전학 온 후 인기를 누리는 발가락 양말과 그를 질투하는 야구 장갑의 이야기이다. 두 장갑의 관계와 이 둘을 대하는 친구들의 모습은 교실에서도 종종 볼 수 있다. 질투는 누구에게나 일어날 수 있는 감정이지만 이를 잘 다루는 것이 중요함을 시사한다. 야구 장갑이 발가락 양말을 향한 질투를 떨쳐내고 화해하여 함께 멋진 경기를 치른 것처럼, 질투의 마음을 긍정적으로 변화시킴으로써 자신을 발전시키고 친구들과도 바른 우정을 쌓아보자.

활동 1   그림책으로 이야기 나누기

책을 읽기 전에 학생들과 질투란 무엇인지, 어떤 때 주로 생기는 감정인지 이야기 나눈다. 학생들은 질투를 '나보다 무엇인가를 잘하는 친구를 미워하는 마음' '부러워서 샘나는 마음' '나도 뭔가를 잘하거나 인기 있는 친구처럼 되고 싶은 마음' 등으로 이야기한다. 함께 그림책을 읽고 나서 아구 장갑처럼 질투심을 느낀 적이 있었는지 말해보도록 한다.

학생1   친구가 저보다 달리기를 잘하는 것이 부럽고 샘났어요.
학생2   수학 시험 점수가 높은 친구가 부러웠고, 제 점수는 낮아서 속상했어요.
학생3   선생님이 저보다 친구를 더 예뻐하는 것 같아서 친구가 밉고 질투가 났어요.
학생4   함께 놀고 싶은 친구들이 자기들끼리만 놀아서 짜증나고 속상했어요.
학생5   베프였던 친구가 다른 친구와 자주 놀아서 서운했어요.

위와 같이 질투심을 느꼈던 경험을 나누는 동안 학생들은 서로의 이야기에 공감하며 귀 기울인다. 질투의 감정이 생겼을 때 어떻게 하는 것이 좋을지 스스로 생각해보기도 한다.

활동 2 질투의 원인과 문제점, 대처법 생각하기

그림책을 읽은 후 질투가 일어나는 원인이 무엇인지 생각해본다. 육각보드에 자신의 생각을 적어서 칠판에 붙인 후 다른 학생들이 쓴 답변을 함께 읽는다. 자신과 비슷한 대답이 있는지 살펴보고, 내가 생각하지 못했던 답변은 어떤 것이 있는지 골라서 읽은 후 자신의 생각을 덧붙여 말한다. 학생들이 찾은 질투의 원인은 크게 '비교(외모, 능력, 인기)' '인정받고 싶은 욕구' '낮은 자존감' '욕심과 독점욕'으로 분류되었다.

그런 다음 학생들이 누구에게 질투가 나는지, 질투와 비슷한 감정은 무엇인지, 질투로 인해 하게 되는 행동은 무엇인지, 그리고 그로 인한 문제점은 무엇인지 모둠원과 이야기 나누며 마인드맵으로 나타낸다.

마인드맵을 그리는 방법은 다음과 같다.

1. 종이의 가운데에 중심 주제를 쓴다.
2. 중심 주제에서 큰 가지를 뻗어 주요 카테고리로 나눈다.

질투가 일어나는 원인

3. 각 주요 카테고리에서 작은 가지를 뻗어 구체적인 내용을 붙인다.
4. 알아보기 쉽게 색을 칠하거나 알맞은 그림을 그려넣는다.

학생들은 '질투'라는 중심 주제에서 네 개의 큰 가지를 뻗어 '질투의 대상' '질투와 비슷한 감정' '질투가 만드는 행동' '질투가 일으키는 문제점'을 기록한다. 모둠별로 마인드맵을 완성한 후에는 다른 모둠의 마인드맵을 살펴보고 자신의 모둠에서 다루지 못했던 생각들을 접해보도록 한다. 마인드맵을 이용하여 질투에 대해 정리하면 질투가 어떤 모습으로 나타나는지 한눈에 알아볼 수 있고 질투로 인한 행동과 그로 인해 일어나는 문제점들을 살펴볼 수 있다.

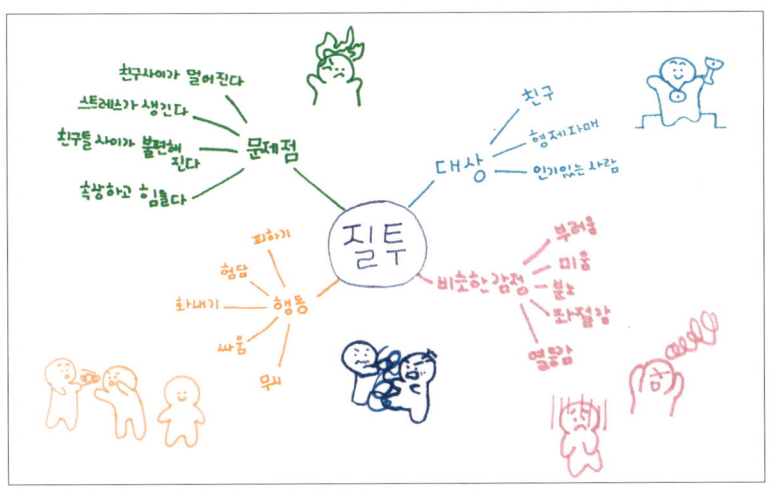

마인드맵 예시

다음으로는 질투의 마음을 긍정적으로 바꾸는 방법을 모둠원과 의논하여 찾은 후 종이에 기록한다. 기록할 때는 친구들에게 조언을 해주는 친절한 말투로 표현하며 이해와 공감의 마음이 드러나도록 적는다.

학생들이 적은 조언

- 질투는 너의 마음도 힘들게 해. 다른 생각을 해봐.
- 너도 장점이 많아. 너의 장점을 찾아봐.
- 친구 때문에 속상하면 솔직하게 이야기해봐.
- 베프 말고 다른 친구들과도 놀아봐. 너랑 놀고 싶은 친구들이 있을 거야.
- 스트레스를 받을 때 네가 진짜 좋아하는 일이 뭔지 찾아봐.
- 다른 사람을 칭찬하면 너도 언젠가 칭찬을 받을 거야.

활동 3) 내게 이미 있는 감사 모으기

질투심은 누구나 느낄 수 있지만, 질투심을 자주 느끼거나 오랫동안 품고 있으면 그 감정에 머물러 자신을 더 초라하게 여기거나 다른 사람과의 관계에 상처를 줄 수 있다. 이럴 때 시선을 '나에게 없는 것'에서 '내가 이미 가진 것'으로 돌리는 것이 중요하다. 남과 비교하는 마음을 잠시 접어두고 '내가 감사하는 것으로는 무엇이 있을지' 생각하고 찾아보기 시작하면 내가 가진 것이 눈에 들어오고, 나 자신에게 초점이 맞춰지게 된다. 인기가 많은 친구가 부럽다면 '그래도 나는 나를 사랑해주는 가족이 있지' '마음껏 뛰고 놀 수 있는 건강한 몸이 있어서 감사해' 등과 같이 이미 가진 것을 찾음으로써 자기 삶의 만족스러운 부분을 발견하고 '결핍'에서 '만족'으로 바뀌는 힘을 얻을 수 있다.

교사는 학생들에게 고리가 달린 작은 크기의 메모장에 감사한 것, 내가 이미 가진 것 등을 한 장에 하나씩 적도록 한다. 생각날 때마다 하나씩 적어보거나 하루에 한두 개 정도씩 꾸준히 기록한다. 매일 아침 짝과 함께 감사한 것을 서로 이야기 나누면 학생 스스로 자신의 삶에 이미 가득한 만족과 기쁨을 경험할 수 있다. 메모장을 교실에 걸어두고 다 같이 볼 수 있도록 하는 것도 좋다.

학생들은 그림책을 통해 질투가 어떤 감정인지 이해하고, 질투가

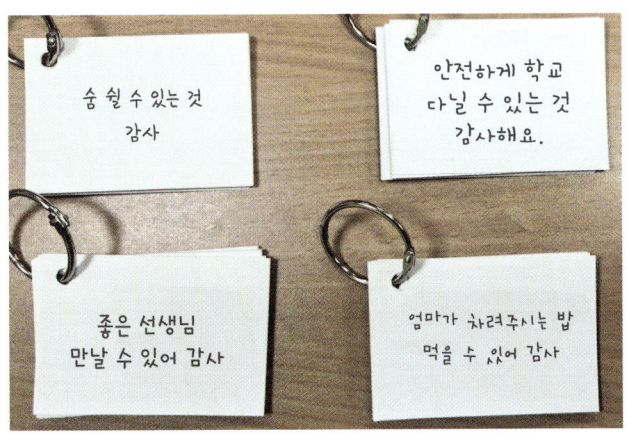

감사 메모장 예시

만들어내는 상황과 문제점을 살펴보며 질투의 마음을 잘 다스리는 것이 중요함을 알게 된다. 질투가 단순히 나쁜 감정이 아니고 질투의 감정을 긍정적으로 바꿈으로써 자신을 더 잘 알고 성장하는 계기로 삼을 수 있다는 것을 배우게 된다. 또한 내가 가진 것에 감사하는 목록을 적어봄으로써 자신에 대한 생각을 긍정과 풍요로 채우고 자존감이 높아지는 효과도 얻을 수 있다. 특히 감사한 것을 꾸준히 찾고 이야기 나눔으로써 비교과 경쟁이 아닌 자신만의 속도와 가치로 살아가는 것이 중요하다는 것을 배우게 된다.

| 이 책도 추천해요 |

『새빨간 질투』 조시온 글, 이소영 그림, 노란상상, 2023
주인공 빨강이 질투를 슬기롭게 다스리는 과정이 잘 나타나 있는 책.

『질투 나서 속상해!』 기슬렌 뒬리에 글, 베랑제르 들라포르트 그림, 정순 옮김, 나무말미, 2021
자신보다 더 사랑받는 사촌을 향해 질투심이 생긴 샘의 마음 성장 이야기.

『괜찮아, 나의 두꺼비야』 이소영 글·그림, 글로연, 2022
사랑과 질투가 돌이킬 수 없는 잘못을 저지르게 만들 때 생기는 죄책감에 대한 책.

6 미움 - 서로의 마음 헤아리기

학생들은 하루에도 여러 번 다툰다. 그 과정에서 화가 나거나 서운함과 오해가 생겨 미움이 싹트기도 한다. 이미 심하게 싸워서 사이가 어긋나 미움이 굳어진 관계도 있다. '미움'의 사전적 의미는 '미워하는 일이나 미워하는 마음'이다. 그러나 우리는 슬플 때 미움을 느끼기도 한다. 자신을 슬프게 한 대상을 원망하거나 상황이 속상할 때 누군가를 미워하게 되는 것이다. 미움이 찾아오는 순간, 그 상황을 바라보고 미움 속에 숨겨진 구체적인 감정이 무엇인지 이해해보자. 나아가 내가 진짜 원하는 욕구가 무엇인지 알아보며 자신과 타인의 마음 상태를 헤아려보자.

> 함께 읽을 책

「친구가 미운 날」
가사이 마리 글, 기타무라 유카 그림,
윤수정 옮김, 책읽는곰, 2018

유우와 주인공 하나는 둘도 없는 단짝 친구 사이다. 그림 그리기 대회를 앞두고 하나는 유우에게 새로 산 크레용을 보여준다. 단짝에게 자랑도 하고 싶고, 자신이 크레용을 아끼는 것처럼 친구도 조심스럽게 사용해주길 바라는 마음이었던 하나. 그러나 유우는 크레용으로 거침없이 그림을 그리고, 그만 크레용이 뚝 부러지고 만다. 이 일로 유우와 하나의 우정도 금이 가고, 서로 미움이 쌓인다. 이 그림책은 사소한 사건과 갈등이 점차 심화되고, 미움이 생기는 과정을 섬세하게 그리고 있다. 그리고 미움이 쌓이고 관계가 힘들어질 때 어떻게 해야 할지 따뜻하게 풀어간다.

활동 1 감정 카드로 감정 어휘 익히기

'미움'은 여러 감정의 결을 품고 있다. 단짝 친구가 자신이 아닌 다른 친구와 더 친하다고 느껴질 때 친구가 미워진다. 하지만 그 미움이라는 말 안에는 서운함이 담겨 있다. 미움은 때론 슬픔이 되기도 하고, 분노가 되기도 한다. 아이들이 일상 속에서 사용하는 감정 어휘는 다소 제한적인 경우가 많다. 아이들이 기본 감정 어휘에서 분화된 다양한 감정 어휘를 익히고 이를 자신의 삶에 적용하는 것은 감정 인식과 감정 조절에 매우 필수적이다. 자신이 느끼고 있는 감정을 제대로 이해하고 바라볼 수 있어야, 자신의 마음을 살피고 더 나아가 친구가 미울 때 그 갈등을 해결할 수 있게 된다. 이를 위해 다양한 감정 카드를 준비하고 학생들과 함께 다양한 감정 어휘를 살펴보는 시간을 갖는다.

학생들은 모둠끼리 동그랗게 모여 앉고, 다양한 감정 어휘가 적힌 카드 묶음을 나누어 갖는다. 카드의 개수는 학생들의 수준과 특성을 고려하여 정할 수 있다. 학생들은 순서를 정한 뒤 돌아가며 감정 카드 묶음을 갖는다. 카드 묶음을 가진 학생은 자신이 들고 있는 감정 어휘를 보지 않고 친구들에게 보여준다. 나머지 학생들은 친구가 들고 있는 감정 어휘를 보고, 어떠한 상황에서 주로 이러한 감정을 느끼는지 설명한다. 친구의 설명을 듣고 자신이 들고 있는 감정 어휘가 무엇인지 맞혀본다.

> **활동 2** 그림책으로 이야기 나누기

학생들과 함께 그림책을 읽으며 등장인물이 느끼는 '미움' 안에 숨어 있는 여러 감정을 찾아본다. 앞에서 여러 감정 어휘를 익혔기에 아이들은 보다 풍부하고 분화된 감정 어휘를 말할 수 있다.

그림책 초반에는 주제를 금방 선택하여 스케치를 시작하는 유우를 하나가 물끄러미 쳐다보는 장면이 나온다. 이 부분을 보며 학생들은 '부러움' '질투' '속상함' 등 여러 감정을 말한다. 그리고 유우가 하나의 크레용을 부러뜨린 뒤 사과를 하지 않고 집에 가는 상황을 보고, 하나의 입장에 공감하며 '억울함' '슬픔' '서운함' '분노' 등의 감정을 이야기한다. 앞서 여러 가지 감정 어휘를 익혔기에 전보다 아이들이 말하는 감정의 종류가 다양해짐을 알 수 있다. 같은 상황을 보고 다양한 감정을 말했을 때는 왜 이런 감정을 느꼈는지 이유를 말하며 그림책 속 상황과 인물들이 느끼는 감정에 대해 자세히 살펴볼 수 있다.

그림책을 읽으며 서로를 미워하는 등장인물들이 진짜 하고 싶은 말과 원하는 것을 찾아본다. 자신이 느끼는 감정과 욕구를 인식하고 살펴보면 감정의 원인을 알게 되고 꼬여버린 갈등의 실타래를 풀

상황	어떤 마음이었을까? (느낌/감정)		진짜 원했던 것 (욕구)	
	주인공 '하나'	친구 '유우'	주인공 '하나'	친구 '유우'
흰색 크레파스를 많이 쓸 때	- 불안하다 - 걱정된다	- 고맙다 - 기쁘다	- 조금만 썼으면 좋겠다	- 그림을 빨리 완성하기
흰색 크레파스가 부러졌을 때	- 깜짝 놀라다 - 분하다 - 좌절스럽다	- 미안하다 - 당황스럽다	- 사과 - 손해보상	- 색칠을 빨리 마무리하기
유우의 그림이 뽑혔을 때	- 어이없다 - 질투 난다	- 기쁘다 - 미안하다	- 축하해주기	- 하나와 다시 친해지는 것
유우가 바로 그림을 골랐을 때	- 부럽다 - 나도 빨리 고르고 싶다	- 기쁘다	- 같이 하고 싶다	- 빨리 그림 그리기

상황별로 등장인물이 느낀 감정과 욕구

수 있다. 학생들과 그림책에 나오는 상황을 살펴보며 등장인물의 감정과 욕구를 하나씩 들여다본다. 하나는 유우가 크레파스를 많이 쓸까봐 불안해하며 아무것도 하지 못한 채 유우를 바라본다. 이 감정과 행동 이면에는 유우가 크레파스를 조심히 사용해줬으면 하는 욕구가 있는 것이다. 자신의 감정을 인지하고, 왜 내가 이러한 감정을 느끼는지, 무엇을 원하는지 욕구에 대해 생각하는 과정에서 학생들은 의사소통을 보다 명확히 하는 동시에 갈등 상황을 줄여나간다.

활동 3 내가 경험한 미움의 순간 나누기

학생들과 함께 자신도 하나와 유우처럼 누군가가 미웠던 적이 있었는지 이야기 나눈다. 미움의 순간을 속으로만 되뇌는 것은 또다시 괴로웠던 구덩이에 홀로 빠지는 것이지만, 서로 아팠던 순간을 함께 나누면 그것은 치유의 순간이 되기도 한다.

 교사는 각 모둠에게 사람 형상이 그려진 송이를 나누어순다. 모둠원들은 함께 모여 앉아 그동안 경험했던 미움이 생기는 말과 행동을 돌아가며 말하고, 종이에 적는다. 찬찬히 미움의 말을 살펴보며, 무슨 말을 듣고 싶었는지 생각한다. 그런 다음에 똑같은 종이를 한 장 더 나누어 갖는다. 미움이 싹트는 말과 행동을 적은 위치에 이번에는 듣고 싶었던 말을 적는다. "그것도 모르니?"라는 말이 상처가 되었다고 적었던 아이는 그 자리에 '내가 알려줄까?'를 적었다. 무시하는 말은 미움의 싹을 틔우지만, 배려하고 도움을 건네는 말은 사랑의 마음을 피어나게 한다. 속상하고 서운했던 경험을 나누며 아이들은 서로를 위로하고 공감할 수 있다. 또한 미움의 말에 숨겨진 진짜 듣고 싶었던 말을 나누며 웃을 수 있다. 동시에 누군가를 미워하는 감정은 누구나 경험할 수 있다는 사실을 알게 된다.

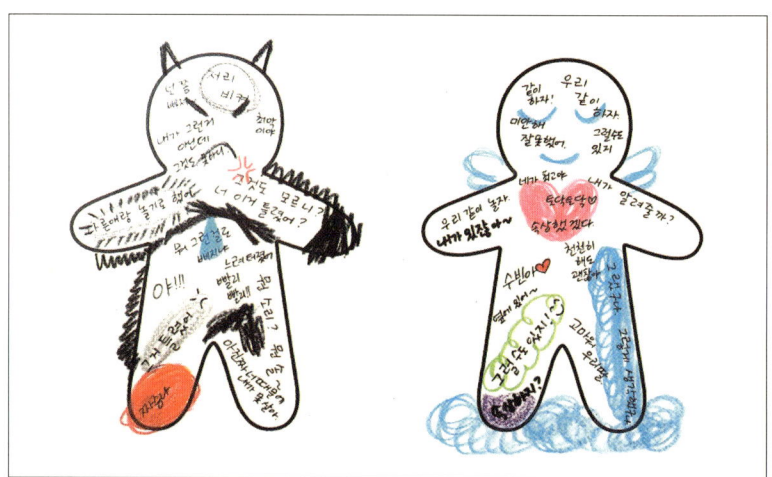

미움이 생기는 말과 행동

> 이 책도 추천해요

『**미움**』 조원희 글·그림, 만만한책방, 2020
친구를 미워하며 겪는 심리적 과정을 통해 미움에 대한 태도를 되짚어볼 수 있는 이야기.

『**미움아, 안녕!**』 조셉 코엘로우 글, 앨리슨 콜포이스 그림, 김세실 옮김, 노란상상, 2023
미움으로 표현되는 친구와의 갈등의 모습과 화해하는 과정을 나타낸 그림책.

『**엄마가 미운 밤**』 다카도노 호코 글, 오카모토 준 그림, 김소연 옮김, 천개의바람, 2017
미운 엄마가 없는 곳에서 해방감을 맛보는 세 아이를 통해 미움이 왜 생기는 것인지 함께 이야기 나눌 수 있는 책.

7 고민 나누기

초등학교 고학년 시기는 청소년기에 해당하며, 신체적·정서적·인지적·사회적으로 발달하고 많은 변화가 일어난다. 그래서 고학년 학생들을 지도할 때는 학생들의 정서에 세심한 관심을 기울여야 한다. 부모님께 고민을 털어놓으면 별것 아닌 것 가지고 고민한다고 말씀하셔서 속상하다고 토로하는 학생들이 있다. 어른들 입장에서는 별것 아닌 일이 정서적으로 큰 변화를 겪고 있는 학생들의 입장에서는 별것인데, 불안한 정서를 공감받지 못하고 있는 것 같아 매우 안타깝다. 학생들의 불안한 정서를 안정시키기 위한 수업이 마련되어야 하는 이유이다.

함께 읽을 책

『너도 고민이 있니?』
천유링 글·그림, 권성지 옮김,
나무의말, 2025

이야기는 주인공 미나의 고민으로 시작된다. 미나는 멋진 그림을 그리고 싶은데 생각대로 잘 그려지지 않아서 고심한다. 고민 해결법을 찾기 위해 길을 나선 미나는 말, 사자, 토끼, 올빼미를 만나게 된다. 미나는 '고민'이 무엇인지 모르는 동물들에게 그 뜻을 설명해준다. 동물들 각자 고민을 없애는 방법을 제시하지만 미나의 고민은 해결되지 못한다. 그런데 호수에서 만난 물고기는 고민이 무엇인지 알고 있고 자신도 고민이 많다고 말한다. 물고기를 만나고 집에 돌아온 미나는 큰 깨달음을 얻게 된다. 해결할 수 없는 고민을 마주했을 땐 마음을 바꿔보는 것도 해결책이 될 수 있다는 것을 알려주는 그림책이다.

> **활동 1** 고민이란 무엇일까?

그림책을 읽기 전에 학생들에게 '고민'이란 무엇인지 질문한다. 이 그림책의 주인공은 고민이 무엇인지 모르는 동물들을 만나는데, 만약 학생들이 주인공처럼 고민이란 단어를 처음 들어보는 사람을 만나게 되면 어떻게 설명해줄 수 있는지 묻는다. 고민이 무엇인가에 대한 질문에 학생들의 대답은 다음과 같다.

Q. "고민? 그게 뭐예요? 고민이란 무엇인지 설명해주세요."	
	A.1 | "고민은 괴로운 마음이에요."
	A.2 | "고민이란 고구마를 먹는 것처럼 답답한 거예요."
	A.3 | "고민은 해결되지 않는 문제예요."
	A.4 | "고민은 풀리지 않는 숙제예요."
	A.5 | "고민이란 걱정거리예요."
	A.6 | "고민은 이러지도 저러지도 못할 때 가지는 마음이에요."

> **활동 2** 그림책으로 이야기 나누기

그림책의 표지를 앞뒤로 살펴보고 생각이나 느낌을 말한다. 배경이 바다이고 주인공 귀에 지느러미가 그려져 있어서 바닷속 인어의 이야기로 예상하는 학생들이 많았다. 앞면지는 연두색 배경에 연필로 뾰족하게 직선이 그려져 있다. 심장 박동을 표현한 것 같다고 생각하는 학생들도 있고, 낙서를 표현한 것 같다고 생각하는 학생도 있었다. '너도 고민이 있니?'라는 제목이 나오는 내지를 보면, 주인공 여자아이가 세운 무릎 위에 턱을 받치고 앉아 있다. 그림책의 내지를 넘기는 과정에서 학생들은 표지만 보고 예상했던 바닷속 이야기가 아니라는 것을 알고 적잖게 당황하는 모습이었다.

  이 책은 주인공 미나의 고민으로 시작한다. 그림 그리는 것을 좋아하는 미나의 고민은 멋진 그림을 그리고 싶은데 생각대로 잘 그려지지 않는다는 것이다. 이 부분의 그림을 보고 미나의 집 안을 가득 메우고 있는 낙서가 마치 미나의 마음속인 것 같다고 말하는 학생이 있었다. 다른 학생들도 고민을 가진 사람들의 마음속일 것 같다고 공감했다. 미나는 고민 해결 방법을 찾기 위해 길을 나서고 말, 사자, 토끼, 올빼미를 차례대로 만난다. 이 동물들은 '고민'이 무엇인지 몰라서 미나가 고민에 대해 설명해준다. 그림책을 읽기 전에 고민에 대해 설명했던 학생들은 미나가 고민에 대해 설명하는 부분에 더 집중하게 된다. 말, 사자, 토끼, 올빼미는 미나의 고민을 해결해주지 못했다. 다음 장을 넘기기 전에 학생들에게 다음과 같이 질문한다. 교사의 질문과 학생들의 대답 예시를 표로 정리했다.

Q. "여러분은 고민이란 무엇인지 설명할 수 있었어요. 미나가 여러분에게 고민을 털어놓는다면 미나의 고민을 어떻게 해결해줄 수 있을까요?"	A.1 | "미술학원에 다녀보는 게 어때?"
	A.2 | "항상 멋진 그림을 그리려고 하면 스트레스가 많아져. 그냥 그림 그리는 걸 즐겨봐."
	A.3 | "끈기 있게 연습해보는 게 어때?"
	A.4 | "노력은 배신하지 않는대. 더 노력해봐."
	A.5 | "목표를 좀 더 낮춰봐."
	A.6 | "나보다 네가 더 잘 그리는 것 같아."

 학생들의 생각을 들은 후 이어서 그림책을 읽는다. 영원히 고민을 해결할 수 없을 거라고 절망하고 있던 미나 앞에 물고기 한 마리가 고개를 내민다. 물고기와 미나가 처음 대화를 나누는 장면에서 고민이 있는 친구와 나누는 대화의 올바른 예가 나온다. 고민이 있다고 말하는 친구에게 물고기처럼 "너 많이 힘들었겠구나"라고 말한다면 친구는 자기 감정을 알아주고 공감해주는 사람이 있다는 것에 마음의 안정을 찾을 것이다. 물고기도 고민이 많지만 해결하지 못하는 고민일 때는 마음을 바꿔보는 것이 필요하다고 말한다. 물고기의 말에서 답을 찾은 미나는 그림을 잘 그리고 싶다는 마음을 내려놓고 그림 그리기를 즐겨보기로 마음을 바꾼다.

활동 3 있잖아, 나······ 고민이 있어

주인공 미나처럼 자신의 고민을 활동지에 사실대로 적는다. 이때 이름을 밝히지 않고 써야 고민을 더 진솔하게 털어놓게 된다. 모든 학생들의 작성이 끝나면 수합해서 섞은 후 무작위로 다시 나누어준다. 본인의 활동지를 받게 되면 다른 친구의 활동지로 바꾸어준다. 친구의 고민을 잘 읽고 친구 입장에서 충분히 공감하고 함께 고민하여 조언해주자고 안내한다. 조언 작성이 끝나면 모두 수합하여 고민을 털어놓은 학생에게 돌려준다. 익명으로 작성한 것이라서 글씨의 주인을 찾기 어려울 때는 교사가 읽어주는 것이 좋다. 고민과 조언의 예를 들어보면, 동생이랑 자주 싸우는 것이 고민인 친구에게 가족의

있잖아, 나...고민이 있어.

자신의 고민거리 중 친구의 조언을 듣고 싶은 1가지를 사실대로 털어놓으세요.

친구의 고민을 잘 읽고 조언해 주세요.

> 저기 있잖아 나 사실은 수학에 재능이 없어...
> 그래서 못해

> 아, 그렇구나.. 사실 나도 수학 잘하지는 못해. 그리고 누구나 다 못하고 잘하는 게 있잖아, 너도 그렇고. 수학은 연습할 수록 더 쉬워지잖아? 집에서 가서 틀린 거, 어려운 거 복습해봐. 혹시 몰라, 니가 수학가가 될지...

활동지 예시

사랑을 일찍 받은 형이 동생을 이해해주는 게 좋겠다고 건네는 조언이 있었다. 또, 수학에 재능이 없어서 수학 공부를 못하는 게 고민인 친구에게 누구나 잘하는 게 있고 못하는 게 있으니 너무 속상해하지 말라고 위로하고 나중에 수학자가 될지 모르는 일이라고 조언하는 경우도 있었다. 그림책을 읽으면서 고민 해결에 대한 간접 경험을 한 덕분에 학생들은 물고기처럼 친구의 감정에 먼저 공감하고 함께 고민하며 진심을 다해 조언하는 모습을 보인다.

활동 4 고민÷21

친구 한 명의 조언을 받는 앞선 활동이 끝난 후 학급 학생들 전체의 조언을 받는 활동으로 확장해나간다. 나의 고민을 친구들과 함께 나누어 괴롭고 답답한 마음을 덜어내기 위한 활동이다. 교사는 활동지에 고민 종이를 붙이고 학생들에게 읽어준다. 학생들은 포스트잇에 친구의 고민을 해결할 방법을 적어서 '고민÷21' 판에 붙인다.

정서적으로 많은 변화를 겪으며 불안한 청소년기를 함께 보내고 있는 친구들과 고민을 함께 나누는 것은 학생들에게 큰 안정감을 줄 수 있다. 혼자만 고민이 있었던 게 아니라는 것을 알고 비슷한 고민을 가진 친구들로 인해 마음이 안정되는 데 큰 도움이 된다. 친구와 같은 고민을 가졌던 학생은 이겨냈던 방법을 알려줄 수 있고, 해결하기 어려운 고민이라면 그림책에 등장하는 물고기처럼 마음을 바꿔보자고 조언해줄 수 있다.

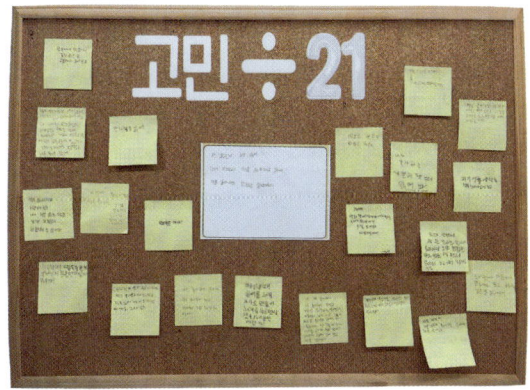

고민 해결법을 붙인 고민÷21 판

> 이 책도 추천해요

『고민 해결사 펭귄 선생님』 강경수 글·그림, 시공주니어, 2020
펭귄 선생님을 통해 진정한 고민 해결 방법을 깨닫게 해주는 책.

『고민 식당』 이주희 글·그림, 한림출판사, 2019
아이들의 고민을 들어주고 음식으로 위로를 전하는 이야기.

『두더지의 고민』 김상근 글·그림, 사계절, 2015
눈덩이처럼 커지는 고민을 친구들과 나누면서 사라지게 하는 그림책.

8 공감하기

교실에서는 학생들 간의 공감이 부족한 상황이 자주 발생한다. 학생들의 가장 큰 고민은 '성적'과 '친구 문제'이다. 친구와의 갈등이나 소외감을 느끼는 학생들이 많아지면서 공감의 필요성이 더욱 커지고 있다. 학생들이 외로움이나 불안감을 느끼게 되면, 이는 결국 학업이나 사회적 관계에 부정적인 영향을 미칠 수 있다. 따라서 공감 능력을 키우고 서로의 마음을 이해하는 것이 매우 중요하다. 그림책을 함께 읽으면서, 서로의 감정을 존중하고 공감하며 협력적으로 성장할 수 있는 환경을 만들어 보자.

함께 읽을 책

「수박만세」
이선미 글·그림, 글로연, 2024

꿀꺽 삼킨 수박 씨가 뱃속에서 자라날까봐 밤에 한숨도 자지 못하는 아이가 주인공으로 등장한다. 누구나 한 번쯤 해봤을 경험에서 오는 걱정을 친구들의 공감으로 해결해가는 과정을 그리고 있다. 책 속에 나오는 아이들의 모습을 살펴보면, 친구의 고민과 걱정에 공감하는 모습이 매우 순수하다. 아이들은 함께 그림책을 읽어나가는 과정에서 우리가 서로의 감정에 적극적으로 공감하는 것이 협력적으로 성장하는 데 얼마나 중요한지를 깨닫게 될 것이다.

활동 1 그림책으로 이야기 나누기

책을 읽기 전에 그림책 박물관 또는 인터넷 서점을 통해 '수박'에 관한 그림책을 찾아본다. 아이들은 의외로 그림책 중 수박에 관한 그림책이 상당히 많은 것을 보고 깜짝 놀란다. 이제 교사는 'ㄱㅈ'이라는 초성을 칠판에 크게 적는다. 그런 뒤 오늘 함께 읽을 그림책에는 우리가 마음속에 누구나 가지고 있는 '이 감정'이 커져가는 모습이 나온다고 말한다. 학생들은 처음에는 잘 대답하지 못하다가 금세 '걱정'이라고 대답한다. 교사는 걱정이나 고민이 있을 때 누구에게 말하는지를 물어본다. 대부분의 저학년 아이들은 '부모님'이라고 답하지만, 고학년으로 갈수록 '친구'에게 말한다는 대답이 많다.

교사는 'ㄱㄱ'이라는 초상을 다시 크게 적은 후 "나의 걱정과 고민을 다른 사람이 ㄱㄱ해줄 때 마음이 풀어진다"라고 말하면서 'ㄱㄱ'이라는 것이 무엇인지 생각해보게 한다. 학생들은 금세 '공감'이라고 답하지만 "과연 공감이 뭘까?" 하고 물어보면 쉽게 답하지 못한다. 그러던 중 "공감이란 '나도 그래'라고 말해주는 것"이라는 발표가 나왔고, 많은 아이가 끄덕이며 긍정적인 반응을 보였다.

마지막으로 그림책의 제목이 왜 '수박만세'인지 다 함께 생각해본다. 아이들은 '걱정'과 '공감'에 대해 생각해보았기 때문에 그림책 속 수박이 걱정과 관련이 있다는 것을 예상하곤 한다. "왜 '만세'라는 제목이 되었을까?"라는 질문에는 "수박이 걱정을 해결해준다" "다 같이 걱정을 해결하고 함께 맛있게 수박을 먹으며 만세를 한다"라고 말하는 친구들도 많았다.

> **활동 2** 수박 부채로 친구의 걱정과 고민에 공감하기

수박 부채를 만들어 친구의 걱정과 고민에 공감하는 활동을 한다. 먼저 빨간 색지 A4 용지를 반으로 자른 두 장의 종이를 준비한다. 녹색 색지 A4 용지를 1.5cm 정도로 길게 잘라 네 개씩 나누어준다. 빨간 종이에 나의 고민과 걱정을 적는다. 모둠별로 친구의 고민에 공감하는 글을 작성한다. 이때 격려와 응원의 말을 적어야 하며, 원하는 경우 해결 방법을 제안할 수도 있다. 모둠 친구의 고민에 대해 적은 후 교실을 돌아다니면서 다른 친구들의 고민을 읽어보고 공감해주는 시간을 갖는다. 글씨 대신 예쁜 하트를 그리거나 격려와 응원의 말이 담긴 스티커를 붙이는 것도 좋다.

공감 글쓰기 활동이 끝나면 빨간 종이의 위와 아래에 가늘게 자른 녹색 색지를 붙인다. 계단 접기의 방법으로 지그재그로 종이를 접는다. 가늘게 접힌 종이를 가운데로 접으면 수박 부채의 형태가 나타난다. 가운데를 털실이나 낚싯줄 등으로 단단히 고정하고 양 끝에 아이스크림 막대를 붙이면 둥근 수박 모양의 부채가 된다.

①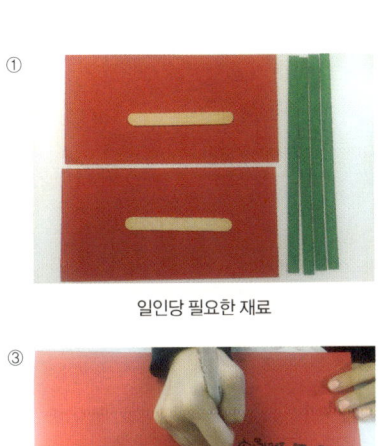
일인당 필요한 재료

②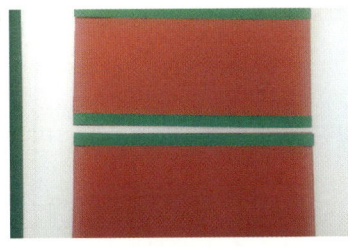
빨간 색지에 녹색 색지 붙이기

③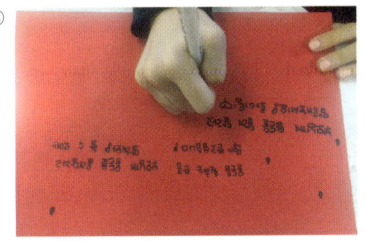
나의 고민과 걱정 적기

④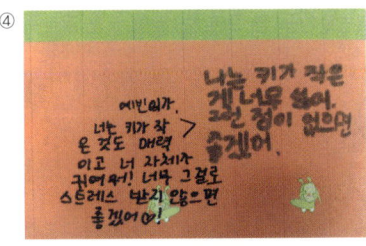
친구의 고민에 공감하는 글 쓰기

⑤
계단 접기로 수박 몸통 만들기

⑥
반으로 접어 고정하기

⑦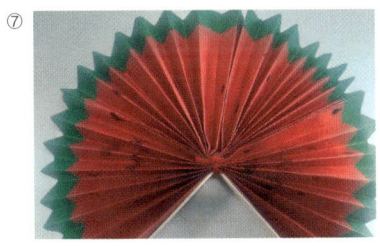
아이스크림 막대 붙이기

⑧
완성된 수박 부채

| 활동 3 | 수박 부채로 걱정 날려주기 |

친구들과 함께 부채를 부치며 걱정을 날려주는 활동이다. 먼저 각자 자신의 고민을 이야기한 후, "너도 그래? 나도 그래! 걱정아, 사라져라!"라고 크게 외치고 서로 부채를 부쳐준다. 이렇게 하면서 걱정이 사라지고 시원한 마음이 들면 다른 친구와 만나 활동을 이어간다. 학생들이 교실을 돌아다니며 활동하는 과정은 매우 즐겁고 재미있기 때문에 흥분하기 쉽다. 따라서 활동 전에 안전에 대해 분명히 안내하고, 절대 부채가 상대방의 얼굴이나 머리에 닿지 않게 주의하도록 한다. 또한 너무 심하게 부채질을 할 경우에 내가 만든 부채가 망가질 수 있다는 점도 알려주어 과격한 행동을 미리 방지한다.

수박 부채 활동이 끝나면 나의 고민에 공감해준 고마운 친구와 함께 우정 테스트 손뼉 치기 놀이를 한다. 이 놀이는 짝 놀이로서 공동체를 세우는 활동으로 활용하면 좋다. 짝과 함께 손을 잡고 '우정 테스트 브이'를 한 후에 서로의 손뼉을 대각선으로 부딪친다. 점점 숫자를 높여가며 손뼉을 치고, 다섯 번까지 실수하지 않고 손뼉을 마주치면 미션이 완성된다. '우정테스트 성공' 하고 외치면서 친구와 하이파이브를 하면 놀이가 끝이 난다. 아이들은 서로 손을 맞잡고 마음을 모아 미션을 성공하는 경험을 통해 친구의 소중함과 함께하는 즐거움을 다시 한번 깨닫게 된다.

활동을 마무리하고 수업을 되돌아보면서 소감을 적는 시간을 가졌다. "고민이 사라진 것 같았다" "친구가 공감해주어서 마음이 편해졌다"라는 의견들이 많았다. 이러한 소감들은 친구들과의 공감이 얼마나 중요한지를 다시 한번 느끼게 해주었고, 함께 나누는 즐거움이 큰 힘이 된다는 것을 깨닫게 해주었다.

> **이 책도 추천해요**
>
> 『**가만히 들어주었어**』 코리 도어펠드 글·그림, 신혜은 옮김, 북뱅크, 2019
> 진심 어린 위로란 가만히 귀 기울이며 기다려주는 것임을 알려주는 그림책.
>
> 『**그래요 정말 그래요!**』 아르멜 바르니에 글, 바네사 이에 그림, 박은영 옮김, 걸음동무, 2010
> '그래요. 정말, 그래요'라는 말을 통해서 아이들이 쉽게 공감할 수 있는 책.
>
> 『**내 얘기를 들어주세요**』 안 에르보 글·그림, 이경혜 옮김, 한울림어린이, 2017
> 다정한 소년 브루가 자기 이야기를 귀 기울여 듣고 공감해주는 친구를 찾는 이야기.

9 고집부리지 않기

좋고 싫은 것에 대한 구분이 명확해지면 학생들은 자기 뜻대로 하기 위해서 고집부리거나 반항하는 모습을 흔히 보이곤 한다. 이때 고집부리는 것이 자신과 타인에게 피해가 되는 것이 아니라면 학생이 스스로 결정할 수 있도록 존중해주는 것이 좋다. 하지만 고집스러운 행동이 자신과 타인에게 피해가 된다면 고집을 부리지 않도록 지도해야 한다. 왜 고집을 부리면 안 되는지, 다른 사람을 배려하고 소통하는 것이 얼마나 중요한지 알려주고 스스로 잘못된 모습을 깨닫고 올바른 의사소통과 행동을 할 수 있도록 이끌어주어야 한다. 자기중심적이고 고집이 강한 이 시기의 아이들에게 이타심과 협동심을 형성시키기 위한 활동이 필요하다.

함께 읽을 책

『고집불통 4번 양』
마르가리타 델 마소 글, 구리디 그림,
김지애 옮김, 라임, 2017

날마다 반복되는 일상에 지루함을 느낀 4번 양의 일탈을 통해 고집에 대해 생각해볼 수 있는 그림책이다. 4번 양은 원래 자신이 해야 하는 일을 알고 있지만 하지 않는다. 우리는 4번 양의 행동을 틀에 박힌 지긋지긋한 일상에서 벗어나 새로운 시작을 위한 도약으로 바라볼 수 있다. 반면에 4번 양의 일탈이 미구엘과 다른 양에게 어떤 영향을 미치는지를 살펴보고, 왜 고집을 부리면 안 되는지에 대한 교훈을 얻을 수도 있다.

활동 1 그림책으로 이야기 나누기

표지에는 4번 이름표를 달고 있는 검정색 양의 모습이 그려져 있고, '고집불통 4번 양'이라는 제목이 커다랗게 쓰여 있다. 책을 펼치기 전에 왜 4번 양을 고집불통이라고 했을지 추측해보자고 한다. 학생들은 "하기 싫은 것을 하기 싫다고 고집부려서가 아닐까요?"라고 추측을 한다. 반대로 순서가 있는데 자기가 먼저 하겠다고 고집부려서가 아닐까 하는 대답을 하기도 한다. 그런 후 왜 4번 양이 고집불통이라는 별명을 갖게 되었는지 함께 읽어보자고 제안한다. 다른 양들의 요구를 듣지 않고 고집을 부리는 4번 양을 보며 질책하기도 하고 4번 양이 이해가 된다는 학생들도 있다. 미구엘의 편지를 받고 점프를 한 4번 양을 보며 미구엘의 편지에 어떤 내용이 적혀 있을까 궁금해하기도 한다. 뒷면지에 있는 미구엘의 편지는 책을 함께 읽을 때에 공개하지 않고, 다음 활동이 끝난 뒤에 함께 읽는다.

학생들은 책을 함께 읽으며 한 가지 의문점을 갖는다. 다른 양들은 하얀 얼굴을 가지고 있는데 4번 양의 얼굴만 검정색이라는 것이다. 이때 교사가 이유를 이야기해보자고 하면 아이들은 양의 개성이라고 생각하기도 하고, 고집을 부리는 4번 양을 강조하기 위해서라고 이야기하기도 한다. 어떤 학생은 "왜 고집불통을 4번 양이라고 했을까요? 1번 양이어도 되잖아요"라고 질문하기도 했다. 혼자 읽을 때는 미처 생각하지 못했던 것들이 보이는 함께 읽기의 매력이 아닐까 한다.

> 활동 2 4번 양에게 편지쓰기

각자 미구엘이 되어 아직 공개하지 않은 미구엘의 편지를 써본다. 편지에 어떤 내용을 적었길래 고집부리던 4번 양이 뛰어올랐을지 궁금해하던 학생들은 각자 미구엘에게 감정이입하여 열심히 편지를 작성한다. 중요한 것은 4번 양에게 미구엘이 하고 싶은 말을 쓰는 것이기 때문에 때문에 편지글의 형식 중 첫인사와 마지막 인사는 생략해도 좋다. 이때 학생들 모두 4번 양에게 뛰어달라는 부탁의 편지를 작성하였다. 그 이유는 4번 양이 뛰지 않으면 미구엘이 잠들 수 없고, 다른 양들에게 피해를 준다는 것이었다.

편지가 완성되면 마지막으로 뒷면지의 미구엘의 편지를

4번 양에게 쓴 학생 편지

공개한다. 4번 양이 뛰지 않으면 잠들 수 없으니 제발 지금 뛰어달라는 미구엘의 간절한 마음이 담겨 있음을 확인하고 활동을 마무리한다.

활동 3 '인생극장' 그래! 결심했어

〈인생극장〉은 자신의 선택에 따라 뒤바뀐 인생을 사는 모습을 코믹하게 보여주었던 옛날 예능 프로그램이다. 선택의 갈림길에서 "그래! 결심했어"란 멘트를 하며 어떤 선택을 하느냐에 따라 뒷이야기가 어떻게 달라지는지 보여준다. 이 프로그램에서 아이디어를 빌려와 고집부리기 버전 인생극장 역할극을 꾸며본다.

교사는 다음과 같이 등장인물들이 고집을 부리는 몇 가지 상황을 제시한다. 이때 제시하는 상황은 학교와 가정에서 자주 볼 수 있는 친숙한 상황이어야 한다.

① 과학 시간에 모둠별로 실험을 하고 있다. 실험하는 순서가 정해져 있지만, A는 B가 하는 게 더 재미있어 보여 순서를 무시하고 다시 하고 싶어 한다. B는 순서가 정해져 있으니 차례를 지키라고 말한다. A는 계속 자기가 하겠다고 우긴다.	② 모둠활동을 하던 중 C는 활동에 참여하지 않고 장난만 친다. 그 모습을 보던 D가 활동을 열심히 하라고 다그친다. C는 D에게 "넌 내 의견은 매번 무시하고 네 멋대로 하려고 하잖아!"라고 따진다.

③ E와 F는 방과 후에 맛있는 것을 먹으러 가기로 했다. E는 떡볶이를 먹고 싶고, F는 마라탕을 먹으러 가고 싶다. E와 F는 서로 자기가 먹고 싶은 것을 먹으러 가자고 우기며 양보를 원한다.	④ G는 가족과 함께 장을 보러 마트에 갔다. G에겐 유치원에 다니는 H라는 동생이 있다. 동생이 마트를 둘러보다가 레고를 발견하고 레고를 사달라고 한다. 부모님은 안 된다고 이야기하고 동생은 사달라고 바닥에 누워 떼를 쓰며 운다.

3~4인 1모둠을 구성하고 모둠별로 네 가지 상황 중 한 가지를 골라 두 가지 선택지를 만든다. 두 선택지는 고집을 계속 부리는 상황과 합의점을 찾는 상황으로 나누어 정한다. 어떤 선택을 하느냐에 따라 이야기의 전개가 어떻게 될지 상상하며 역할극 대본을 작성한다. 교사는 대본을 작성할 때 너무 터무니없는 이야기로 장난스럽게 전개되지 않도록 지도한다. 대본이 완성되면 모둠별로 역할극을 연습할 시간을 준다.

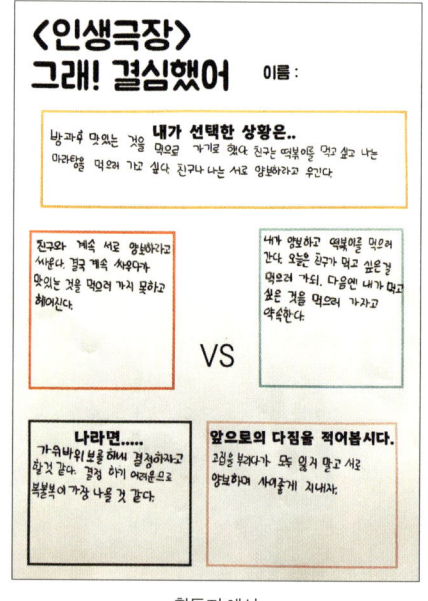

활동지 예시

활동 4 역할극 하기

연습한 역할극을 친구들 앞에서 보여준다. 선택에 따라 달라지는 모습을 구별하기 위해 역할극 전에 "그래! 결심했어"라고 외친다.

(모둠활동을 하는데 C가 장난만 치고, 그런 C를 D가 본다.) D: 너 왜 모둠활동은 안 하고 장난만 쳐? 너도 열심히 해. C: 싫은데? 맨날 내 의견은 무시하고 네 멋대로 하려고 하잖아.	
서로의 의견이 옳다고 우기며 계속 싸운다.	서로 사과할 부분은 사과하고 모둠활동을 열심히 참여한다.
D: 뭐라고? 내가 언제 네 말을 무시했냐? 네가 무시하고 하고 싶은 대로 했지. C: 지난번에도 내가 의견 냈더니 그게 뭐냐면서 놀리고 들어주지도 않았잖아. 그러니까 내가 참여 안 하는 거라고. 내가 하고 싶은 대로 할 거야. D: 네 의견이 이상하니까 그런 거지. (목소리가 점차 커지자 다른 모둠원들은 당황한다.) 선생님: (다가오며) 2모둠, 무슨 일이죠? 왜 토의는 안 하고 큰 소리가 난 것일까요? D: C가 토의하는데 장난만 쳐서 열심히 하라고 했더니, 싫다면서 막 소리 질렀어요. C: (울먹이며) D가 제 의견은 무시해서 참여 안 한 건데……. 선생님: 아무래도 2모둠은 모둠활동을 진행하기 어렵겠네요. 어떻게 된 일인지 선생님과 이야기해봅시다.	D: 내가 그런 적이 있었어? 그랬다면 미안해. C: 괜찮아. 그때 기분이 나빴는데, 네가 사과를 하니까 기분이 풀렸어. D: 그럼 이제 모둠활동에 열심히 참여해줄래? 네 의견을 얘기해야 역할이 정해지고, 대본을 쓸 수 있을 것 같아. C: 그래? 나도 장난만 쳐서 미안해. 나는 안중근 역할 하고 싶어. E: 나도 안중근 역할 하고 싶다고 했으니 가위바위보로 결정하자. 이긴 사람이 안중근 하는 걸로 해. 원하는 사람이 많으니 어쩔 수 없을 것 같아. C: 알겠어. (선생님이 모둠활동을 하고 있는 것을 지나가며) 선생님: 서로 의견을 잘 조정하면서 열심히 준비하고 있네요. 훌륭해요.

역할극이 모두 마무리된 뒤에는 나라면 어떤 선택을 했을지 적고, 앞으로의 다짐을 작성한다. 학생들은 다른 사람에게 피해를 주지 않기 위해 고집을 부리지 않기로 다짐한다. 이러한 활동은 자기중심적인 사고에서 벗어나 교실 내 갈등을 줄여주며 협력적인 학급 분위기를 조성하는 데 도움을 준다.

> 이 책도 추천해요
>
> **『왜 고집부리면 안 되나요?』** 박은숙 글, 이지연 그림, 참돌어린이, 2015
> 자기가 원하는 대로만 하려고 고집부리는 아이들에게 왜 고집을 부리면 안 되는지, 친구들의 말을 잘 들어주는 것이 왜 필요한지 알려주는 그림책.
>
> **『내 맘대로 할래』** 이지현 글, 이민혜 그림, 시공주니어, 2008
> 고집쟁이 꼬마 악어 딱순이가 바닥에 드러누워 고집부리는 친구 꿀식이를 보고 자신을 되돌아보며 이제부터는 고집부리지 않겠다고 다짐하는 이야기.
>
> **『고집쟁이 아니콘』** 마크-우베 클링 글, 아스트리드 헨 그림, 김영진 옮김, 별숲, 2020
> 모든 일에 '아니' '싫어'를 외치는 주인공 무지개 유니콘이 개성 넘치는 고집쟁이 세 친구와 만나 서로를 존중하며 친구가 되어가는 이야기.

10 사과하기

아이들은 하루에도 몇 번씩 친구와의 갈등을 겪는다. 어긋난 관계를 개선하지 않는다면 함께 생활하기는 어렵다. 여러 개성을 가진 친구들과 생활해야 하는 교실에서 사과하는 방법을 가르치는 일이 필요한 이유이다. 단순히 사과하는 방법을 가르쳐서 진심이 담기지 않은 사과를 하기보다는 다양한 상황을 제시하고 실제 상황에서 어떻게 말하고 행동해야 하는지 알려주는 과정이 중요하다. 아이들이 사과의 중요성을 깨닫고 자기 잘못에 대해 사과할 줄 아는 사람으로 성장한다면, 자신의 감정을 이해하고 타인의 감정도 공감해주는 건강한 인간관계를 형성할 수 있을 것이다.

함께 읽을 책

『사과는 이렇게 하는 거야』
데이비드 라로셸 글, 마이크 우누트카 그림, 이다랑 옮김, 블루밍제이, 2023

다양한 동물이 등장하여 사과해야 하는 여러 가지 상황을 제시하고, 어떻게 사과해야 하는지를 친절하게 알려주는 그림책이다. 자칫 잔소리처럼 들릴 수 있는 말을 귀엽고 우스꽝스러운 그림과 상황이 담긴 그림책을 통해 읽어주면 학생들은 거부감 없이 받아들인다. 오래전 내가 누군가에게 저지른 실수는 없는지, 사과해 할 대상은 없는지 돌아볼 수 있는 기회도 만들 수 있다. '사과하면서 변명하지 않기' '너도 잘못이 있다고 말하기 않기' 등 아이들이 하기 쉬운 잘못된 사과도 알려주고 있기에 더욱 유익하다.

활동 1 그림책으로 이야기 나누기

제목과 표지에 그려진 그림을 보며 어떤 상황인지를 추측해본다. 앞표지와 뒤표지를 넓게 펼쳐야 상황이 이해가 간다. 비버가 갉아 먹어 쓰러진 나무로 인해 부엉이와 새는 화가 나 있고 비버는 당황한 표정으로 서 있다. 학생들은 비버가 부엉이와 새에게 사과해야 한다고 말한다. 이때 비버와 부엉이, 새의 감정은 어떨지 물어본다. 아이들은 부엉이와 새는 자신의 집이 망가져 화가 나고 우울할 것 같다고 하였고, 비버는 의미 없이 한 행동이 다른 동물에게 피해가 되어 당황스럽기도 하고 어떤 미래가 펼쳐질지 몰라 두려울 것 같다고 대답했다. 이렇게 사과해야 하는 상황과 각기 다른 입장의 마음에 공감해보면서 그림책을 함께 읽는다. 악어네 지붕을 뚫고 들어온 펭귄, 박물관에서 전시품을 망가뜨린 고양이, 상대방을 비하하는 벽보를 붙인 꿀벌과 파리 등 그림책 속에는 사과가 필요한 다양한 상황들이 제시된다. 상황들이 현실보다 더 과장된 채 표현되어 있어서 학생들은 재미있어하면서 집중한다. 그리고 나서 교사는 어떻게 사과해야 하는지 알려준다. 잘못된 사과와 제대로 된 사과의 예시를 펼침면을 기준으로 제시하고 있기 때문에 둘을 비교해서 살핀다. 마지막엔 사과는 힘든 일이지만 사과를 하면 나의 기분도, 상대방의 기분도 좋아지기 때문에 꼭 필요하다고 알려준다.

책을 모두 읽은 후, 자신이 사과했거나 사과받았던 경험을 친구들과 나눈다. 하루에도 사과를 받거나 해야만 하는 상황이 자주 발생하는 교실인지라 재잘재잘 자신의 경험을 말하기에 바쁘다. 친구의 물건을 허락 없이 만졌다가 사과했던 경험부터 친구와 말다툼하여 서로 사과했던 경험까지 사소한 일부터 큰 갈등까지 다양한 경험들이 등장한다.

활동 2 사과하는 방법 탐색하기

사과의 방법을 간단히 설명할 때 '인사약'이란 용어를 사용하곤 한다. 인사약은 나의 잘못을 **인**정하고, 진심을 담아 **사**과하며 앞으로의 **약**속을 다짐한다는 것의 줄임말이다. 이 방법을 포함한 사과의 다양한 방법을 모둠별로 탐색한다. 모둠별로 토의할 시간을 제공하면 일반적인 사과의 방법 외에 특별한 방법이 나올 수 있다. 책 속에서는 자신이 한 실수에 대해 '미안해'라고 이야기하기, 변명하지 않기, 진실하게 하기, 사과 편지 쓰기, 이렇게 네 가지로 정리되어 있다. 위 방법을 포함하여 자신이 사과했던 경험을 떠올리고 자신만의 사과법을 다양하게 적어본다.

모둠별로 정리한 사과하는 방법을 공유한다. 본 수업에서는 활동지에 적어보도록 했으나 보드판이나 도화지에 모둠별로 정리하여 칠판에 게시하는 방법도 있다. '무엇을 잘못했는지 정확히 언급하고 인정하는 것'을 적은 모둠이 있었는데, 그 이유를 물으니 자신이 잘못했다고 생각하지 않으면서 '미안해'라는 표현만 사용하여 마음이 담기지 않은 사과를 받았다가 기분이 더 나빠진 경험을 들었다. 사과는 잘못한 점에 대해 정확하게 인지

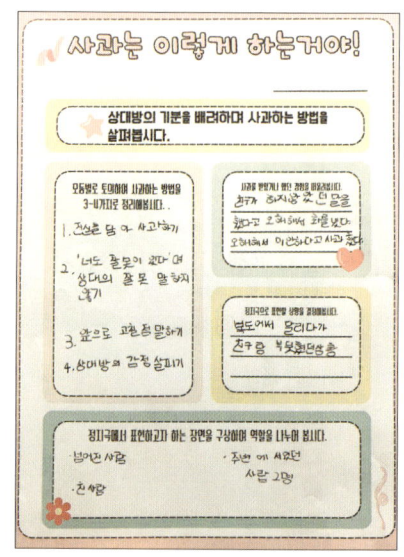

활동지 예시

하고 인정하는 것이 중요하다는 것이었다. 그 외에 금전적인 것, 무리한 요구 등을 제외하고 상대방이 원하는 일 한 가지 해주기도 나왔다.

활동 3 정지극으로 표현하기

사과가 필요한 상황을 간단한 정지극으로 표현해본다. 정지극을 준비하는 과정에서, 나아가 다른 모둠의 정지극을 보면서 올바른 사과 방법을 생각하고 양쪽의 입장과 기분을 짐작해볼 수 있다. 일반적인

정지극은 대사와 행동 없이 동작으로 표현하지만, 사과의 장면을 넣어야 하므로 본 활동에서는 간단한 대사를 넣는다. 정지극은 3~4인을 한 모둠으로 구성하는 것이 적절하나, 학급 인원에 따라 변경하여 구성해도 된다.

정지극을 준비하는 방법은 다음과 같다.

① 모둠별로 사과가 필요한 상황을 한 가지 정한다.
② 정지극에 필요한 역할과 대사를 정한다.
③ 정지극은 세 장면으로 구성한다.
　예) 사과가 필요한 상황 → 제대로 된 사과를 하지 않을 경우 → 올바른 사과를 했을 경우

먼저, 모둠원들이 무대 중앙에 서서 '레디 액션'을 하면 동시에 취해야 할 정지 장면을 취한다. 이때 행동을 하는 것이 아님을 유의해야 한다. 약 5초 후 다시 "레디 액션"을 외치면 제대로 된 사과를 하지 않을 경우의 정지 장면을 취한다. 정지 동작으로 바꾼 뒤 필요한 대사를 말한다. 약 5초 후 "레디 액션"을 외치면 올바른 사과를 했을 경우의 정지 장면으로 바꾼다. 이때에도 필요한 대사가 있다면 동작을 바꾼 뒤 대사를 말한다. 올바른 사과의 방법과 그렇지 않을 경우는 공연자의 표정을 보며 파악할 수 있다. 모든 공연이 끝난 뒤, 어떤 상황이었는지 다른 모둠 친구들이 맞힌다. 세 장면 속에 어떤 상황이 포함되어

있는지 나누고, 표현한 학생들의 의도와 일치하는지 확인한다.

상황(예시)	수업 시간에 뒤에 있는 친구가 손가락으로 등을 찔러서 뒤를 돌아보고 대화를 하다가 선생님께 지적받음.
두 번째 장면에서 필요한 대사	내가 장난으로 등을 찔러서 미안하긴 한데, 네가 안 돌아봤으면 됐잖아.
세 번째 장면에서 필요한 대사	내가 수업 시간에 장난으로 네 등을 찔러서 미안해.

활동 4 친구사랑 사과 편지 쓰기

미처 사과하지 못했던 일을 떠올려 친구에게 사과 편지를 써본다. 본 활동에서는 학토재에서 나온 '친구사랑 카드'를 활용하였다. 기존 편지지를 활용하거나 직접 편지지를 꾸며 사과 편지를 써도 된

친구사랑 사과 편지 앞면

친구사랑 사과 편지 뒷면

다. 사과하지 못했던 상황을 떠올리고 사과의 마음을 담긴 글을 쓴다. 왼쪽에는 어울리는 그림을 그리거나, 사과의 여러 가지 표현을 적는다. 친구사랑 카드 키트에 친구사랑 스티커가 동봉되어 있어서 그 스티커를 활용해도 좋다. 친구사랑 카드의 앞면은 어깨동무를 하고 있는 아이들이 그려져 있고, 색칠되지 않은 부분이 있기 때문에 색칠되어 있지 않은 부분을 채색 도구로 색칠한다. 사과 편지가 모두 완성이 되었다면 친구에게 전달한다. 사과를 하는 경험도 중요하지만 자신의 사과가 수용되고 사과를 통해 문제가 해결되는 경험을 하는 것도 중요하므로 사과의 편지를 받았다면 사과를 받아들이고 다정한 피드백을 주기로 약속한다.

이 책도 추천해요

『대신 전해 드립니다』 요시다 류타 글·그림, 고향옥 옮김, 키다리, 2021
친구와 싸우고 사과하지 못한 수호를 도와주는 말풍선 동동이를 통해 사과가 서툰 아이들에게 화해하는 법을 알려주는 그림책.

『괴물이 나타났어!』 카밀라 리드 글, 악셀 셰플러 그림, 사파리, 2023
흔히 일어날 법한 상황 속에서 타인에게 실수하거나 잘못했을 때 자기의 잘못을 인정하고 사과하는 태도에 관한 이야기.

『티머시는 오늘도 미안해!』 스테파니 심프슨 맥렐런 글, 조이 시 그림, 김경희 옮김, 살림어린이, 2023
장난꾸러기 티머시가 잘못을 할 때마다 진심으로 사과하는 편지를 쓰며 실수를 반복하지 않도록 노력하는 내용의 책.

11. 말 전달하지 않기

일상에서 수많은 대화를 나누다 보면, 때로는 발화자의 의도와 다르게 말이 전달되어 오해가 생기기도 한다. 일 년 동안 같은 공간에서 생활하는 학생들도 마찬가지이다. 잘못 전달된 혹은 덧붙인 말 한마디 때문에 어색한 사이가 되기도 하고 심한 경우 학교폭력위원회가 소집되기도 한다. '가루는 칠수록 고와지고 말은 할수록 거칠어진다'라는 속담처럼 말이 많으면 해로운 일이 생기기 쉽다. 하지만 살아가면서 다른 사람과 소통하지 않을 수는 없으며 대화 자체가 주는 기쁨 또한 크다. 학생들이 말이 가진 큰 힘을 인식하고 그 영향력을 긍정적으로 활용할 수 있도록 도와주면 학생들은 더 나은 관계를 만들고 효과적으로 소통할 수 있게 될 것이다.

함께 읽을 책

『그랬구나!』
치웨이 글·그림, 조은 옮김,
섬드레, 2023

힘들게 일한 소는 친구인 개에게 피곤해서 내일 쉬고 싶다고 말한다. 소의 푸념은 농장 동물 친구들로 인해 전혀 엉뚱한 이야기로 농부 아저씨에게 전달된다. 그렇게 배턴을 주고받듯이 농장의 동물들이 차례차례 등장하면서 소문이 퍼지고 전달된다. 생각을 더해 말을 전달하면 누군가가 다칠 수 있다는 사실을 소의 눈물로 깨닫게 된다. 소문이 퍼진 과정을 되짚어가면서 잘못된 일을 바로잡는 방법도 안내하고 있어 이런 일이 생겼을 때 학생들에게 어떻게 대처해야 하는지 알려주기에 적합하다.

활동 1 그림책으로 이야기 나누기

그림책을 읽기 전 말과 관련된 속담을 아는 만큼 말해보자고 하니 학생들은 대부분 대여섯 개 정도는 말한다. 교사는 말과 관련된 속담이 백여 개가 넘는다는 것을 짚어주며 그 개수가 이렇게 많은 이유를 묻는다. 학생들은 "말이 그만큼 중요하기 때문"이라고 답한다. 이제 그림책 표시와 세목을 보고 어떤 내용일지 짐작해본다. 아이들은 "그랬구나!"라는 말은 공감할 때 쓰는 말이라 동물들이 서로에게 "그랬구나!"라고 말해줄 것 같다고 말한다. 말을 조심하자는 책이라고 대답하기도 한다.

책의 위쪽과 아래쪽 그림이 호수에 풍경이 비춰 반영된 것처럼 그려져 있어 180도 돌려서 읽을 수 있다. 한 면에서 서로 다른 방향으로 이야기가 진행되는 책이라 처음에는 소의 푸념이 전달되는 과정 중심으로 읽고, 그다음에는 책을 돌려 소의 진실을 찾아가는 과정을 살핀다. 하나의 이야기에 집중하여 읽을 수 있도록 실물화상기를 활용하여 그림책의 위쪽 부분만 보면서 읽는다. 동물들이 소의 말에 자기 생각을 보태어 전달하는 과정만 읽고 학생들은 책을 읽고 난 뒤 떠오른 생각이나 느낌을 붙임종이에 써서 학급 전체와 공유한다. 한 학생의 경우 친구에게 짜증 나는 일을 말했다가 오해가 생긴 상황에서 말이 제대로 나오지 않아 따지지 못했다면서, 소가 얼마나 마음이 아플지 알겠다고 이야기했다. 대부분의 학생이 다른 사람의 말을 전달할 때 자기 생각을 덧붙이면 오해가 생길 수 있으니 조심해야 한다고 썼다.

이번에는 책을 180도 돌려 소문을 되짚어가는 부분을 읽는다. 이때 그림책 전체 화면을 보

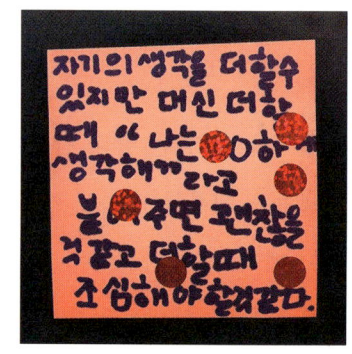

붙임쪽지 예시

며 읽어야 한다. 책을 읽은 뒤 등장인물에 관해 이야기를 나눈다. 학생들은 소를 불쌍하게 여기고 소의 말을 전달한 농장 동물들이 조심성이 없었다고 말한다. 자신 또한 친구가 말을 전달해서 친구가 미워진 경험이 있다며, 말을 전달한 동물들이 정말 나쁘다고 말한 학생도 있었다. 이처럼 학생들은 들은 말을 친구에게 그대로 전달하는 것이 문제가 될 수 있음을 깨닫는다. 농부 아저씨가 진실을 찾아 나서는 모습이 대단하다며 칭찬하기도 했다.

활동 2 말 전달 놀이하기

학생들은 말을 전달할 때 조심해야 한다는 것을 알고 있지만, 그것을 충분히 익혀 일상에서 자연스럽게 행하지는 못한다. 따라서 해당

주제를 몸으로 직접 느끼고 실천할 수 있도록 말 전달 놀이를 해본다. 놀이를 하면서 처음과 말이 얼마나 달라지는지 느끼면 말을 전달할 때 더욱 조심하게 된다.

놀이 방법은 다음과 같다.

1. 학생 6~7명을 한 모둠으로 구성한다.
2. 처음으로 말을 전달할 사람과 마지막에 말을 들을 사람을 정한다.
3. 말을 전달할 순서대로 줄을 선다.
4. 마지막에 말을 듣는 학생을 제외하고 줄을 선 모든 학생에게 미션 종이를 배부한다.

    예) '오늘 너무너무 추워서 내일은 따뜻한 외투를 입고 올 거야.'
5. 앞사람에게 말을 전달받았다면 미션에 따라 또 한 번 말을 전달한다.

    예) – 날씨가 오락가락한다는 내용의 말 추가하기

    – 기후 위기로 더 추워질 거라는 말 추가하기

    – 새 옷을 사서 자랑하고 싶어 입고 온다는 말 추가하기

    – 추워서 학교 오기 힘들다는 말 추가하기
6. 마지막에 말을 들은 학생은 들은 대로 이야기하고 처음 말이 무엇이었는지 맞힌다.
7. 놀이를 마친 소감을 나눈다.

학급 상황에 따라 학생 수를 조절하여 모둠을 구성할 수 있으며, 미션 내용은 학급에 따라 다양하게 제시한다. 학생들이 민감하게 반응할 수 있는 내용은 피하는 것이 좋다. 마지막 순서의 학생은 친구들이 무슨 말을 하는지 모르겠다고 반응하고, 말을 전달하는 학생들은 처음 문장에 다른 내용을 보태니 전달하는 내용이 달라져서 힘들었다고 말한다. 처음 문장과 마지막 친구가 말한 문장이 너무나 달라서 놀라며 말이 이렇게나 다르게 전달되니 진짜 조심해야겠다고 말한다.

활동 3 언어 사용 포스터 그리기

말을 전달할 때 자신의 개인적인 생각을 덧붙이면 안 된다는 메시지를 담은 포스터를 만든다. 우리 뇌는 글보다 그림을 6만 배 더 빨리 처리하며, 시각적 정보는 글보다 기억에 오래 남는다. 그렇기에 포스터를 직접 그리는 과정을 통해 학생들은 배운 내용을 더욱 선명하게 기억할 수 있다.

언어 사용 포스터를 그리기 전에 그림책의 작가가 무엇을 전달하고 싶었는지에 대해 학급 전체와 이야기 나눈다. 학생들이 한 말을 칠판에 쓰고 고치면서 한 문장으로 완성한다. 학생들은 '말을 전달할 때 자기 생각을 덧붙이지 않는다'라는 한 문장을 완성하였다.

이제 주제에 어울리는 그림과 문구를 구상한다. 말을 전달할 때 자기 생각을 덧붙이지 않는다는 내용을 효과적으로 표현할 수 있는 그림과 눈길을 끄는 간단한 문구를 떠올린다. 언어 사용 포스터를 그리는 과정에서 주제에 어울리는 그림과 문구를 떠올리는 구상하기 단계가 제일 힘들다. 이면지에 그림의 구도를 스케치하고 문구를 적으면, 단순히 머릿속으로 생각하는 것보다 구체적이고 명확한 아이디어를 얻을 수 있다.

이 단계에서 교사의 역할은 중요하다. 학생 개개인에게 피드백을 주면 포스터의 완성도가 높아진다. 문구를 조금 매끄럽게 다듬을 수 있는 의견을 주거나 그림에서 중요한 부분을 강조해서 그려야 한다고 안내하는 등 교사가 적극적으로 피드백을 주어야 한다. 어떤 학생은 그림을 먼저 떠올린 뒤 그림에 어울리는 문구를 만들고, 또 다른 학생은 문구를 먼저 떠올린 다음 그림을 구상했다. 그림책을 읽기 전 말과 관련된 속담을 떠올려 보았으니, 속담을 활용하거나 변형하여 사용해도 된다고 안내하면 문구를 수월하게 떠올릴 수 있다.

주제에 어울리는 그림과 문구를 떠올렸다면 스케치하고 색칠한다. 색칠할 때에는 서너 가지 색깔을 사용한다. 시각적으로 조화롭고 일관성이 있어 포스터의 가독성을 높일 수 있다. 학년 수준에 따라 알맞은 채색 도구를 활용한다. 학생들이 그린 포스터는 학교폭력 예방 주간이나 친구 사랑 주간에 복도나 교실에 게시하여 활용할 수 있다.

언어 사용 포스터

> 이 책도 추천해요

『배고픈 거미』 강경수 글·그림, 그림책공작소, 2017
사실 확인 없이 소문을 믿을 때 생길 수 있는 문제를 재미있게 이야기하는 책.

『팬티 입은 늑대』 월프리드 루파노 글, 마야나 이토이즈 그림, 김미선 옮김, 키위북스, 2018
실체가 확인되지 않는 소문이 점점 커지며 모두에게 영향을 미칠 수 있음을 알려주는 이야기.

『감기 걸린 물고기』 박정섭 글·그림, 사계절, 2016
말도 안 되는 이야기가 퍼지고 부풀려지면 어떻게 되는지 보여주는 책.

12 소문·뒷담화

소문은 사람들 입에 오르내려 전하여 들리는 말로, 참인지 거짓인지 알 수 없는 이야기이다. 학생들은 온·오프라인에서 무수히 많은 소문을 전해 듣는다. 소문은 학생들의 입에서 귀로 일파만파 퍼지며, 소문이 왜곡되어 마치 사실인 것처럼 유포되는 사례들도 비일비재하다. 학생들이 소문을 왜곡하고 과장하는 것은 매우 잘못된 일이라는 것을 깨닫고 근거 없는 소문, 유언비어를 들었을 때 슬기롭게 대응할 수 있는 역량을 기르는 교육이 필요한 때이다.

함께 읽을 책

『근데 그 얘기 들었어?』
밤코 글·그림, 바둑이하우스, 2018

어느 마을에 누군가 이사를 왔다. 이사 온 '누군가'는 두더지에게 인사를 건넨다. 두더지는 무당벌레에게 '누군가'의 외모에 대해 언급하고, 무당벌레는 두더지에게 전해 들은 말을 다람쥐에게 전하고, 다람쥐는 곰에게, 곰은 돼지에게, 돼지는 코끼리에게, 코끼리는 개구리에게, 개구리는 오리에게 소문을 전한다. 새로 이사 온 '누군가'는 사실을 표상하고, '누군가'의 외모를 과장하고 왜곡해서 나타낸 모습들은 터무니없는 유언비어를 표상하는 것일 수 있다. 무분별한 유언비어가 주는 혼란과 피해, 소문에 대한 대응 방법 등에 대해 수업하기 좋은 그림책이다.

> **활동 1** 그림책 듣기

학생들에게 그림책을 보여주지 않고 소리로만 들려준다. 책의 제목에서 알 수 있듯이 이야기를 듣는 것에 집중시키기 위함이다. 또한, 들리는 말이 모두 사실이 아닐 수 있음을 깨닫게 하려는 의도가 반영된 활동이다. 그림책을 끝까지 낭독하는 것이 아니라 동물들이 괴물에게 잡아먹히는 상상을 하는 장면까지 읽어야 한다. '누군가'의 모습을 상상해서 그림으로 표현하는 활동을 하기 위해 '누군가'의 정체가 밝혀지는 뒷부분은 낭독하지 않는다. 학생들은 교사의 낭독을 들으며 동물들이 말하는 '누군가'의 생김새를 상상해본다.

동물들이 괴물에게 잡아먹히는 상상을 하는 장면까지 낭독한 후 학생들에게 활동지를 나누어준다. 그림책 내용을 들은 후, 마을에 새로 이사 온 '누군가'를 그림으로 표현하는 활동이다. '누군가'를 직접 본 두더지는 "마을에 누군가 이사 왔는데 네모난 몸, 둥근 얼굴에 뾰족한 뿔이 났어!"라고 말

학생이 그린 '누군가'

했다. 다른 동물들은 "~대!"로 말하는 것으로 보아 직접 본 것이 아니라 소문을 전해 들은 것이다. 그래서 대부분의 학생들은 '누군가'를 직접 본 두더지의 말을 참고해서 그림으로 표현한다. 학생들 모두 그림을 완성하면 칠판에 게시한다. 학생들에게 그림을 충분히 감상할 수 있는 시간을 준다.

활동 2 그림책으로 이야기 나누기

그림책을 깊이 있게 이해하기 위해 표지부터 면지, 내지를 자세히 살펴본다. 이 책의 이야기는 앞면지에서부터 시작한다. 학생들은 앞면지에서 등장한 '누군가'를 보고 각자의 그림과 비교하며 아무도 '누군가'의 모습을 정확하게 표현하지 못했다는 것을 알게 된다. 눈으로 보지 않고 소리로만 들어서는 정확한 사실을 알 수 없다는 것을 강조해야 한다.

두더지는 자신이 본 이웃의 모습을 무당벌레에게 말하고, 두더지의 말을 들은 무당벌레는 동물들이 줄을 서 있는 버스정류장으로 날아간다. 무당벌레가 날아가는 장면은 마치 말이 바람을 타고 날아가는 것을 연상시키고, 소문은 날개가 있는 것처럼 빠르게 전해진다는 것을 나타내는 듯하다. 무당벌레는 다람쥐에게 "근데 그 얘기 들었어?"라는 말로 시작하며 두더지의 말을 전한다. 여기서부터 유심히 살펴봐야 할 부분이 있다. 말을 전하는 동물과 말을 전해 듣는 동물의 그림자는 있는데 동물들이 묘사하는 '누군가'의 그림자는 없다. 사실이 아닌 대상의 그림자를 표현하지 않은 것이다. '누군가'의 외모에 대한 소문이 전해질수록 과장되고 왜곡되는 것을 시각적으로 확인할 수 있는 대목이다. 이런 부분에서 학생들은 그림책에서 숨은그림찾기를 하는 듯한 재미를 느낀다. 두더지부터 오리까지 말이 전해지는 과정에서 동물들의 말이 표현된 말풍선이 진짜 풍선 모양으로 되어 있는 것도 주목할 만하다. 풍선처럼 가볍고 잘 부풀려지는 소문의 특징을 부각한다.

이야기 말미에서 '누군가'의 정체가 개미로 밝혀진다. 이러한 반전은 학생들의 몰입도를 높여주는 효과를 자아낸다. 학생들은 그림책 듣기 활동에서 '누군가'를 직접 본 두더지의 말을 믿고 두더지가 말한 대로 그렸는데, 두더지는 개미의 이삿짐을 보고 묘사한 것이었다. 이때 두더지의 특징에 대해 이야기 나눈다. 두더지는 어두운 땅속에서 살기 때문에 시력이 매우 안 좋은 동물이다. 그래서 개미가 두더지에게 인사했을 때 두더지는 작은 개미를 발견하지 못하고 개미의 이삿짐을 새로 이사 온 이웃으로 착각한 것이다. 학생들은 그림책 표지에서 개미가 있었던 것을 재발견하고 자세히 보아야 진실이 보인다는 것을 알게 된다.

활동 3   ON-소문-NO

친구가 전해 들은 소문을 메시지로 보냈을 때 그에 대한 답장을 쓰는 온라인 대화 활동이다. 온라인(Online)의 알파벳 'ON'의 철자 순서를 바꾸면 'NO'가 되는 것에서 착안한 활동으로, 사실 여부를 알 수 없는 소문이 온라인에서 퍼지는 것을 막기 위한 의도가 담겨 있다.

교사는 학생들에게 휴대폰 그림이 그려진 활동지를 나누어준다. 휴대폰 그림에는 친구가 보낸 메시지가 있고 답장 칸이 비어 있다. 친구가 전해 들은 소문을 메시지로 보냈을 때 어떤 답장을 보내야 할지 생각한 후 답장을 쓴다.

대부분의 학생이 그 소문을 바로 믿기보다는 사실인지 아닌지 따져보고 확인되지 않은 소문을 퍼뜨리지 않아야 한다고 답장을 쓴다. 이것이 바로 그림책의 효과이다. 소문에 어떻게 대응해야 하는지 강의식으로 지도하지 않아도 학생들은 그림책을 통해 스스

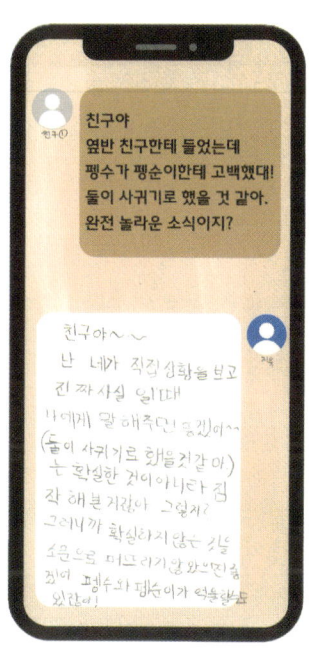

휴대폰 답장 쓰기

로 깨닫게 되는 것이다. 그림책을 읽기만 하고 깊이 있게 이해하는 시간을 가지지 못하면 이러한 결과는 기대할 수 없다. 만약 그림책을 읽자마자 바로 이 활동을 한다면 전학생이 온다는 소문, 이성 친구 소문 등을 사실처럼 받아들이는 답장을 쓸 수 있다. 따라서, 적용 활동을 하기 전에 그림책을 깊이 있게 이해하는 시간을 충분히 가져야 한다.

활동 4 소문을 말해봐

'유언비어'를 한자 뜻 그대로 풀이하면 '유언'은 '흐르는 말', '비어'는 '나는 말'로 나타낼 수 있다. 근거 없는 소문들이 홍수처럼 흐르고 로켓처럼 날아 확산되는 속도가 급격히 빨라지고 있다. 그 과정에서 진실이 왜곡되거나 과장되어 마치 사실인 양 유포되기도 한다. 이러한 거짓 소문에 휩쓸리지 않고 올바른 판단을 하기 위해서는 '소문을 걸러내는 힘'이 필요하다. 이러한 힘은 그림책의 뒷면지에 나오는 두더지의 안경과 같다. 개미의 몸 대부분이 큰 짐에 가려졌는데도 개미인 줄 알고 "안녕하세요! 개미 씨!"라고 인사할 수 있었던 것은 두더지가 안경을 썼기 때문이다. 큼지막한 거짓 소문에 작은 진실이 가려져 있더라도 소문을 걸러내는 힘, 소문에 슬기롭게 대응하는 힘을 길러서 감춰진 사실을 잘 발견해야 한다.

따라서 이번에는 오프라인 대화 상황에 대해 짝과 함께 활동을 해본다. 먼저, '소문을 말해봐~' 활동지에 있는 말풍선에 최근에 들은 이야기 중 사실인지 아닌지 확인하지 않은 이야기 한 개를 쓴다. 두 사람 모두 작성이 끝나면 서로 활동지를 바꾼다. 짝이 쓴 소문을 읽고 '소문에 대응하기' 활동지에 있는 말풍선에 자신이 하고 싶은 말을 쓰고 대화를 완성한다. 자신의 활동지를 돌려받고 읽는 것으로 끝내지 않고 짝과 함께 실연해보는 것이 중요하다. 학습자의 경험을

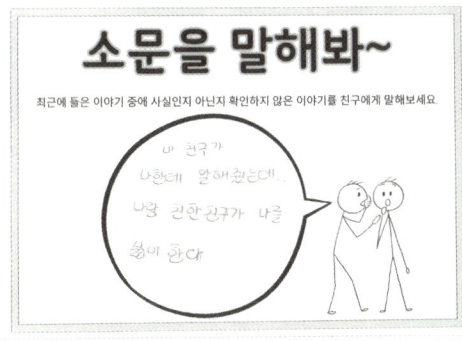

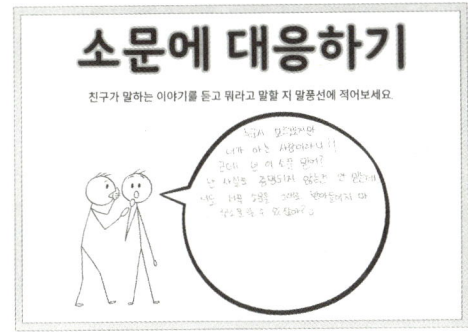

활동지 예시

통해 실생활에 필요한 지식·기능·태도를 기를 수 있으므로 상황 실연의 효과는 매우 크다.

학급 전체 학생이 함께하는 활동으로 재구성할 수도 있다. 학생들이 활동지 앞장에 있는 말풍선에 최근에 들은 이야기 중 사실 확인이 되지 않은 이야기 한 개를 쓰면 모두 수합한다. 수합한 활동지를 잘 섞은 후 무작위로 나누어준다. 만약 자신의 활동지를 받게 되면 다른 학생의 활동지로 바꾸어 가져간다. 학급 친구가 쓴 소문을 읽고 활동지 뒷장 말풍선에 자신이 하고 싶은 말을 쓴다. 활동지의 대화가 완성되면 활동지를 다시 수합한다. 상황 실연을 하고 싶어하는 학생들이 두 명씩 짝을 이루어 활동지를 임의로 선택하여 실연한다.

이 책도 추천해요

『그 소문 들었어?』 하야시 기린 글, 쇼노 나오코 그림, 김소연 옮김, 천개의바람, 2017
왕이 되고 싶어서 착한 은색 사자에 대한 거짓 소문을 만들어 낸 욕심쟁이 금색 사자와 그 거짓 소문을 사실 확인 없이 믿는 동물들을 통해 소문의 위험성을 알려주는 이야기.

『까만 새가 이사 왔대』 정영감 글·그림, 아스터로이드북, 2024
숲에 까만 새가 이사 왔다는 소문이 돌면서 모두의 관심이 온통 까만 새에 집중되는 것이 못마땅한 멧돼지가 까만 새에 대한 소문을 지어내는 이야기.

『그 소문 진짜야?』 안 크라에 글·그림, 김자연 옮김, 라임, 2024
주인공 곰을 통해 소문에 대한 지혜로운 태도를 깨닫게 해주는 그림책.

13 고자질

고자질은 교실 내 분위기를 해치고 학생들 간의 신뢰를 무너뜨릴 수 있는 주요 요인이다. 고자질을 당한 학생은 분노나 배신감을 느낄 수 있으며, 이는 학급 전체의 화합을 저해한다. 초등학교 교실에서의 고자질 교육은 학생들의 사회성 발달, 의사소통 능력 향상, 윤리적 판단력 증진, 그리고 건강한 학급 문화 조성을 위해 매우 중요한 과정이다. 이를 통해 학생들은 더 나은 인간관계를 형성하고, 긍정적인 학교생활을 영위할 수 있게 되는 것이다.

함께 읽을 책

『언제 고자질해도 돼?』
크리스티안 존스 글, 엘리나 엘리스 그림, 책과콩나무, 2018

마일즈는 똑똑하고 재미있는 친구이지만 하루에도 몇 번씩 고자질을 하는 고자질 대장이다. 틈만 나면 하는 마일즈의 고자질로 인해 가족과 친구들은 힘들어한다. 선생님의 계획으로 '고자질 안 하기 대결'을 시작하게 되고 이 대결을 위해 고자질을 해야 하는 상황에 대해 약속을 한다. 고자질을 해야 하는 상황이 어떤 것인지 스스로 판단하며 성장하는 마일즈의 모습을 보며 고자질을 해야 하는 상황과 하지 말아야 하는 상황에 대해 다 함께 생각해보자.

활동 1 고자질이란? 고자질에 관한 경험 떠올리기

함께 책 표지를 보며 고자질의 의미를 살펴본다. 국어사전에서는 고자질을 '남의 잘못이나 비밀을 일러바치는 짓 또는 행동'으로 정의하고 있다. 학생들이 생각하는 고자질의 의미와 사전적 정의를 비교해보면, 대체로 비슷한 맥락에서 이해하고 있음을 알 수 있다. 고자질에 대한 교육을 할 때 고자질의 유래에 대해 알려주면 학생들은 더 흥미있게 수업에 참여한다.

고자질에 대해서는 두 가지 설이 있다. 첫째, '고자(鼓子)'라 불리던 내관들이 임금에게 있는 말 없는 말을 모두 전하는 행위에서 유래했다는 설. 둘째, '고하는 사람(告者)'이라는 의미에서 유래했다는 설이다. 고자질의 유래와 의미를 생각하며 고자질을 했거나 고자질을 통해 속상했었던 경험에 대해 이야기 나눈다. 형제자매가 있는 학생들은 가정에서 형제자매의 고자질로 인해 속상했던 경험을 이야기한다. 학교에서의 경험으로는, 친구가 자신의 잘못을 선생님께 고자질하여 훈계를 받았던 경험이나 친구 간의 비밀을 다른 친구에게 말해서 갈등이 생겼던 경험들을 말한다. 이러한 경험들을 바탕으로 그림책을 읽으면 더 몰입하게 된다.

활동 2 그림책으로 이야기 나누기

책 표지를 보면서 어떤 내용이 펼쳐질지 예상해본다. 학생들은 제목만 보고도 고자질을 하는 상황에 대해 알려주는 책이라고 답한다. 그림책을 읽으며 마일즈의 고자질하는 상황을 정리하고 마일즈가 고자질을 하는 행동은 바람직한지에 대해 이야기 나눌 수도 있다.

그림책에서 스니처 선생님은 '고자질 안 하기 대결'을 제안하고 친구가 아프거나 다치거나 위험에 처하는 경우 다른 사람에게 말해도 된다는 약속을 정한다. 책 속에 담겨 있는 약속을 학생들과 함께 읽어보며 고자질을 해야 하는 상황에 대해 인식하도록 한다. 고자질이 부정적인 의미로 사용된다면, 부정적이지 않지만 어떤 사실이나 정보를 다른 사람에게 알리는 행동이라는 뜻을 가진 단어가 무엇이 있을지 질문할 수 있다. 이때 '신고'라는 단어의 뜻도 함께 생각해보면 좋다. 교사는 '신고'와 '고자질'의 개념을 비교하여 정리해보자고 이야기한다.

학교에서의 신고와 고자질 상황에 대해 학생들이 정리한 내용은 다음과 같다.

신고	고자질
◆ 누군가를 돕거나 위험한 일을 막기 위해 하는 행동 – 친구가 심하게 맞고 있는 걸 봤을 때 – 학교에 위험한 물건을 가져온 사람을 봤을 때 – 친구가 계속 따돌림당하는 걸 알았을 때	◆ 다른 사람을 곤란하게 하거나 자기 이익을 위해 하는 행동 – 친구가 수업 시간에 몰래 껌 씹는 걸 일부러 말하기 – 자신의 기분이 좋지 않다고 친구의 작은 실수도 선생님께 말하기 – 친구의 비밀을 다른 친구들에게 말하기

활동 3 고자질에 대해 포토스탠딩 토론하기

포토스탠딩 토론은 토론 주제와 관련된 사진이나 그림, 광고지 등의 시각 자료를 활용하여 진행하는 토론 방식이다. 이 방법은 주제에 대한 기초적인 아이디어를 만들어내거나 의견을 모으는 데 효과적이다. 학생들은 여러 장의 사진 중 주제에 맞는 사진을 고른 후, 그 사진을 선택한 이유와 사진의 의미를 설명한다. 이를 통해 자신의 생각을 이미지와 연결하여 구체적으로 표현할 수 있다.

먼저, 교사는 다양한 상황이나 감정을 나타내는 사진들을 준비한다. 학생들은 모둠별로 준비된 사진들 중 '고자질은 (   )이다'라는 문장을 완성할 수 있는 사진을 선택한다. 학생들은 선택한 사진과 고자질이라는 주제를 연결 지어 자신의 의견을 발표한다. 다른 학생들은 발표를 듣고 질문을 하거나 자신의 의견을 덧붙일 수 있다. 이 과정에서 고자질에 대한 다양한 관점과 의견이 공유된다. 토론이 진행되면서 학생들은 고자질의 긍정적인 면과 부정적인 면에 대해 더 깊이 있게 생각해볼 수 있다. 마지막으로, 교사는 토론을 마무리하며 고자질에 대한 다양한 의견을 정리하고, 적절한 의사소통의 중요성에 대해 강조한다.

학생이 작성한 문장

> 활동 4   고자질에 대한 수업을 마인드맵으로 정리하기

그림책을 활용한 수업 후, 마인드맵 활동을 하면 학생들의 이해를 심화하고 종합적인 사고를 촉진할 수 있다. 이 활동은 학생들이 고자질이라는 복잡한 주제에 대해 다각도로 생각해보고, 자신의 의견을 체계적으로 정리할 수 있는 기회를 제공한다.

  마인드맵 활동은 크게 다섯 가지 영역의 주가지로 표현하게 한다. 첫 번째 영역은 '고자질의 뜻'이다. 학생들은 그림책에서 배운 내용을 바탕으로 고자질의 정의를 자신의 언어로 표현한다. 예를 들어, 고자질은 '다른 사람의 잘못이나 비밀을 권위 있는 사람에게 알리는 행위'라고 정의할 수 있다. 이를 통해 고자질의 개념을 명확히 이해하고, 그 의미를 자신의 말로 설명할 수 있는 능력을 기른다.

두 번째 영역은 '고자질이 필요한 상황'이다. 학생들은 고자질이 정당화될 수 있는 상황들을 나열한다. 예를 들어, '친구가 심각한 위험에 처했을 때' '학교폭력이 발생했을 때' '누군가가 불법적인 행동을 하는 것을 목격했을 때' 등의 상황을 제시할 수 있다. 이 과정을 통해 학생들은 고자질이 때로는 필요하고 올바른 행동일 수 있다는 점을 인식하게 된다.

세 번째 영역은 '고자질에 대해 이미지로 정의 내리기'이다. 이 활동은 이전에 한 포토스탠딩 토론 활동을 마인드맵에 정리하는 것이다. 학생들은 고자질이라는 개념을 시각적으로 표현함으로써 자신이 이해한 고자질의 본질을 창의적으로 나타낼 수 있다.

네 번째 영역은 '고자질 외에 갈등을 해결하는 방법'이다. 여기서 학생들은 그림책에서 배운 내용과 자신의 경험을 바탕으로 다양한 갈등 해결 방법을 생각한다. 예를 들어 '직접 대화로 문제 해결하기' '감정을 조절하고 차분히 상황 설명하기' '중재자를 찾아 도움 요청하기' '서로의 입장을 이해하고 타협점 찾기' 등의 방법을 마인드맵에 포함시킬 수 있다. 이를 통해 학생들은 고자질이 갈등 해결의 유일한 방법이 아니며, 더 건설적인 대안이 있다는 것을 인식하게 된다.

다섯 번째 영역은 '고자질은 필요하다'에 대한 자신의 생각을 표현하는 것이다. 이 부분에서 학생들은 고자질의 긍정적인 측면과 부정적인 측면을 모두 고려하여 균형 잡힌 시각을 발전시킨다. 예를 들어, '고자질은 때로는 필요하다. 왜냐하면 심각한 위험을 막을 수 있기 때문이다. 하지만 단순히 남을 곤경에 빠뜨리기 위한 고자질은 바람직하지 않다'와 같이 자신의 의견을 제시할 수 있다. 학생들은 이 영역에서 자신의 의견을 찬성과 반대로 나누고, 각각에 대한 이유와 예시를 제시할 수 있다.

이러한 마인드맵 활동을 통해 학생들은 고자질이라는 복잡한 주제에 대해 다각도로 사고하고, 자신의 생각을 체계적으로 정리해나

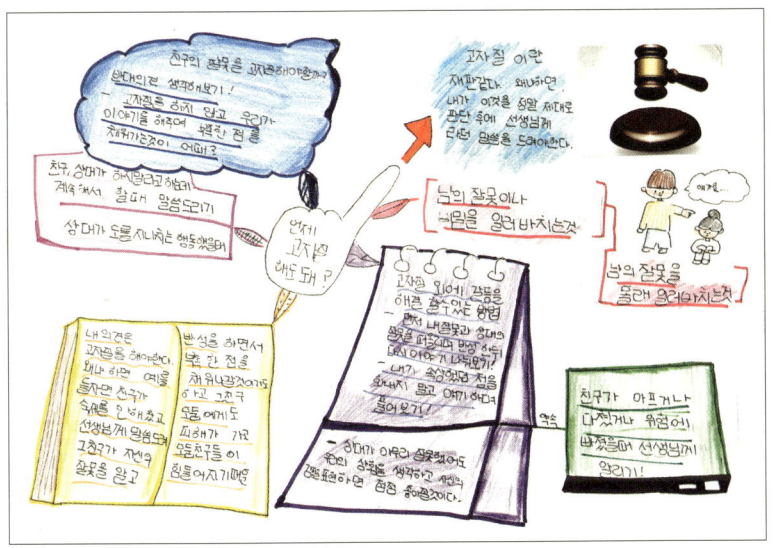

마인드맵 예시

간다. 또한, 다른 학생들의 마인드맵을 공유하고 토론하는 과정에서 다양한 관점을 이해하고, 비판적 사고력과 의사소통 능력을 향상시킨다.

이번 수업은 고자질의 개념과 그 필요성을 깊이 이해하게 함으로써, 학생들이 다양한 갈등 상황에서 어떤 선택이 책임감 있는 행동인지 판단할 수 있는 능력을 키우는 데 중요한 역할을 한다. 학생들은 고자질이 단순히 다른 사람의 잘못을 알리는 행위가 아니라, 때로는 타인의 안전과 공동체의 안녕을 위해 필요한 행동일 수 있음을 깨닫는다. 이를 통해 학생들은 일상에서 발생할 수 있는 여러 갈등 상황에서 신중하게 상황을 평가하고, 적절한 방법으로 문제를 해결할 수 있는 역량을 강화할 수 있다.

이 책도 추천해요

『학교에서 싸운 날』 이선일 글, 김수옥 그림, 푸른날개, 2018
숙제를 하지 않은 친구를 고자질하여 몸싸움까지 하게 되는 두 친구 이야기.

『친구를 모두 잃어버리는 방법』 낸시 칼슨 글·그림, 신형건 옮김, 보물창고, 2007
친구를 모두 잃어버리는 여섯 가지 방법이 간단한 글과 재미있는 그림으로 소개된 책.

『똥통에 풍덩』 원유순 글, 김동영 그림, 키다리, 2015
청소 시간에 장난치다 화장실 청소까지 하게 되면서 전개되는 학교생활 이야기.

14 친구 독점하지 않기

단짝이라 믿었던 친구가 주말에 다른 친구와 단둘이 밥을 먹은 걸 알고 서운하고 배신감이 들었다. 친구에게 따지자 친구도 상처받았다. 이런 갈등은 친구를 독점하려는 감정에서 비롯된다. 친구와 친하게 지내고 싶은 마음은 자연스럽지만, 친구의 인간관계를 통제하려 하면 오히려 사이가 멀어지게 된다. 친구에게 집착할수록 내 감정도 휘둘리고, 결국 공허함만 남을 수 있다. 진짜 우정은 서로를 자유롭게 하며 함께 성장하는 데서 온다. 그림책을 함께 읽으며 진짜 우정을 나눌 수 있는 방법을 찾아보자.

함께 읽을 책

「똑, 딱」
에스텔 비용-스파뇰 글·그림,
최혜진 옮김, 여유당, 2018

똑이와 딱이는 모든 것을 함께하는 단짝 친구다. 하지만 딱이가 사라지고, 똑이는 혼자가 된다. 딱이를 찾아낸 똑이는 딱이가 다른 새들과 즐겁게 노는 모습을 보고 슬퍼하지만, 시간이 지나며 자신의 세계도 소중하다는 걸 깨닫는다. 다시 만난 둘이 각자의 경험을 나누며 서로를 더 깊이 이해하게 되듯이, 친구를 독점하려는 마음보다 서로의 삶을 존중하는 것이 진정한 우정임을 자연스럽게 깨달을 수 있다.

활동 1 그림책으로 이야기 나누기

함께 그림책을 읽은 뒤 느낀 점을 이야기 나눈다. 학생들은 두 주인공인 똑이와 딱이가 어떤 면이 비슷하고 다른지를 찾아보면서, 좋아하는 것과 서로의 관심사를 비교하며 종이에 둘의 닮은 점과 다른 점을 적는다.

비슷한 점	다른 점
- 새다. - 주인공이다. - 표지에서 같은 곳을 바라보고 있다. - 같은 날에 태어났다. - 함께 자고, 함께 먹고, 함께 노래 불렀다. - 제일 친한 친구이다.	- 똑이는 크고 딱이는 작다. - 똑이는 식물을 좋아하고 딱이는 비행을 좋아한다. - 똑이는 정적이고 딱이는 동적이다. - 똑이는 혼자 취미생활을 하고 딱이는 다른 친구들과 함께 취미생활을 한다.

 두 등장인물을 비교하면서 학생들은 똑이와 딱이가 매우 친한 친구 사이이지만 전혀 다른 면이 있다는 것을 알게 된다. 똑이와 딱이가 다르듯이 나와 친구들도 서로 다른 점이 많다는 것을 생각해본다. 나와 친구가 어떤 점이 다른지, 서로 다를 때 사이좋게 지내려면 어떻게 해야 할지도 생각해보기로 한다.

활동 2 　나와 친구는 얼마나 비슷할까, 밸런스 게임

　친한 친구와 사이좋게 지내고 싶지만 뜻처럼 되지 않아서 마음이 상할 때가 있는지 이야기 나눈다. 친구와 생각이나 의견이 달라서 속상하거나 힘든 것도 이야기한다. 학생들은 "친구와 밖에 나가서 놀고 싶은데 친구는 나가는 걸 귀찮아해요" "숙제를 얼른 먼저 해야 하는데 친구가 같이 안 논다고 서운해해요" "같이 놀기로 해놓고 다른 친구랑 먼저 놀고 있었어요" "친구가 남자친구들이랑은 놀지 말자고 해요" 등과 같이 친구와 생각이 다르거나 친구의 태도에 속상했던 경험을 말한다.

　나와 학급 친구들은 얼마나 비슷하고 또 얼마나 다를지 밸런스 게임을 통해 간단히 살펴본다. 먼저 활동지 표의 위쪽에 학급 친구들의 이름을 적는다. 표의 왼쪽에는 '취미' '취향' 등 비슷한 범주로

밸런스 게임 예시

비교 대상 두 가지를 적는다. 친구를 찾아다니며 밸런스 게임을 한 후 나와 같으면 ○, 다르면 △ 표시를 한다.

밸런스 게임을 마치고 나면 나와 비슷한 점이 가장 많은 친구는 누구인지, 나와 많이 다른 친구는 누구인지, 친하다고 생각했던 친구와는 얼마나 비슷하거나 다른지 살펴본다. 학생들은 자신과 친한 친구이지만 비슷한 점이 제일 적게 나왔다고 말하기도 하고, 의외의 친구가 제일 잘 통했다고 말하기도 한다.

활동 3 나만의 셀프 테라피 찾기

학생들은 밸런스 게임을 비롯해 친구와 자신의 다른 점을 떠올리며 나와 상대방의 마음과 생각이 항상 일치할 수는 없다는 것을 느낀다. 친구에게는 나와의 관계 외에도 가족, 다른 친구들, 개인 관심사와 취미 등 다양한 삶의 영역이 있고 나에게도 그런 영역이 있다는 것을 깨닫는다. 따라서 친구와 함께 있지 않아도 나 혼자서 즐길 수 있는

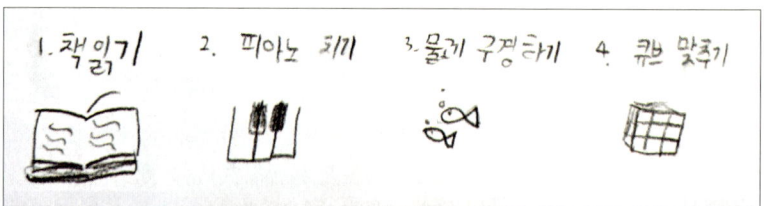

밸런스 게임 예시

나만의 방법, 혼자 있는 시간에 나의 마음이 편안하고 행복할 수 있는 일을 찾아보도록 한다. 이 활동을 통해 학생들은 좋아하는 운동이나 취미생활, 자신이 편안한 상황을 떠올리고, 친구에게 의존하지 않고 즐길 수 있는 자신의 영역이 있음을 깨닫게 된다. 또한 모둠 친구들과 나만의 셀프테라피에 대해 이야기 나누어 서로의 관심사를 공유할 수 있다.

활동 4 우정 명언 만들기

학생들은 똑이와 딱이처럼 '따로 또 같이' 할 때 더 우정이 더 깊어지고 행복해진다는 것을 떠올리며 우정에 관한 명언, 문구를 만들어본다. 그림책과 활동을 통해 깨달은 점을 바탕으로 나와 친구 간의 서로 다른 영역을 인정하고 존중하며 함께 나누는 것이 중요하다는 것을 각자의 언어로 나타내본다.

학생들은 이러한 활동을

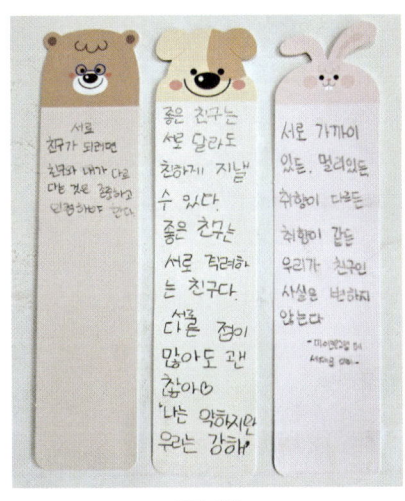

우정 명언

통해서 친구를 독점하려는 감정은 오히려 상대방을 구속하고 나와 상대방 모두에게 스트레스와 불편한 감정을 일으켜 관계를 멀어지게 할 수 있다는 것을 느끼게 된다. 아무리 친한 친구여도 서로의 관심사가 다르고 각자의 세상이 있다는 것을 이해하고, 친구가 다른 사람들과 어울린다고 해서 자신과 멀어진 것은 아니며, 친구가 없을 땐 혼자서도 즐거운 시간을 보내는 방법을 찾음으로써 자신의 삶을 풍성하게 만드는 것이 중요하다는 것을 알게 된다.

이 책도 추천해요

『우리는 언제나 새콤달콤』 구울림 글·그림, 책읽는곰, 2024
서로 다른 꿈을 꾸고 다른 길을 걸어도 서로를 응원하는 체리 친구들의 이야기.

『세 친구』 그웬 밀워드 글·그림, 김근형 옮김, 키즈엠, 2015
친한 친구인 곰이 개구리와 친하게 지내는 모습에 질투가 난 새의 이야기.

『나만 없어 토끼!』 토베 피에루 글, 마리카 마이알라 그림, 기영인 옮김, 블루밍제이, 2023
세 친구가 미묘한 관계 속에서 서로에게 익숙해지며 우정을 쌓아가는 내용의 책.

15. 있는 그대로 친구 바라보기

콧속에 손을 넣거나 손톱을 깨물고 뜯는 버릇을 가진 학생을 종종 볼 수 있다. 이런 행동을 전해 들은 누군가는 그 학생을 부정적인 이미지로 인식하고 이미지가 굳어지면 모둠활동에 적극적으로 참여하지 못한다. 그래서 어떤 친구에 대해 이해하려면 다른 사람의 판단을 그대로 수용하기보다는 대화를 나누고, 함께 시간을 보내면서 열린 마음으로 직접 경험해보는 것이 중요하다. 학생들에게 다른 사람이 전해준 말보다 직접 만나고 경험하면서 상대를 알아가는 것이 더 중요하다고 알려주고 싶을 때 친구를 있는 그대로 바라보게 하는 활동을 해보자.

함께 읽을 책

『우리 반 문병욱』
이상교 글, 한연진 그림, 문학동네, 2023

새 학년이 되어 친구와 정답게 인사 나누던 예지는 병욱이 이야기를 듣는다. 병욱이는 주머니에 손을 넣고 다닌다는 이유로 바보라고 오해받는다. 누군가에게 전해들은 평판을 무시하고 오롯이 그 사람을 바라보는 것은 어려운 일이다. 친구가 전해주는 말이 중요한 초등학생들에게는 더더욱 그렇다. 그렇기에 자신이 경험한 그대로 친구를 바라보고 병욱이와 친구들을 이어준 예지는 대단한 친구라 할 수 있다. 책을 읽는 학생들에게 예지는 좋은 본보기가 된다. 친구의 고유한 특성을 인정하고 존중하자고 이야기하기에 좋은 책이다.

활동 1 내가 본 문병욱 소개하기

책 속에는 다양한 모습의 병욱이가 그려져 있다. 멍하니 창밖을 바라보거나 주머니에 손을 넣고 있다가 문구점 아저씨에게 오해받는 모습 등이다. 교사는 그림책 속에 그려진 병욱이의 모습을 출력하여 학생들에게 한 장씩 나누어준다. 그런 뒤 병욱이는 어떤 성격이고 무엇을 잘하고 좋아하는지 짐작해보자고 한다. 이때 자기가 생각한 것을 다른 친구에게 보여주지 말라고 당부한다.

학생들은 오로지 한 장뿐인 병욱이의 모습을 보고 병욱이가 어떤 아이인지 쓴다. "외롭고 혼자 있는 걸 좋아하는 것 같다"라고 쓴 글도 있고 "순하고 활기찬 친구일 것 같고 바깥 놀이를 좋아하는 친구일 것 같다"라고 짐작한 글도 있다. 자기가 쓴 글을 칠판에 붙이러 나왔다가 친구가 병욱이에 관해 쓴 글을 보고 말도 안 된다고 하며 놀라기도 했다. 이처럼 학생들은 어떤 장면을 보느냐에 따라 병욱이를 다르게 바라보게 된다는 것을 활동 결과를 나누면서 느끼게 된다.

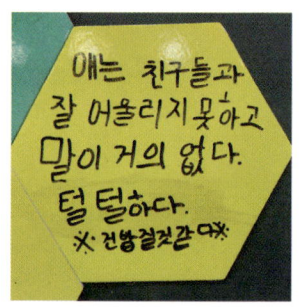

병욱이에 관해 쓴 글

활동 2 그림책으로 이야기 나누기

병욱이가 책 속에서는 어떤 모습일지 살피며 책을 읽는다. 면지를 제시하며 무엇이 보이냐고 묻자 아이들은 화분이 보인다고 대답한다. 교사는 작가가 그림책을 만들 때 면지에 의미를 숨겨두기도 한다는 사실을 알려주고, 면지에 그려진 화분이 어떤 의미일지 찾아보자고 이야기한다. 뒷면지를 본 한 학생이 화분에 꽃이 피었다고 말하니, 다른 학생은 앞면지에는 어린잎이 그려져 있다고 말하였다.

책 속에 등장하는 인물 중 누구와 친하게 지내고 싶은지 묻는다. 학생들은 자기가 닮고 싶은 사람과 친하게 지내길 원한다. 그래서 학생들에게 친하게 지내고 싶은 인물을 물어보면 학생들이 바라는 자기 모습을 짐작할 수 있다. 학생들은 병욱이에 관한 이야기를 들었음에도 자신이 직접 겪고 나서 병욱이를 판단하는 예지와 친하게 지내고 싶다고 이야기했다.

활동 3 친구 화분 키우기

그림책에서 만난 진짜 병욱이는 어떤 어린이일지 물으니, 아이들은 "책 읽는 것을 좋아하고 친구들과 함께 어울리는 것도 좋아하는 어린이"라고 답했다. 그런데 왜 처음에 병욱이가 오해를 받았는지 생각해보자고 하니 "친구들이 병욱이를 한 가지 모습으로만 기억해서 그래요"라고 이야기했다.

교사는 친구의 여러 모습을 알아보기 위해 우리도 병욱이네 반처럼 식물을 길러보자고 하고 스크래치 종이를 나누어준다. 스크래치 종이 안에 우리 반 학생들의 씨앗이 숨겨져 있고, 오늘 우리는 그 씨앗에 물을 줘서 아름다운 꽃을 피울 거라고 이야기한다. 그럼 아이들은 무슨 영문인지 몰라서 얼떨떨해한다. 교사는 스크래치 종이를 긁어야 종이 아래 숨겨진 색깔을 알 수 있으며, 만나기 전에 이야기를 듣고 판단해버리면 친구의 색깔을 알 수 없다고 이야기한다. 나아가 친구의 진짜 모습을 발견하려면 내가 직접 겪어봐야만 한다는 활동의 목적을 풀어서 설명해준다.

친구 화분 키우기 활동은 다음과 같다.

① 스크래치 종이에 자기 화분 그리기

스크래치 종이로 활동하면 주로 선으로 그림을 표현하는데 두껍게 긁으면 면으로 표현할 수 있다는 것을 알려준다. 자기가 그린 화분에 내가 좋아하는 것과 잘하는 것을 써서 화분 가득 채운다.

② 학급 전체가 친구 화분에 한 송이씩 꽃 그리기

그림책 속 예지가 병욱이 화분에 물을 주어 빨간 꽃이 피어났듯이, 친구들이 잘하고 좋아하는 것을 보고 친구의 화분에 알록달록 색깔의 꽃을 피우자고 안내한다. 교실 자리를 원형이나 ㄷ자 형태로 두면 꽃을 그릴 때 친구의 얼굴을 관찰하기 쉽고 스크래치 종이를 옆으로 전달하기 편리하다. 꽃을 그리기 전에 친구가 잘하고 좋아하는 것을 두세 번 읽고 친구의 얼굴도 유심히 바라보라고 지도한다. 앞서 그린 친구들의 꽃으로 인해 화분에 꽃을 그릴 공간이 부족할 경우 줄기를 길게 올려 그릴 수 있다고 알려준다. 학생들이 다양한 형태의 꽃 모양을 그릴 수 있도록 검색 사이트에서 꽃 일러스트를 찾아 제시한다. 꽃 모양뿐만 아니라 친구가 잘하고 좋아하는 것을 보고 그것이 연상되도록 꽃을 그려도 된다고 안내한다. 활동 범위를 넓혀주니 작품이 더 창의적이고 다양해진다.

③ 친구 화분을 감상하고 소감 나누기
활동을 마친 뒤 칠판에 게시된 작품을 감상한다. 아이들은 친구의 작품을 보고 네가 이것을 좋아하는지 잘 몰랐는데 알게 되었다고 말하기도 하고, 내가 좋아하는 것을 친구가 잘 표현해줘서 기쁘다는 대화를 주고받기도 한다. 친구에게서 여태 알던 모습이 아닌 새로운 모습을 발견하면서 학생들은 친구에 관한 이해의 폭을 넓힌다. 더불어 서로를 더 깊이 알아가고 존중하는 태도를 기를 수 있으며, 이는 긍정적이고 건강한 또래 관계 형성으로 이어진다.

스크래치 종이에 그린 화분

> 이 책도 추천해요

『국경 너머: 친구일까 적일까』 앙투안 기요페 글·그림, 라미파 옮김, 한울림어린이, 2023
국경 수비대원인 요르그가 낯선 이가 적인지 친구인지 알아보기 위해 국경을 넘는 이야기.

『코끼리가 그랬다며?』 임수진 글·그림, 파란자전거, 2023
코끼리가 집을 망가뜨렸다는 말을 듣고 코끼리를 찾아 나선 개미가 코끼리를 만나 대화하고 함께하며 서로를 알아가는 내용의 책.

『사자마트』 김유 글, 소복이 그림, 천개의바람, 2023
무서운 사자가 있다는 소문에 휩싸인 사자마트에서 사자 씨를 만나고 사자 씨의 진짜 모습을 알게 되는 이야기.

16 다양성 인정하기

어느 날 등굣길에 있었던 일이다. 한 학생이 터덜터덜 힘없이 교실로 들어왔다. 가까이 다가가서 속상한 일이 있었냐고 물었더니 그 학생은 눈물을 흘리며 고개를 끄덕였다. 등굣길에 마주친 친구가 얼굴이 까맣다는 이유로 '탄 빵'이라고 놀렸다는 것이다. 아이들에게는 생활 환경, 생활 패턴, 외형적인 조건 등 다른 것을 인정하고 다양성을 존중하는 자세를 기르는 교육이 필요하다. 우리 모두 생각, 외모, 생활 환경 등이 다름을 인정하고 서로 포용해야 한다는 사실을 몸소 체득해보자.

함께 읽을 책

『두두와 새 친구』
옥희진 글·그림, 창비, 2024

책 속에는 생김새가 다양한 코끼리들이 등장한다. 코가 길고 귀가 작은 코끼리 두두는 코가 아닌 꼬리로 물놀이를 하는 코끼리들을 목격한다. 짧은 코로 물놀이를 할 수 있다는 것이 믿기지 않던 두두는 한참을 망설이다 코 짧은 코끼리와 인사를 나눈다. 코 짧은 코끼리 친구의 이름이 모모라는 것도 알게 된다. 두두의 무리와 모모의 무리는 함께 어울려 물놀이를 한다. 자신과 다른 누군가를 긍정적으로 받아들이고 함께 어울리는 태도의 중요성을 글과 그림을 통해 일깨워주는 그림책이다.

활동 1 새 친구를 소개할게

우리 반에 새 친구가 전학을 온다고 가정해본다. 학생들에게 종이를 나눠주고 전학 오는 친구의 모습을 상상해서 그림으로 표현할 수 있도록 한다. 새 친구의 이름도 지어준다. 새 친구의 외모, 성별, 인종 등 제한 없이 자유롭게 표현하는 활동이라고 안내한다. 생각의 다양성을 인정하고 어떤 생각이든 포용할 수 있다고 덧붙인다. 이 활동의 목적은 학생들의 생각의 폭을 넓히는 데 있다. 생각의 폭이 넓어지면 다양성을 인정하는 데 수월해진다.

학생들의 그림을 살펴보면 사람의 형상이 아닌 모습들도 있다. 외모, 성별, 인종 등 제한 없이 자유롭게 표현하는 것이라고 생각의 다양성을 인정했기 때문에 사람에 국한되지 않았다.

아이들이 그린 친구들

활동 2 그림책으로 이야기 나누기

앞선 활동을 통해 생각의 폭을 넓힌 후 그림책을 읽어본다. 학생들은 표지를 보고 두두를 만난 소감을 이야기한다. "코끼리를 닮은 것 같다" "긍정적인 성격일 것 같다" "물에서 첨벙첨벙 노는 것을 좋아하는 것 같다" 등 다양한 의견이 나왔다. 이 책의 이야기는 앞면지부터 시작해서 뒷면지에서 끝난다. 첫 장면에서 두두는 코로 꽃 향기를 맡고 있다. 이 장면을 보고 한 학생이 "암컷 코끼리인가봐!"라고 외쳤다. 꽃 향기를 맡고 꽃을 좋아한다고 여자 또는 암컷이라고 단정 짓는 것은 잘못된 생각이라고 알려주었다. 편견이나 고정관념과 같은 좁은 생각은 버리고 폭넓은 생각으로 다양성을 인정하자고 지도했다.

　친구들을 만나서 놀 생각에 설레는 마음으로 한참을 가던 두두는 깜짝 놀라게 된다. 두두가 만난 친구는 누구일까 질문했는데 학생들은 "설마 코끼리?"라고 반응했다. 학생들이 두두는 코가 길고 귀가 짧은 코끼리, 새 친구는 코가 짧고 귀가 큰 코끼리라는 것을 알게 된다. 두두는 코와 귀가 다르게 생긴 새 친구를 보고 인사를 할지 말지 망설인다. 새 친구는 무리와 함께 물놀이하러 간다. 두두는 짧은 코로 물놀이를 할 수 있을지 의심하는 듯이 코끼리 무리를 따라 걷는다. 두두는 무언가를 보고 깜짝 놀란다. 이때 교사는 두두가 무엇을 보고 놀랐을지 학생들에게 질문한다. 학생들은 새 친구가 물놀이를 하고 있을 거라고 예상했다. 학생들의 예상대로 새 친구와 그 무리는 신나게 물놀이를 하고 있다. 코가 아닌 꼬리로 물놀이하는 것을 눈으로 확인한 두두는 그제서야 새 친구에게 인사를 건넨다. 함께 인사를 나누면서 새 친구의 이름이 모모라는 것을 알게 된다. 모모는 두두가 코로 물놀이하는 것에 놀라워한다. 두두의 무리와 모모의 무리가 한데 어우러져 놀다가 더 넓은 곳으로 함께 이동한다. 그곳에서 새 친구 둠바를 만난다. 둠바는 귀가 훨씬 큰 코끼리이다. 코로 물놀이하는 두두, 꼬리로 물놀이하는 모모, 귀로 물놀이하는 둠바가 함께 즐겁게 노는 장면과 세 마리가 함께 초원을 걸어가는 장면이 너무나 다정하고 따뜻하다.

활동 3 '다재다행' 포스터 만들기

책 뒷표지에는 "다르니까 재미있어!"라는 문장이 적혀 있다. 두두, 모모, 둠바 모두 다르니까 재미있게 어울려 놀 수 있는 것이다. 이러한 메시지를 적용하는 활동으로 '다재다행' 포스터를 만들어본다. 교사는 포스터의 주제인 '다재다행'이 무엇의 줄임말일지 묻는 퀴즈를 낸다. '다르니까 재미있어!'라는 힌트를 보고 학생들은 쉽게 정답을 맞힌다. "다르니까 재미있어! 다르니까 행복해!"를 줄여서 '다재

'다재다행' 포스터

다행'으로 제목을 지었다.

교사는 태블릿 pc를 하나씩 나누어주고 캔바에 접속하도록 한다. 학생들은 다양성을 인정하고 존중하는 주제로 '다재다행' 포스터를 제작한다. 학생들은 포스터를 완성하면 패들렛에 각자 업로드한다. 교사는 학생들의 포스터를 출력하여 교실이나 복도에 게시한다. 학생들이 만든 포스터가 각기 다른 개성을 뽐내기 때문에 감상하는 재미가 있다.

활동 4 무지개 약속 정하기

학생들에게 무지개를 본 적이 있는지 물어본다. 무지개를 본 경험이 있는 학생들에게 색깔이 어땠냐고 물으면 학생들은 무지개가 알록달록 예뻤다고 대답한다. 이에 교사는 "만약 무지개가 빨주노초

파남보 일곱 가지 색깔이 아니라 한 가지 색깔이라면 어떨까?"라고 묻는다. 학생들은 별로 안 예쁠 것 같다고 대답한다. 서로 다른 색깔이 어우러져 예쁜 무지개처럼 우리도 서로 다른 사람들끼리 어우러져서 재미있고 행복한 것이다. "모두 다 같으면 얼마나 재미없고 불행할까?"라고 말하면 학생들은 그 말에 공감한다.

활동지 예시

　이제 서로 다른 우리가 잘 어울려 지내기 위해 지켜야 할 약속들을 생각해보는 시간을 갖는다. 충분히 생각한 후 활동지에 적는다. 약속 예시로는 '나와 다른 친구를 따돌리지 않기' '나와 다른 친구를 나를 대하는 것처럼 대해주기' '나의 생각과 다른 친구의 생각 존중하기' '나와 다르다고 놀리지 않기' 등이 있다. 모두 활동지를 완성한 뒤에는 눈에 잘 보이는 곳에 게시한다.

> **이 책도 추천해요**

『달라도 친구』 허은미 글, 정현지 그림, 웅진주니어, 2021
저마다 다른 일곱 명의 아이들이 편견 없이 즐겁게 노는 모습을 보여주는 그림책.

『구름이』 딜런 글린 글·그림, 김세실 옮김, 나무말미, 2022
다르다는 것을 느낄 때 외로움, 서로에 대한 인정, 자신을 사랑하는 당당함을
이야기하는 책.

『넌 토끼가 아니야』 백승임 글, 윤봉선 그림, 노란돼지, 2023
서로가 다르기 때문에 더욱 소중하고 특별하다는 것, 다름을 받아들이고 인정할 때
친구가 될 수 있다는 것을 느끼게 해주는 이야기.

17 경계 존중

선생님에게 도움을 요청하는 학생들의 이야기를 가만히 들어보면 공통점이 있다. 바로 자신의 경계를 다른 학생이 침범했는데 그것이 매우 불편했다는 이야기다. 친구 사이에 서로의 경계를 이해하고 존중함으로써 친구들 간의 신뢰를 쌓을 수 있는 교실 문화를 만드는 것은 무엇보다 중요하다. 그러기 위해서는 학생들에게 경계를 지키는 것이 왜 중요한지를 설명하고, 서로의 경계를 지켜줄 수 있는 방법을 생각해 보고 실천할 수 있는 기회를 주는 것이 필수적이다.

함께 읽을 책

「똑똑똑 선물 배달 왔어요」
박희순·허혜경 지음, 한그루, 2023

이 그림책은 과자, 채소, 곡물 등 우리 주변에서 쉽게 접할 수 있는 다양한 재료로 꾸린 삽화들로 구성되어 있다. 이러한 특징 덕분에 학생들은 책장을 넘길 때마다 각 장면에 더 큰 관심을 갖는다. 일상에서 자주 사용하는 식재료를 통해 자신의 감정과 생각을 표현하는 '푸드 표현 예술 치료'를 이야기의 표현 방식으로 활용한 점이 특히 독창적이다. 여러 가지 재료가 모여 하나의 캐릭터를 형성하고, 이를 바탕으로 이야기를 전개하는 방식을 통해 학생들에게 경계 존중의 중요성을 이해하고 공감할 수 있는 기회를 제공한다.

활동 1 그림책으로 이야기 나누기

그림책의 제목과 표지에 등장하는 주인공의 모습을 보면서 '선물'이라는 것이 무엇일지 생각해본다. 이 '선물'은 이야기의 복선과 같은 역할을 하므로, 학생들과 함께 그림책을 읽기 전에 '선물' 상자에는 무엇이 들어 있을지 추측해본다. 대다수의 학생들은 상자 안에 다양한 물건들이 들어 있을 것이라고 상상하며 답변한다. 교사가 선물 상자에 무엇이 들어 있는지 찾아보며 그림책을 읽자고 하면, 학생들은 더욱 몰입감 있게 이야기를 따라간다.

그다음으로 면지에 등장하는 다양한 사람들을 살펴보며 어떤 점이 다른지, 그리고 어떤 점이 비슷한지를 함께 탐구한다. 학생들은 사람들의 모습과 표정 등 여러 면에서 차이점을 찾아낸다. 그중 하나는 모든 사람이 서로 다른 모양의 선으로 둘러싸여 있다는 것이다. 그리고 책 속에서 다양한 사람들 관계에서 지켜야 할 가치인 사랑, 신뢰, 존중 등을 하나씩 찾으며 함께 읽는다.

활동 2 경계 존중을 위한 미덕 찾기

그림책을 읽은 후 경계 존중에 관한 미덕을 찾아보는 활동을 진행한다. 학생들이 알고 있는 미덕의 범위가 넓지 않기 때문에 예시 자료를 활용하면 다양한 생각을 끌어내는 데 도움이 된다. 미덕을 찾기 전에 칠판에 미덕 자석을 미리 붙여놓고, 학생들에게 혹시 모르는 미덕이 있는지 질문해보도록 한다. 이후 각 미덕에 대해 쉽게 이해할 수 있도록 설명해주는 것이 좋다.

교사는 경계 존중과 관련된 미덕으로는 어떤 것들이 있는지 질문한다. 학생들은 자신이 생각하는 미덕과 그것이 경계 존중과 어떤 관련이 있는지를 설명한다. 예를 들어, '용서'라는 미덕을 찾은 학생은 친구가 자신의 경계를 침범하고 사과했을 때 용서를 하는 것이 필요하다고 이야기했다. 자신의 설명이 끝난 후에는 자석을 미덕 주머니 그림 위에 올려놓는다. 이렇게 한 명씩 발표하며 미덕 주머니를 채워나가고, 경계 존중에 대한 서로의 생각을 공유한다.

미덕 찾기

활동 3 과자로 표현하는 나의 경계선

그림책 속 삽화에 과자, 채소, 곡물 들이 사용된 것에서 착안하여 학생들에게 익숙한 과자를 이용해 자신과의 경계선을 표현하는 활동을 진행한다. 이때 다양한 형태와 크기의 과자를 준비하여 학생들의 표현 활동에 도움을 주도록 한다. 막대 모양, 동그라미 모양 등 여러 가지 모양의 과자를 제공하면 각자 자신이 원하는 사람의 모습에 맞게 과자를 배열하여 장면을 구성할 수 있다. 또한, 과자를 잘라서 활용할 수 있도록 제시하면 생각을 확장할 수 있는 기회를 제공할 수 있다.

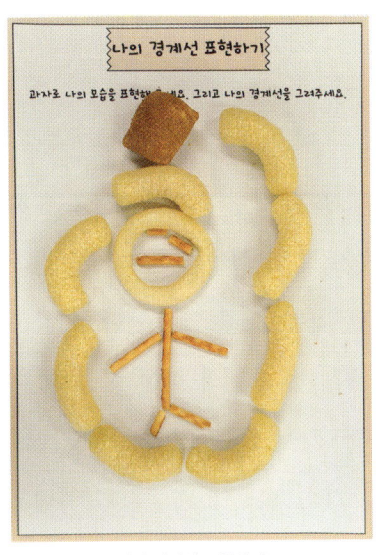

나의 경계선 표현하기

학생들이 표현한 경계선의 모습은 매우 다양하다. 자신의 경계선을 표현하고 탐색하는 것도 중요하지만, 다른 친구들의 경계선을 살펴보며 나와 다른 모습을 인식하는 것 또한 중요하다. 과자로 경계선 표현 활동을 마친 후, 학생들은 교실을 돌아다니며 다른 친구들의 경계선을 살펴본다. 그리고 자신의 경계선과 어떤 점이 다르며, 어떤 점이 비슷한지에 대해 이야기를 나눈다. 학생들마다 자신의 경계선의 크기나 모양에 대해 각각 다르게 설명하는 모습을 볼 수 있다. 이러한 과정을 통해 학생들은 자신의 표현이 가지는 의미를 스스로 되새기고, 더 나아가 친구들의 생각과 감정을 이해해나 간다.

활동 4 '똑똑똑' 경계선을 지켜주는 말

학생들이 자신의 경계선을 표현하고 이를 탐색한 경험을 바탕으로 활동을 진행한다. 먼저, 학생들에게 자신의 경계를 지켜주는 말을 생각해보도록 안내한다. 예를 들어, "조심해줘" "내 물건이니까 만지지 말아줘"와 같은 존중하는 표현을 생각해보는 것이다. 이를 위해 교사는 칠판에 경계를 지켜주는 말을 적을 공간을 만들고, 발표 내용을 칠판에 기록하며 어떤 말들이 있는지 학생들이 다 함께 볼 수 있도록 한다.

학생들이 평소에 쉽게 겪을 수 있는 상황을 나타내는 그림 자료를 준비한다. 예를 들어 친구가 자신의 허락 없이 자신의 물건을 가져갈 때, 자신의 신발을 밟았을 때, 자신의 신체에 몸이 닿았을 때 등이 담긴 상황 그림카드를 보여준다면 상황에 대한 이해를 조금 더 높일 수 있다. 각각의 상황에서 자신의 경계선을 지켜줄 수 있는 말이 무엇인지 말주머니 메모지에 자신이 생각하는 말을 쓴다. 만약 쓰는 게 어렵다면 칠판에 교사와 함께 써놓았던 경계선을 지켜주는 말 중 상황에 적합한 말을 선택하여 작성한다. 그런 뒤 학생들은 각 상황에서 선택한 경계선을 지켜주는 말을 발표한다. 발표를 통해 다른 친구들이 어떤 생각을 했는지 공유하고, 서로의 표현을 존중하는 분위기를 조성한다.

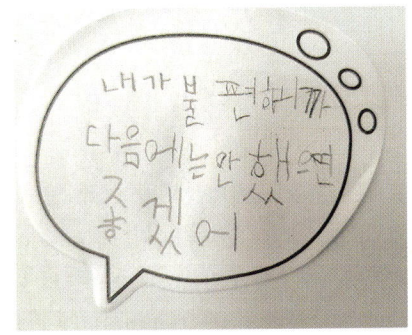

경계선을 지켜주는 말

> 이 책도 추천해요

『왜, 먼저 물어보지 않니?』 이현혜 글, 김주리 그림, 천개의바람, 2020
가족이나 친구, 형, 언니 등 나와 가까운 사이의 사람들과 흔하게 일어나는 경계 침해 상황에서 어떻게 경계를 존중해야 하는지 알려주는 책.

『나도 존중해 주면 안 돼?』 클레어 알렉산더 글·그림, 홍연미 옮김, 국민서관, 2022
타인이 경계를 침범하며 나를 존중하지 않았을 때 타인에게 자기 생각을 명확하게 표현하는 것이 중요함을 알려주는 이야기.

『이 선을 넘지 말아 줄래?』 백혜영 글·그림, 한울림어린이, 2022
사람 간의 보이지 않는 경계와 감정의 차이를 이해하며 적절한 거리 유지를 고민하는 내용을 담은 그림책.

18 모둠 내 협동

교실은 언제나 시끌벅적하다. 학생들은 웃으며 즐겁게 하루를 보낼 때도 있지만, 서로 생각과 입장이 달라 다투기도 한다. 특히 모둠활동을 할 때는 여기저기서 불만을 토로하는 목소리가 가득하다. 친구끼리 갈등이 생겨 서로를 비난하고 토라지기도 한다. 과도한 경쟁 탓인지 아이들의 마음에 여유가 점점 더 없어지는 것 같다. 배려와 나눔은 아이들이 사회 구성원으로서 올바르게 자라나기 위해 필요한 최소한의 덕목이다. 일방적인 훈계나 지시가 아닌 그림책 속 상황과 인물의 마음을 생각하고 자신의 모습과 비교하며 되돌아보는 시간을 갖고자 한다.

함께 읽을 책

「탄 빵」
이나래 글·그림, 반달, 2015

너구리, 기린, 박쥐, 얼룩말, 토끼 그리고 거북이가 아침식사를 하러 간다. 토스터에서 통 튀어오르는 식빵들이 각양각색 동물들을 닮았다. 그런데 그만 거북이의 빵이 타버리고 만다. 거북이는 익숙한 듯 탄 빵을 들고 제일 나중에 자리에 앉는다. 친구들은 자신들의 빵을 각각 6등분하여 한 조각씩 거북이에 나눠준다. 주기만 하는 것이 아니라, 거북이의 빵도 한 조각씩 나누어 가져간다. 그리고 부스러기 하나 없이 맛있게 먹는다. 느린 친구를 대하는 동물들의 모습과 서로 함께하는 방법은 울림을 전해준다. 작은 공동체인 모둠에서 나는 친구들을 위해 무엇을 할 수 있는지, 내가 나눌 수 있는 것이 무엇인지 먼저 생각할 때 아이들이 속한 사회는 보다 행복한 곳이 될 것이다.

활동 1   그림책으로 이야기 나누기

  이 그림책은 표지와 면지에서부터 이야기가 시작된다. 앞표지에 덩그러니 놓인 시커먼 빵은 이야기의 핵심 요소이자 사건이다. 본문이 나오기 전까지 면지와 속표지에 등장인물이 등장하는데, 여기에서 나타나는 인물들의 행동이 본문 내용의 중요한 열쇠가 되기도 한다.

  먼저 아이들과 함께 탄 빵이 나온 표지와 등장인물들이 나오는 면지, 속표지를 보며 내용을 예상하거나 느낌을 나눈다. "친구들이 놀러가서 빵이 타버린 것 같아요" "불이 날 것 같아요" "탄 빵은 몸에 좋지 않아요" 등 다양한 반응과 생각을 표현한다. 책을 읽기 전 표지와 면지를 자세히 살피며 음미하는 것은 아이들이 그림책의 내용과 주제에 더 몰입할 수 있도록 도와준다.

  그림책에는 여섯 마리의 동물이 등장한다. 앞 면지와 속표지에 너구리, 기린, 박쥐, 얼룩말, 토끼 그리고 거북이가 차례로 나온다. 그런데 거북이를 뺀 동물은 함께 앞으로 먼저 나아가는 반면 거북이는 한참 뒤에 따라간다. 거북이를 제외한 다섯 동물의 모습을 살펴보면 그중 한 동물이 눈에 띈다. 교사는 다른 동물과 조금 다른 모습을 보이는 동물을 찾아보자고 이야기한다. 아이들은 처음에는 동물들의 빵에 집중해서 잘 찾지 못하다가 반복해서 살펴본 뒤에는 곧잘 발견한다. "선생님, 토끼는 앞에서 걸어갈 때도 거북이 쪽을 바라본 것 같아요" "토끼가 기다리니까 다른 동물들도 안 먹고 기다리는 선가요?" "빵을 나누자고 말한 것도 왠지 토끼일 것 같아요"라고 말하며 토끼의 행동에 집중한다. 아이들은 그림책 속 장면을 살펴보며 발견하는 재미에 푹 빠진다. 그렇다면 토끼의 행동이 다른 친구들에게 어떤 영향을 주었을지 말해본다. 아이들은 그냥 거북이를 무시하고 먹을 수 있었는데 토끼가 거북이를 기다려주니까 다른 친구들도 토끼의 행동을 따라했을 것이라 말한다. 이처럼 우리에게는 토끼 같은 친구들의 존재가 너무나 귀하고 고맙다. 다양한 이야기를 나누고 난 뒤 아이들은 그림책에 등장하는 거북이와 친구들을 초대하여 더 많은 이야기를 나누고 싶어 했다.

활동 2 인물 초대하기

먼저 거북이를 초대해 핫시팅(Hot Seating)을 진행한다. 핫시팅은 교육연극 기법으로 작품 속 인물에게 질문을 하며 다각도로 인물을 탐구하거나 사건을 살펴볼 때 사용한다. 등장인물을 교실로 초대하여 직접 인터뷰를 진행하는 것으로 교사나 학생이 그 역할을 할 수 있다. 인물을 맡은 사람은 그 인물이 되어 그 인물의 입장에서 친구들의 질문에 대답하는 것이다.

◆ 거북이 초대하기

질문	대답
친구들이 먼저 앞서갈 때 기분이 어땠어요?	조금 서운했어요.
왜 거북이 빵이 탔나요?	제가 원래 느려서 매일 탄 빵을 먹어요. 뛰어도 늦고 걸어도 늦어요.
친구들한테 같이 가자고 안했나요?	친구들이 귀찮을까봐 부탁하지 않았어요.
친구들이 빵을 나눠줬을 때 어떤 기분이었어요?	눈물이 났어요. 너무 고마웠어요.
친구들에게 왜 대신 구워달라고 이야기하지 않았나요? 그럼 탄 빵을 안 먹을 수 있는데.	저도 직접 토스터를 사용해보고 싶었어요. 내가 직접 해보고 싶었어요.

거북이를 인터뷰하며 아이들은 거북이가 늦고 싶어서 늦은 게 아니라는 것을 이해했다. 또한 친구들의 배려에 거북이가 무척 감동하고 고마워했다는 것을 알게 되었다. 동시에 스스로 토스터를 사용하고 싶어서, 스스로 해보고 싶어서 부탁을 안 했다고 말한 것을 듣고 상대방이 원하는 도움을 주는 것이 진짜 배려이고 선행이라는 것을 이해할 수 있었다.

◆ 토끼 초대하기

질문	대답
걸어갈 때 왜 뒤를 돌아봤나요?	거북이가 잘 오고 있나 걱정이 됐어요.
거북이가 걱정되면서 왜 빵을 대신 구워주지 않았나요?	거북이가 자존심이 있어서 대신 구워주는 걸 싫어해서요.
왜 먼저 빵을 먹지 않았나요?	빵도 탔는데, 혼자 먹으면 슬플 것 같아서요.
6등분을 하자고 한 것도 토끼님 아이디어였나요?	처음에는 조금씩 떼어줬는데 골고루 먹는 게 좋을 것 같아서 딱 6등분을 해서 줬어요.
다른 친구들이 반대하지 않았나요?	처음에는 박쥐가 좀 싫어했는데 탄 빵도 먹어보니 바삭하다고 좋아했어요. 친구들도 거북이 빵이 너무 심각하게 탔으니까 나눠주는 것에 동의했어요.

　아이들은 토끼와의 인터뷰를 통해 그림책에는 드러나지 않는 이면의 의미까지 살펴볼 수 있다. 토끼가 왜 기다려주었는지, 왜 6등분을 했는지는 그림책에 나오지 않는다. 아이들은 그림책에 나오는 동물들을 보며 자연스레 자신의 모습을 떠올렸고, 토끼와 거북이 그리고 다른 동물들에게 감정이입을 하여 의미를 재구성한 것이다. 활동을 통해 아이들은 다른 친구들을 배려하고, 내가 가진 것을 나누는 행동이 나와 다른 이들을 행복하게 할 수 있다는 것을 알 수 있다. 핫시팅을 처음 진행할 때 아이들이 쑥스러워할 수 있으니 교사

가 시범을 보이거나 학급에서 연극이나 발표하는 것을 좋아하는 학생을 먼저 시켜서 분위기를 띄우는 것이 좋다. 아울러 모자나 천과 같은 표식을 사용하여 극 중 인물임을 시각적으로 나타낸다면 더욱 역할에 몰입할 수 있다.

> **활동 3** 행복한 우리 반을 위해 내가 할 수 있는 일

아이들과 함께 그림책 속 등장인물들처럼 나는 모둠 친구들에게 어떤 기여를 할 수 있는지 이야기를 나눈다. 모둠 친구들이 필요로 하는 것은 무엇일지, 내가 모둠 친구들에게 해줄 수 있는 것은 무엇인지 생각해보며 내용을 공유해본다. 교사는 아이들의 의견을 판서하

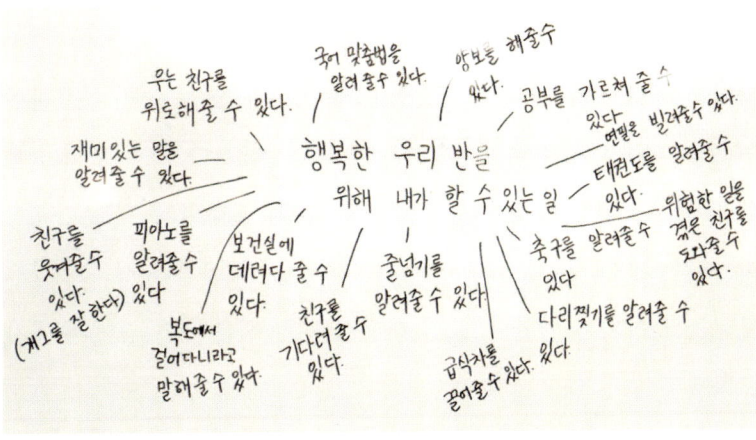

행복한 우리 반을 위해 내가 할 수 있는 일

며 학생들이 해당 내용을 기억하고 비교하며 보완 및 절충할 수 있도록 돕는 것이 좋다.

다 적은 후에는 다 같이 살펴보며 우리 반 친구들이 모둠 친구들에게 어떤 기여를 할 수 있는지, 더 보충하거나 필요한 부분은 없는지 이야기 나눈다. 저학년의 경우 이 내용을 바탕으로 자신이 기여할 수 있는 것을 보고 쓸 수 있고 고학년의 경우에는 공유한 내용을 바탕으로 사고를 확장할 수 있다. 모둠 내 협동은 아이들이 내가 누군가에게 기여하고 싶은 마음에서 비롯된다. 내가 누군가를 도와 그 사람이 행복해하는 것을 보는 것은 아이들 안에 있는 선한 마음을 자연스레 움직이게 한다.

활동 4 모둠 친구들과 함께 협동 빵 만들기

학급 전체가 공유한 기여하고 싶은 목록을 바탕으로 아이들은 자신이 모둠 친구들을 위해 할 수 있는 일을 생각해본다. 모둠 토의를 통해 모둠 친구들에게 필요한 것, 함께 나눌 수 있는 것들이 분명해진다. 모둠 토의를 통해 각자 내게 어려운 부분, 도움을 요청하고 싶은 부분을 돌아가며 말한다. 그런 다음 친구가 적은 내용 중에서 내가 도와줄 수 있는 것을 적는다.

종이는 모둠 친구들이 모두 나누어 가질 수 있도록 등분하여 접는다. 모둠원의 수에 따라 몇 등분을 할 것인지 결정하면 된다. 4인 1모둠의 경우에는 가로, 세로를 한 번씩 접어 4등분한다. 상단에 자기 이름을 쓰고, 내가 모둠 친구들에게 기여할 수 있는 것을 네 번씩 똑같이 적는다. 뒷면에는 나만의 빵을 그려본다.

실제 빵처럼 꾸미는 것도 좋지만, 그림책 속 친구들의 빵처럼 자신의 특징이 담길 수 있도록 표현한다. 자신이 좋아하는 것, 잘하는 것 등을 표현하며 나만의 빵을 그린다. 그런 다음 네 조각으로 잘라 모둠 친구들과 함께 나누어 갖는다.

나만의 빵

처음에 자신이 기여할 수 있는 것은 두세 가지였지만 친구들과 함께 빵을 나누어 가지며 아이들은 친구들이 기여할 수 있는 일까지 함께 갖게 되어 할 수 있는 일이 더 늘어나게 된다. 혼자서는 '할 수 없었던 일'이 다 같이 힘을 합치고 서로 일을 나누다 보면 '할 수 있는 일'이 되는 것이다. 마지막으로 다 같이 이야기를 나누며 서로의 소감을 공유한다.

협동 빵

> 이 책도 추천해요

『스미레 할머니의 비밀』 우에가키 아유코 글·그림, 서하나 옮김, 어린이작가정신, 2016
타인에게 베푼 작은 도움의 힘과 배려와 협동의 중요성을 아름답게 풀어간 책.

『으쌰으쌰 당근』 멜리 글·그림, 책읽는곰, 2021
혼자보다는 함께 어울리며 서로 돕는 기쁨과 나눔에 대해 유쾌하게 그려낸 이야기.

『파닥파닥 해바라기』 보람 글·그림, 길벗어린이, 2020
내 주변에 대한 작은 관심과 배려가 타인에게 얼마나 큰 도움이 되는지 전하는 그림책.

3부 학급 생활

1 학급 규칙 세우기

3월 첫째 주와 둘째 주는 황금의 주라고 불릴 정도로 학급 운영에 아주 중요한 시기이다. 학생들과 일 년을 어떻게 보낼지 계획하면서 교사들은 학급 규칙을 만든다. 학급 규칙을 만들 때에는 어떤 규칙을 넣고 빼는 것보다 규칙을 왜 만들어야 하는지 이야기 나누는 것이 중요하다. 학급 규칙을 정할 때는 규칙을 만드는 이유, '왜'에서 시작해야 한다. 그 필요성에 대해 자세히 이야기 나눈다면 더욱 단단한 우리 반의 규칙을 만들 수 있을 것이다.

함께 읽을 책

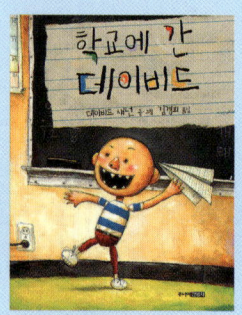

『학교에 간 데이비드』
데이비드 섀넌 글·그림, 김경희 옮김, 주니어김영사, 2020

데이비드는 수업 시간에 연필을 들고 책을 두드리기도 하고 급식을 먹을 때 줄도 서지 않는다. 학교 어디서든 마음대로 행동한 데이비드는 결국 벌로 교실을 청소하게 된다. 이 책에는 선생님에게 '안 돼'라는 말만 듣는 데이비드와 그런 데이비드를 바라보는 친구들, 선생님이 반복적으로 등장하며 모두가 학급 공동체의 구성원임을 보여준다. 데이비드 주변 친구들의 표정이 잘 드러나 있기 때문에 규칙을 지키지 않는 것이 개인의 문제만이 아니라 학급 구성원 모두에게 영향을 미친다는 것을 직관적으로 이해하기 좋은 책이다.

활동 1 그림책으로 이야기 나누기

그림책을 읽기 전, 표지를 보고 자유롭게 이야기를 나눈다. 학생들은 데이비드가 학교에 가서 말썽을 부릴 것 같다고 이야기하곤 한다. "데이비드가 어떤 학생일까?"라는 물음에는 "자기 마음대로 행동하는 어린이요!"라고 말한다. 데이비드가 하고 싶은 대로 행동하는 모습을 보고 짜증을 느끼고 답답해하기도 한다. 학생들도 데이비드의 반복적인 행동에 불편함을 느끼고 있는 것이다.

책 속에는 데이비드가 마음대로 행동할 때 놀라고 화를 내거나 울상을 짓는 친구들의 표정이 잘 나타나 있다. 데이비드 주변 친구들과 달리 선생님의 표정은 드러나지 않기에 선생님이 어떤 감정을 느낄지 물어보면 학생들은 자기 경험을 떠올리며 교사의 감정을 찾을 것이다.

등장인물의 기분을 살피며 그림책을 읽으면서 학생들은 규칙을 지키지 않고 마음대로 행동하는 학생 때문에 친구들과 교사 모두 힘들다는 것을 알게 된다. 규칙을 왜 지켜야 하는지 명확하게 알 수는 없지만 지키지 않으면 주변 사람들도 힘들다는 것을 깨달으면서 규칙을 잘 따라야겠다고 다짐하기도 한다.

활동 2 등장인물의 감정 알아보기

그림책을 읽고 학생들과 데이비드 주변 친구들과 교사의 감정이 어떨지 이야기를 나눈다. 그림책을 읽을 때 대부분의 학생은 데이비드의 감정이 어떨지 이야기하지 않는다. 책을 함께 읽은 뒤 교사는 등장인물로는 누가 있는지 살펴보고 데이비드, 친구들, 선생님의 기분이 어떠할지 붙임쪽지에 써보자고 안내한다. 학생들이 기분을 '좋다'와 '나쁘다'로 단순하게 표현하지 않도록 감정을 표현하는 낱말을 제시하여 다양한 감정 표현을 할 수 있게 한다. 이러한 과정을 거친 뒤 데이비드의 기분이 어떨지 생각해보고 그 감정을 찾아보자고 하니 학생들은 어렵지 않게 글을 썼다. 여전히 데이비드에게 공감하기 힘들어하는 학생들에게는 내가 데이비드처럼 행동한다면 기분이 어떨지 곰곰이 생각해보라고 안내한다.

대부분의 경우 아이들은 책을 읽으며 이야기한 감정과 유사한 감정을 붙임쪽지에 적었다. 자기 마음대로 할 때 데이비드가 신이 나고 재미있었을 거라고 성토하듯 말하는 학생도 있었다. 그중 '재밌고 속상하다'라고 표현한 쪽지를 읽어주자 학생들은 놀란 반응을 보였다. 속상하다고 쓴 학생에게 이유를 물으니 "선생님께 안된다는 말과 혼나는 말을 계속 들었으니, 데이비드가 속상할 것 같아서요"라고 말하였다. 친구의 생각을 들은 다른 학생들은 선생님에게 매번 혼나는 데이비드가 기분이 좋을 수 없다는 것을 알아채고는 놀라워하고 데이비드가 느꼈을 또 다른 감정을 찾기 시작했다. 데이비드가 매번 혼나서 부끄럽고 한편으로는 왜 혼나는지 몰라서 혼란스러울 것 같다고 붙임쪽지를 다시 써서 붙였다.

등장인물 기분을 나타낸 붙임쪽지

등장인물의 감정에 관해 이야기 나누고 난 뒤에는 "데이비드, 친구들, 선생님 중 교실에서 행복한 사람이 있나요?"라고 묻는다. 아무도 없다는 대답에 왜 아무도 없냐고 그 이유를 물으니, "친구들은 데이비드가 마음대로 행동하는 데다 선생님에게 혼나는 것을 보아서 행복하지 않아요. 선생님은 매번 데이비드에게 하지 말라고 해야 해서 행복하지 않아요. 그리고 데이비드는 선생님에게 계속 혼나서 아무도 행복하지 않아요"라고 대답했다.

모두가 불행한 데이비드 반이 행복해지려면 무엇이 필요할 것 같은지 물으니, 아이들은 규칙이 필요하다고 말했다. 교실에서는 하고 싶어도 하면 안 되는 행동들이 있고 그것을 알려주는 규칙이 있어야 다 같이 행복하게 지낼 수 있다는 기특한 대답도 들을 수 있었다.

활동 3 학급 규칙 만들기

학급 규칙을 만들기 전 우리가 학교에 오는 이유를 떠올리게 하면 규칙을 보다 명확히 할 수 있다. 따라서 학생들에게 학교에 오는 이유가 무엇인지 생각할 시간을 주고 각자 써보게 한다. 학생들의 대답을 모아 분류하니 '공부' '성장' '친구'로 정리되었다.

공부, 성장, 친구와 관련된 규칙을 학생들이 쉽게 떠올릴 수 있도록 "공부할 때 우리는 무엇을 지켜야 하나요?" "건강하게 자라려면 무엇을 지켜야 하나요?" "친구와 생활할 때 무엇을 지켜야 하나요?"라는 질문으로 바꾸어 제시한다. 각 질문에 각자 생각하는 규칙을 붙임쪽지에 써서 붙이고 함께 읽는다.

공부할 때 지켜야 할 규칙으로 '수업을 방해하지 않는다'와 '떠들지 않고 선생님 말을 끊지 않고 방해하지 않는다'라고 적힌 쪽지를 읽으며 수업을 방해하는 행동이 무엇인지 물어보았다. 학생들은 장난을 치고 떠드는 것, 집중하지 않는 것, 시끄럽게 하고 말대꾸하는 것, 말하는 중간에 끼어드는 것, 큰 소리로 이상한 말 하는 것이라고 대답했다.

추가로, 학생들에게 '교원의 학생생활지도에 관한 고시'를 풀어

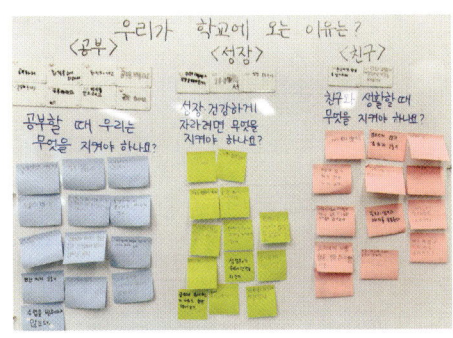

학급 규칙 정하기

서 설명하며 교실 내에서 분리할 때 분리 장소에 대한 의견을 물었다. 수업을 방해하는 학생들이 많아져 학생들이 제대로 수업을 듣지 못하는 일이 빈번하게 일어나 교육부에서 해당 학생을 교실 안에서 분리하도록 하는 법을 만들었다고 설명하였다. 그만하라고 주의를 줬음에도 수업을 계속 방해하는 학생을 격리해야 한다면 교실의 어느 곳이 좋을지 이야기를 나누었다. 학생들의 의견을 듣고 다수결로 분리 장소를 정하였다.

활동 4 학급 규칙 정리하기

'공부' '성장' '친구' 세 파트로 학급 규칙을 만들기 위해 학생 전체를 세 모둠으로 나눈다. 각 모둠에서 친구들이 쓴 붙임쪽지를 보면서 학급 규칙을 정리한다. 비슷한 내용으로 쓴 쪽지를 모아 살펴보

고 하나의 문장으로 만든다. 예를 들어, '집중해서 공부하기'와 '집중해야 한다' '선생님을 똑바로 본다'와 같은 문장들은 '수업 시간에는 선생님을 똑바로 보고 집중한다'라는 문장으로 바꾸어 표현한다. 이때 '~하지 않기'보다는 긍정형 문장으로 쓰도록 한다. 만들어진 학급 규칙을 다 같이 읽으면서 더 넣거나 빼고 싶은 것이 있는지 이야기 나눈다. 학생들에게 우리가 함께 만든 규칙이니 지키도록 노력하고 생활하면서 규칙으로 인해 불편한 점이 생기면 학급 회의를 통해 규칙을 바꿀 수 있다고 안내한다.

학생들은 학급 공동체 구성원 모두의 행복을 위해 규칙이 필요하다는 것을 깨닫는다. 규칙을 정하기 전에 규칙이 필요한 장소가 학교, 교실임을 인지하고 학교에 오는 이유를 떠올린다. 학생들은 학교에서 학생으로서, 친구로서 어떻게 행동해야 하는지 생각한다. 이런 활동으로 학생들은 학급 규칙을 만들 때 곰곰이 생각하고 잘 지키려고 노력한다. 더불어 교육부에서 발표한 '교원의 학생생활지도에 관한 고시'를 학급 규칙에 반영하기 위해서는 학생들의 자발적인 참여가 필수적이다. 학급 공동체 구성원 모두가 참여하여 만든 학급 규칙은 평화로운 일 년을 위한 첫걸음이다.

3월에 만든 학급 규칙	9월에 만든 학급 규칙

사이다 규칙
• 공부
- 한 문제를 풀어도 열심히 해야 합니다.
- 수업 시간에 집중하기
- 바른 자세로 수업 듣기
- 수업 시간에 방해하지 않기
  : 방해가 계속되면 교실 뒤에 서기
- 뒷장을 먼저 넘겨보지 않기
- 수업 시간에 조용히 하기
• 성장
- 안전을 잘 지키고 음식을 골고루 먹기
• 친구
- 친구의 생각과 얘기를 존중해 준다.
- 집착하지 않기 (한 친구랑만 놀지 않기)
- 때리지 않기
- 친구가 싫어하는 행동 하지 않기
- 친구에게 나쁜 행동, 말 하지 않기
	새이다 규칙
	• 공부
	- 한 문제를 풀어도 열심히 해야 합니다.
	- 수업 시간에 집중하기
	- 바른 자세로 수업 듣기
	- 수업 시간에 방해하지 않기
	  : 방해가 계속되면 교실 뒤에 서기
	• 성장
	- 안전을 잘 지키고 음식을 골고루 먹기
	• 친구
	- 친구의 생각과 얘기를 존중해 준다.
	- 다 같이 놀기
	- 폭력적인 행동을 하지 않아요.

이 책도 추천해요

『규칙은 꼭 지켜야 돼?』 브리지트 라베 글, 에릭 가스테 그림, 이희정 옮김, 문학동네, 2009

규칙이 필요한 까닭과 규칙을 지켜야 하는 이유를 설명하는 책.

『학교에는 규칙이 있어요!』 로랑스 살라원·에마뉘엘 퀴에프 글, 질 라파포르 그림, 맹슬기 옮김, 내인생의책, 2019

규칙을 지키지 않는 아이를 통해 규칙을 지켜야 하는 이유를 생각하게 하는 이야기.

『모든 사람이 제멋대로 한다면』 앨런 자버닉 글, 콜린 M. 매든 그림, 마술연필 옮김, 보물창고, 2015

모든 사람이 제멋대로 행동하는 모습을 보여주면서 질서를 지켜야 하는 이유를 이야기하는 책.

2 갈등 해결 - 문제해결 서클

학급에서 일어나는 갈등에 대해 교사가 일방적으로 해결책을 제시하는 데는 한계가 있으며, 아무리 좋은 대안이라도 학생들이 쉽게 따르지 않는 경우가 많다. 이러한 상황에서 문제해결 서클은 효과적인 갈등 해결 방법이 될 수 있다. 문제해결 서클은 학급 공동체가 갈등을 직면하고 그 일이 서로에게 미친 영향을 나누며, 각자 어떤 노력을 할 수 있을지 고민하고 실천 가능한 대안을 함께 만드는 과정이다. 이는 모두가 함께 고민하여 만든 약속이기에 설득력과 실천 가능성이 높다. 공동체가 서로 돕고 함께 약속을 지켜가는 과정은 학생들에게 책임감을 키우고, 갈등 해결 능력을 기르게 한다. 이 경험을 통해 학생들은 자신감과 공동체 의식을 높이며 함께 성장할 수 있다.

함께 읽을 책

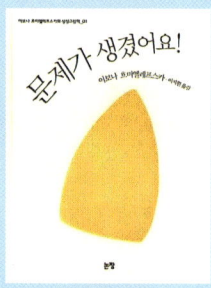

「문제가 생겼어요!」
이보나 흐미엘레프스카 글·그림,
이지원 옮김, 논장, 2010

엄마의 식탁보를 다림질하다가 실수로 태워 자국을 남긴 아이. 아이는 이를 없애거나 숨기려 노력하지만 결국 수습이 어렵다는 결론에 도달해 당황하고 좌절한다. 그러나 돌아온 엄마는 오히려 자국을 활용해 또 하나의 자국을 만들고, 두 자국을 물고기 모양으로 연결해 즐거운 추억으로 바꾼다. 이처럼 문제해결 서클에서도 중요한 것은 갈등 해결을 위한 대안을 함께 정하고 약속하는 과정이다. 책 속의 아이처럼 당면한 문제를 환기하고 전환점을 찾아나선다면 학생들이 창의적인 해결 방안을 떠올릴 수 있을 것이다.

활동 1 그림책으로 이야기 나누기

서클 대형으로 앉아 그림책에서 엄마가 식탁보를 보는 장면까지 읽고, 학생들과 '내가 엄마라면 어떻게 했을까?'를 주제로 이야기 나눈다. 이때 학생들은 '벌' '청소' '반성문' '용돈 삭감'과 같이 주로 혼내는 방식의 응보적 대응을 떠올린다.

이후 책을 끝까지 읽고 다시 소감을 나눈다. 많은 학생이 엄마가 다리미 자국을 물고기 모양으로 재구성하는 장면을 인상 깊게 꼽았다. 아이가 두려워했던 실수가 엄마의 새로운 시선으로 긍정적으로 바뀌는 과정은 문제 해결 방식에 대해 새로운 시각을 제시한다.

이처럼 그림책은 문제를 재정의하고 창의적으로 해결하는 과정을 보여준다. 이를 통해 학생들에게도 갈등 해결에 있어 공동체의 참여와 창조적 대안의 중요성을 전달하며, 실제 학급 내 갈등 해결 활동인 문제해결 서클과 자연스럽게 연결할 수 있다.

활동 2 문제해결 서클 진행하기

문제해결 서클을 진행하기에 앞서 사전 서클을 하는 과정이 필요하다. 핵심 당사자를 만나서 상황을 파악하고 문제로 인해 생긴 영향과 필요를 확인한다. 수업 방해 행동으로 힘들어하는 교과 선생님들과 이 일로 인해 힘들어하는 반 학생들을 만난다. 상황을 이해하기 위해 먼저 무슨 일이 있었는지 이야기를 나누고, 영향과 필요를 파악하기 위해서 '그 일이 자신에게 어떤 영향을 주었나요?' '자신이 원하는 것은 무엇인가요?' 등의 질문을 나눈다. 마지막으로 문제해결 서클의 진행 과정을 설명하고 참여 의사를 확인한다.

본 서클 과정을 진행하기 위해 반의 모든 학생과 담임교사는 서클 대형으로 앉는다. 앞서 읽은 그림책 내용과 연결하여 서로의 이야기를 충분히 듣고, 공동의 지혜를 모아 해결하기 위한 모임을 한다고 안내한다. 서클의 기본 규칙을 학생들에게 소개하고, 서클 중간에도 규칙을 확인할 수 있도록 서클 가운데 센터 피스에 규칙을 두면 좋다.

【문제해결 서클 규칙】

1. 다른 사람이 이야기하는 동안 집중하여 경청한다. 끼어들거나 방해하지 않고 자신의 발언 시간을 기다린다.
2. 상대를 존중하며 상대가 불쾌감을 느낄 언행을 삼간다.
3. 일방적으로 자리를 떠나지 않는다.
4. 서클에서 나온 이야기는 비밀로 한다.
5. 생각이 나지 않으면 '패스'라고 하고 두 번째 원이 돌 때 이야기한다.

*『회복적 생활교육으로 학급을 운영하다』(강현경 외, 교육과실천, 2018, 275~296쪽) 참고.

규칙을 소개한 후 첫 번째 질문으로 '우리 반이라서 좋은 점은 무엇인가요?'를 나눈다. 이밖에 '우리 반에서 가장 행복한 순간은 언제였나요?' '우리 반이라서 좋은 점은 무엇인가요?' '우리 반을 색깔로 표현한다면 무슨 색인가요?' '지금 떠오르는 고마운 사람은 누구인가요?' 등 서로 연결되어 있음을 확인할 수 있는 질문, 편안하게 답할 수 있고 긍정적인 분위기를 만들 수 있는 질문이 좋다.

그다음 본격적인 주제 질문을 나눈다. 상황을 서로 이해할 수 있도록 '무슨 일이 있었나요?'라는 질문을 제시한다. 이때 말하는 학생은 본인 입장에서 이야기하되, 자신이 직접 본 행동이나 들은 말을 바탕으로 발언한다. 자기 생각이 아닌 관찰한 것을 바탕으로 최대한 객관적으로 말해야 한다. 그다음 영향을 파악할 수 있도록 '이번 일로 누가 어떤 영향을 받았다고 생각하나요?'라는 질문을 함께 나눈다. 이 질문을 통해 개인과 공동체에 어떤 피해와 영향이 있는지 알 수 있게 된다.

다음은 학생들이 받은 영향에 대한 대화이다.

- 수업과 관련되지 않은 말을 해서 수업 분위기를 망쳐서 불편함.
- 수업에 집중하고 싶은 학생들은 학생들이 떠드는 소리 때문에 피해가 생김.
- 그만 멈추라고 말하는데도 멈추지 않음.
- 조용히 하라는 말 자체가 시끄러워서 집중이 안 됨.

활동 3 약속 만들기

다음 과정은 창조적 대안 탐색과 동의의 과정이다. 질문으로 '이 문제를 해결하기 위해 내가 할 수 있는 일은 무엇일까요?'를 나눈다. 반 학생들이 제안한 문제 해결 방법을 살피고, 서로 받아들일 수 있는지 확인하며 스스로 책임질 수 있는 실현 가능한 구체적인 행동 약속을 정한다. 이때 되도록 '~하지 않기'의 부정의 말을 쓰지 않고, '~하기'와 같이 긍정적인 언어를 사용하도록 한다. 함께 약속을 정한 것을 기록하고 자신의 약속 옆에 약속을 지키겠다는 서명을 받는 것도 좋다. 함께 정한 약속을 포스터 형식으로 제작하여 학급에 잘 보이는 곳에 게시한다. 조·종례 시간이나 잠깐 학생들을 만나는 시간을 활용하여 틈틈이 피드백하는 것도 중요하다. 이런 교사의 노력이 약속을 기억하고 실천하는 데 도움이 된다. 학생들이 만든 약속으로는 '수업 시간에 자지 않기' '떠드는 친구에게 멈추라고 말하기' 등이 나왔다.

활동 4 소감과 배움 나누기

마지막으로 다음과 같이 문제해결 서클을 한 소감과 새롭게 알게 된 점, 배운 점 등을 나눈다. 학생들은 "오늘 한 약속을 잘 지켜서 좋은 반이 되었으면 좋겠다" "문제점을 알 수 있어서 좋았고, 약속을 지키기 위해 노력할 것이다" 등의 소감을 나누었다.

  소감을 나눈 후 문제해결 서클을 끝내기 전에 사후 서클을 언제 진행할지 약속을 정하는 것이 좋다. 일주일 정도의 시간을 두고 함께 정한 약속을 지키며 생활해본다. 그 이후 문제가 잘 해결되었는지, 함께 정한 약속이 잘 지켜지는지 확인하는 시간이 꼭 필요하다. 사후 서클에서는 '지난 서클 이후 변화된 것은 무엇인가요?'에 대해 나눈다. 만약 변화되지 않았다면 '후속 조치로 어떤 것이 필요하다고 생각하나요?'와 같은 질문에 답을 해보면서 약속을 수정해나간다. 긍정적인 변화에 대한 감사와 축하를 하며 사후 서클을 마무리한다.

> **이 책도 추천해요**
>
> **『곰 생각 벌 생각』** 박하잎 글·그림, 창비, 2024
> 서로 다른 생각을 가진 인물이 함께 살아가면서 서로의 입장을 이해하는 이야기.
>
> **『거꾸로 앉으라고?』** 안 에르보 글·그림, 이경혜 옮김, 한울림어린이, 2024
> 뒤집어 보면 달리 보인다는 생각의 전환으로 갈등과 오해를 해결하는 과정이 담긴 책.
>
> **『왼손에게』** 한지원 글·그림, 사계절, 2022
> 친한 관계에서 생기는 오해와 갈등을 이해하는 내용이 담긴 그림책.

3 갈등 해결 - 회복적 서클

갈등에 대한 교사의 태도는 매우 중요하다. 갈등은 관계를 악화시킬 수도 있지만, 해결 과정을 통해 오히려 관계를 돈독하게 만들 수도 있기 때문이다. 갈등을 해결하는 과정에서 교사가 재판관처럼 행동하면 특정 학생의 편을 든다는 오해를 사기도 한다. 이럴 때 필요한 것이 회복적 서클이다. 이는 갈등 당사자들이 함께 모여 대화를 통해 마음을 나누고 관계를 회복하는 과정이다. 교사는 진행자로서 회복적 질문을 던지면, 학생들은 이를 통해 변화와 해결을 모색하게 된다. 이 과정은 학생들이 공동체 속에서 문제 해결력과 회복적 관계를 형성하는 데 도움을 준다.

함께 읽을 책

『내가 말할 차례야』
크리스티나 테바르 글,
마르 페레로 그림, 유 아가다 옮김,
다봄, 2021

장난감을 두고 다투는 두 아이의 갈등 상황을 생생하게 보여주는 그림책이다. 갈등 상황에서 흔히 보이는 반응들이 담겨 있어 다양한 상황에 두루 활용하기 좋다. 독자는 책을 통해 제3자의 시선으로 상황을 객관적으로 바라볼 수 있으며, 갈등을 해결하는 구체적인 대화 절차와 방법이 잘 나타나 있어 회복적 서클과 연결해 활용하기에 적절하다. 특히 회복적 서클에 처음 참여하는 학생들이 대화 방식과 과정을 이해하는 데 도움이 된다.

활동 1 그림책으로 이야기 나누기

과학실에서 실험하면서 생긴 모둠 내 갈등을 평화롭게 해결하기 위해 회복적 서클을 진행한다. 이때, 본격적으로 활동을 시작하기에 앞서 사건의 당사자인 학생들과 일대일로 만나 사전 서클을 진행한다. 회복적 서클 과정을 안내하는 것은 물론, 무엇보다 중요한 갈등 당사자의 느낌과 욕구를 함께 찾아주어 학생들의 연결을 도울 수 있기에 꼭 필요한 과정이다.

그림책을 함께 읽은 후 그림책 속의 카를라처럼 가슴에서 불이 나는 것 같았을 때의 상황을 떠올린 뒤 그때 상대방의 행동이나 말을 적는다. 이 과정에서 갈등 상황 속에서 어떤 말이나 행동이 있었는지 확인하고 갈등의 구체적인 정황을 알 수 있다. 이때 다음과 같이 자기 생각이나 판단이 아닌 관찰한 행동이나 주고받았던 말을 구체적으로 적는 것이 중요하다.

> 예) "○○아 그만해!"라고 말했을 때 ○○이는 "너나 조용히 해, 너나 잘해"라고 이야기했어요.

다음 과정으로 카를라와 마리오처럼 그때 기분이 어땠는지 이야기를 나눈다. 그림책 속의 카를라와 마리오의 구체적인 대화를 참고하여 학생들은 어떤 방식으로 말해야 하는지 쉽게 파악할 수 있다.

자신의 기분을 나타내는 말을 찾기 어려워하는 학생들을 위해 비폭력 대화에서 쓰는 느낌 목록을 제공하면 좋다. 느낌 목록을 제공하면 대부분의 학생은 쉽게 자신의 느낌을 찾아 표현하는데, 그럼에도 학생이 자신의 느낌을 찾기 어려워할 경우 교사가 함께 느낌을 찾아주도록 한다.

예) 불편해서 멈추라고 이야기했는데, 욕을 들어서 속상했어요.

그다음으로 갈등 상황 속에서 내가 원하는 것이 무엇이었는지 이야기를 나눈다. 자신이 원하는 것이 무엇인지 말하기 어려워하는 학생이라면 앞서 찾은 느낌과 마찬가지로 비폭력 대화에서 쓰는 욕구 목록을 제공하여 그중에서 찾아보도록 한다. 욕구를 찾은 후 왜 그 욕구가 중요했는지 이야기를 나눈다. 욕구를 찾기 어려워할 경우 교사가 함께 욕구를 찾을 수 있도록 돕는다. 사전 서클의 과정이 처음인 학생들은 느낌과 욕구를 찾기 어려워할 수 있다. 이 경우 비폭력 대화의 느낌 욕구 목록과 교사의 도움을 통해서 함께 찾도록 한다.

예) 이해받고 싶었어요. 수업을 듣고 싶은 마음을 알아줬으면 좋겠어요.

마지막으로 회복적 서클의 다음 과정인 본 서클에 대해 안내한다. 이는 그림책 속의 카를라와 마리오가 대화를 나눈 것처럼 갈등의 당사자가 함께 모여 서로 말하고 듣는 과정이다. 교사는 어떤 일이 있었는지, 그 일로 자신이 어떤지, 앞으로 어떻게 하기 바라는지 얘기하는 자리라는 것을 알려준다. 이 과정에서 불편한 점이나 걱정되는 점을 미리 듣고, 보완점을 마련하기도 한다.

활동 2 회복적 서클 진행하기

본 서클을 진행하기에 앞서 회복적 서클의 목적이 상처입거나 피해를 본 우리 모두를 회복하기 위함임을 알리고, 서로 잘 연결되기 위한 서클의 기본 약속을 나눈다.

회복적 서클의 규칙은 다음과 같다.

1. 다른 사람의 이야기를 경청하며 중간에 끼어들지 않고 자신의 발언 시간을 기다린다.
2. 상대를 존중하며 상대가 불쾌감을 느낄 언행을 하지 않는다.
3. 일방적으로 자리를 떠나지 않는다.
4. 서클에서 나온 이야기는 비밀이 보장되어야 한다.
5. 상대방이 나에게 하고 싶은 말이 무엇인지를 중심으로 상대방의 말을 경청한 후, 사회자가 "무엇을 들으셨나요?"라고 물으면 들은 내용을 얘기한다.

* 『회복적 생활교육으로 학급을 운영하다』(강현경 외, 교육과실천, 2018, 237~274쪽) 참고.

이제 사전 서클 때 함께 읽었던 그림책을 다시 한번 읽는다. 교사는 카를라처럼 가슴에서 불이 나는 것 같았을 때 상대방의 행동이나 말을 적게 한다. 서클에 참가한 학생 모두 다 적은 후 발언 순서를 정한다. 교사는 '그 말 또는 행동으로 인해 지금 자신이 어떤지, 누가 무엇을 알아주길 바라는지' 물어본다. 그다음 '누가'에 해당하는 학생에게 '무엇을 들었는지? 무엇을 알아주길 원하는 것 같은지?'를 묻고 앞서 나눈 이야기를 들은 대로 말하게 한다. 이 과정을 반복하면 갈등에 대한 감정이 점차 누그러지고 상황에 대한 이해가 서로 생기면서 서로에게 준 영향을 파악할 수 있다.

A 학생 수업 시간에 떠들거나 장난칠 때 "B야 그만해"라고 말했는데 B가 "너나 조용히 해, 너나 잘해"라고 말해서 속상했다는 것을 B가 알아줬으면 좋겠어요.

교사 B야, 무엇을 들었니? 무엇을 알아주길 바라는 것 같니?

B 학생 A가 그만하라고 했을 때 제가 "너나 조용히 해, 너나 잘해"라고 말해서 속상했다는 걸 제가 알아줬으면 좋겠대요.

교사 A야, 맞니?

A 학생 네. 맞아요.

충분히 이야기를 나눈 후 마찬가지의 방법으로 '그때 내가 원하는 것이 무엇이었는지'에 대해 말해본다.

- 과학실에서 실험할 때 안전했으면 좋겠고, 선생님 이야기를 잘 듣고 싶어.
- 앞자리에서도 선생님 이야기가 잘 안 들릴 때가 많아서 선생님 이야기가 잘 들렸으면 좋겠어.
- 존중이 중요해. 욕이나 비난을 멈췄으면 좋겠어.

활동 3 약속 만들기

그림책 속의 카를라와 마리오처럼 모두의 욕구가 채워지는 방법을 찾는다. 모두의 욕구가 만족되기 위해서 상대에게 어떤 부탁 또는 제안을 하고 싶은지 이야기를 나눈다. 특히 2단계에서 원하는 것이 무엇인지 이야기 나눈 것을 바탕으로 모두의 욕구가 충족되는 방법을 찾는 것이 중요함을 안내한다. 먼저 제안하고 싶은 사람이 제안할 수 있도록 한다. 제안이 구체적인 행동인지, 긍정적 행동인지, 통제를 위한 벌은 아닌지 들어보고 함께 수정 보완한다.

- 수업 시간에 선생님과 친구들 이야기 경청하기
- 친구들이 조용히 하라고 부탁하면 행동을 멈추고 수업에 집중하기
- 조용히 하라고 부탁할 때 친절한 말투로 이야기하기
- 짜증 나고 화가 나도 차분하게 이야기하기
- 고운 말을 사용해서 갈등 중재하기

함께 약속을 정한 후 일정 기간 약속한 행동을 실행하고, 그 이후 원하는 변화가 어느 정도 나타났는지, 수정할 내용은 없는지 확인하기 위해 한 번 더 모이는 사후 서클을 진행하는 것이 중요하다. 언제 어디서 보면 좋을지 등 사후 서클을 진행하기 위한 약속도 함께 정한다. 사안에 따라 다르지만 보통 일주일 정도 시간을 두고 사후 서클을 진행한다. 약속에 대한 피드백 예고가 학생들에게는 약속을 좀 더 잘 지켜야 한다는 동기부여가 된다. 사후 서클에서는 칭찬과 지지 또는 실천하는 과정에서 겪은 어려움 등을 나누게 되는데, 이 과정 자체가 약속을 지키기 위한 노력을 지속시킨다.

활동 4 소감과 배움 나누기

회복적 서클을 하면서 느낀 점이나 배운 점을 자유롭게 이야기하는 시간을 갖는다. 교사도 함께 소감을 나누는 것이 좋다.

> - 친구들이 이야기를 잘 들어주고 내 마음을 이해해주서 좋았다.
> - 친구들이 얼마나 방해받고 있는지 알게 되었고, 피해를 주지 말아야겠다.
> - 직접적으로 속 시원하게 이야기할 수 있어 좋았다.
> - ○○이가 약속을 지키려고 노력하는 것 같아서 기대된다.
>
> 교사: 긴 시간을 내어 솔직하게 이야기를 나눈 우리 모두에게 박수를 보냅니다. 모두 수고 많았고 고맙습니다.

그림책 속에서 주인공들이 갈등을 반복하며 점차 평화적으로 대화했던 것처럼, 학생들은 회복적 서클을 통해 성장해나간다. 이 과정은 단순히 갈등을 해결하는 것을 넘어, 문제 해결력과 공동체 안에서의 조화로운 관계 형성을 돕는 실천적 교육이 된다.

> **이 책도 추천해요**
>
> 『**내 마음 네 마음**』 이준기 글, 김성아 그림, 교육과실천, 2024
> 학교폭력을 예방하고 교우관계를 개선하는 내용이 담긴 그림책.
>
> 『**나도**』 박밀 글·그림, 북극곰, 2025
> 서로 다른 너와 내가 만나서 함께 하는 우리가 되는 이야기.
>
> 『**못되게 구는 친구에게 어떻게 말하지?**』 김정 글, 이주혜 그림, 파스텔하우스, 2024
> 친구 관계 때문에 힘들고 속상할 때 구체적인 대처 말을 알려주는 책.

4 학교폭력 - 왕따

학교폭력은 아주 작은 일상 속에서 서서히 시작된다. 따라서 초등학생 시기에는 폭력이 무엇인지 이해하고 예방하며 친구와 올바른 관계를 맺는 것이 무엇보다 중요하다. 이 시기의 학교폭력 예방 교육은 학생들에게 평생 영향을 미칠 것이기에 더욱 절실하다. 이런 교육을 통해 학급에서 생기는 다양한 다툼이나 상대방에 대한 공격 들을 원만히 해결하고 서로 존중하는 평화로운 학급을 만들어보자.

함께 읽을 책

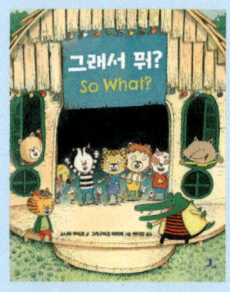

『그래서 뭐?』
소니아 쿠데르 글, 그레구아르 마비레 그림, 이다랑 옮김, 제이픽, 2024

이 책은 많은 아이들이 다른 친구의 말과 행동에 상처를 받았을 때 아무 대항 없이 꾹 참는 경우가 빈번하다는 것을 보여준다. 더 큰 보복이 두려워 부모님과 선생님께 말씀드리지 못하고 혼자서 상처를 감내하기도 하거나, 친구가 학교폭력을 당한다는 사실을 알고 있지만 자신도 피해자가 될 수 있지 않을까 하는 두려움에 방관하는 학생들 또한 많은 것이 현실이다. 아이들이 무례한 친구의 말에 반응하지 않고, "그래서 뭐!" 하고 당당하게 폭력에 맞설 수 있는 어른으로 자라길 바란다.

활동 1 그림책으로 이야기 나누기

그림책을 읽은 후, 책상을 치우고 의자를 둥글게 배치하여 서클 활동을 진행한다. 서로를 비난하거나 공격하기 위한 시간이 아니라는 것을 강조한 뒤, 내가 친구 때문에 마음 상했던 경험이나 감정 들을 솔직하게 나누어본다. 교사는 우리 마음속 깊은 곳에 담아두고 있던 이야기들을 털어놓고 서로 이해하는 시간이 되어야 한다고 이야기한다. 그 과정에서 교사가 미처 몰랐던 학급 상황들이 서서히 드러나게 된다.

그림책에 나오는 아이들은 자신이 다른 사람에게 폭력적인 말을 들었음에도 두려움에 그 상황을 피하고 서로 상처를 받아도 꾹 참고 있었지만, 당당하게 폭력에 맞서는 폴린을 통해서 자신을 보호하고 함께 폭력에 맞서서 평화로운 관계를 만들 수 있다는 것을 알게 된다. 또한 폭력을 경험한 아이가 결국 다른 사람에게 폭력을 행사하는 모습을 통해, 폭력이 또 다른 폭력을 낳는다는 것을 쉽게 이해하게 된다. 가해자와 피해자 모두의 입장을 다루고 있어서 아이들이 다른 사람의 감정과 행동을 이해하고 공감하는 능력을 기를 수 있다.

> **활동 2** 12가지 표현 주사위로 생각과 느낌 표현하기

생각과 느낌을 비유적인 표현을 써서 발표한다. 이때 '학토재'의 '12가지 표현 주사위'를 사용한다. 교구를 살펴보면 정십이면체 주사위의 각 면에 '색깔' '날씨' '음식' '동물' '계절' '모양' '장소' '흉내 내는 말' '표정·몸짓' '요일' '식물' '사물' 등 총 12개의 낱말이 적혀 있다. 생각과 느낌을 주사위를 굴려 나온 낱말에 비유하여 솔직하고 다양한 대답을 할 수 있도록 도와준다.

학생들은 그림책을 읽고 느낀 생각이나 감정을 십이면체 표현 주사위를 굴려 나온 낱말에 비유한다. 색깔이 나온 경우, "이 그림책을 읽고 떠오른 색은 빨간색이다. 그 이유는 폭력을 상징하기 때문이다"라고 표현하였고, 날씨의 경우는 "비가 내리는 날, 우중충하고 흐린 하늘 등이 떠오른다. 그 이유는 학교폭력을 당했다면 그 사람의 마음이 우울하고 슬플 것이기 때문이다"라는 발언도 나왔다.

학급 전체가 동그랗게 둘러서서 하나의 주사위를 사용하여 돌아가면서 발표할 수도 있고, 모둠별로 주사위를 굴려가며 말하기 활동을 진행할 수도 있다. 전체 활

표현 주사위

동의 경우 시간이 오래 걸리긴 하지만 모두가 집중해서 듣고 공감하는 활동이 극대화된다는 장점이 있다. 반면 모둠별 활동의 경우 모든 친구들의 발표를 듣지 못하는 점이 아쉬웠지만, 모둠별로 여러 번의 말하기 기회를 갖게 되어 점차 생각과 표현이 깊어지고 풍부해지는 것을 볼 수 있었다.

활동 3 나의 상처 종이공 활동하기

이면지에 자신의 이름을 쓰고, 내가 다른 사람의 말이나 행동으로 인해 상처받았던 경험, 또는 내가 다른 사람에게 했던 상처 주는 말이나 행동을 적는다. 이때 빨간색 사인펜, 마커 등을 사용하면 좋다.

구겨진 상처 종이공

잊고 싶은 기억들이 많더라도 가장 지우고 싶은 경험 하나만 골라 쓴다. 속상했던 마음을 떠오르며 종이를 구겨 공 모양으로 만든다. 종이공을 다 만든 후 교실 한가운데 모아둔다.

두 번째로, 구긴 종이공을 모둠원이 돌아가면서 펴준다. 이 과정에서 따뜻한 위로의 말을 건네준다. '힘내, 잘하고 있어, 너는 소중한 사람이야' 등의 응원 메시지를 돌아가면서 말한다. 칠판에 감사, 격려, 응원의 메시지를 붙여주면 학생들이 표현하는 데 도움이 된다.

세 번째로, 상처받은 종이공을 손 다리미로 반듯이 펴준다. 여러 번 힘을 주어 상처를 보듬어주듯이 펴준다. 받은 종이에 격려와 위로의 메시지를 적는다. 이때는 빨간색 이외의 색으로 적어주는 것이 좋다. 고민으로 학교폭력을 적은 친구가 있다면 내가 생각하는 해결 방법을 적어준다. 모둠원이 다 적은 후에는 자신의 종이를 받아 소중하게 펴보면서 나를 위로하는 말들을 읽는다. 가장 위로받은 문장이 무엇인지 골라 말하고, 그 문장을 적어준 친구와 모둠원 모두에게 '힘이 납니다. 고맙습니다'라고 인사한다.

마지막으로 활동 소감을 붙임종이에 적어 공유한다. 이때 12가지 표현 주사위를 사용하여 마무리 활

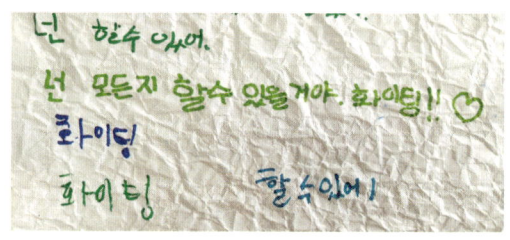

펼친 종이공에 적은 격려와 위로의 메시지

동을 하는 것도 좋다. 특히 마무리 소감 나누기에서는 모둠별 활동보다 전체 학급 모두가 서클로 둘러서서 하는 것이 훨씬 효과적이다. '마음에 맺힌 앙금이 풀린 것 같다' '마치 내 고민이 정말 다 해결된 것 같다' 등 긍정적인 의견이 많았다.

> 이 책도 추천해요

『One 일』 캐드린 오토시 글·그림, 이향순 옮김, 북뱅크, 2016
색깔과 숫자만으로 집단 따돌림을 이겨내는 현명한 방법을 알려주는 독창적인 이야기.

『누군가 뱉은』 경자 글·그림, 고래뱃속, 2020
언어폭력을 검정으로 아름다운 말을 무지개 방울로 표현하는 상징적인 표현의 그림책.

『B가 나를 부를 때』 수잔 휴즈 글, 캐리 소코체프 그림, 김마이 옮김, 주니어김영사, 2018
피해자가 평화적인 방법으로 가해자에 대해 지혜롭게 대처하는 방법을 말해주는 책.

5. 학교폭력 – 방관자

학급에서 학교폭력을 예방하는 일은 매우 중요하다. 일단 사안이 발생하면 관련된 모두가 지치고, 교사는 사건 처리에 많은 에너지를 소모하게 된다. 그 과정에서 다른 학생들을 살피지 못하는 상황도 생긴다. 따라서 사후 대처보다 사전 예방이 더 효율적이고 평화로운 방법이다. 예방을 위해서는 학급 전체가 자발적으로 평화로운 분위기를 유지하려는 '평화적인 압력'이 필요하다. 이는 누군가가 일방적으로 행사하는 힘이 아니라, 공동체가 함께 만들어가는 분위기이다. 교사가 항상 교실을 지킬 수 없는 상황에서 학생들이 방관자가 아닌 적극적 개입자로서 행동한다면 초기 단계에서 문제를 막을 수 있을 것이다.

함께 읽을 책

『혼자가 아니야 바네사』
케라스코에트 지음, 웅진주니어, 2018

이 책의 부제는 '작은 친절에 관한 이야기'이다. 2016년 미국 텍사스의 한 대학교에서 있었던 실화를 바탕으로 만들어졌다는 점이 더욱 감동적으로 다가온다. 따돌림을 당하던 흑인 학생을 위해 300명의 학생이 함께 등굣길을 걸어준 사건으로, 이 작은 친절은 그 학생에게 혼자가 아니라는 강한 메시지를 전했을 것이다. 동시에 따돌리던 학생들에게는 평화로운 압력으로 작용해 행동을 멈추게 했을 가능성이 크다. 이 책은 교실 안의 작은 관심과 친절이 학교폭력을 막는 데 얼마나 큰 힘이 되는지를 강렬하게 보여준다. 방관하지 않고 평화롭게 개입하는 것이 갖는 힘을 잘 느낄 수 있다.

활동 1 그림책으로 이야기 나누기

반 학생들과 서클 대형으로 앉은 후 함께 그림책을 본다. 이 책은 글 없는 그림책으로, 학생들과 함께 읽을 때 그림을 충분히 잘 볼 수 있도록 천천히 읽으면 좋다. 페이지를 넘길 때 달라지는 그림들을 보며 주인공인 바네사가 처한 상황을 함께 추측하고 이야기 나눠본다. 특히 그림책 장면 중 한 친구가 바네사에게 먼저 다가가서 이야기를 건네는 모습을 유심히 살핀다. 이 장면이 잘 보이도록 그림책을 펼치고, 학생들과 함께 그 친구가 바네사에게 건넨 말이 무엇이었을지 이야기를 나눈다. 이때 교사는 학생들에게 자신이 추측한 말을 포스트잇에 적어보게 한다. 대부분의 학생은 바네사에게 응원하며 힘을 실어주는 말을 했을 거라고 추측했다. '같이 집에 가자' '같이 급식 먹으러 갈래?' 등 동행과 관련된 말을 떠올렸다. 또한 관심을 가져주는 말을 건냈을 것이라고 추측하는 학생들도 많았다. '요즘 힘든 일 없어?' '무슨 일 있어?' 등 바네사에게 따뜻한 관심을 보이는 말을 생각했다.

 이 과정을 통해서 학생들은 소외된 친구에게 어떻게 말을 걸면 좋을지 배워나갔다. 또한 바네사의 입장에서 어떤 말이 필요할지도 알 수 있게 되었다. 사소한 말 한마디가 바네사에게 큰 힘이 되었듯, 작은 관심의 표현이 조금 더 용기를 내어 학교생활을 해나가는 데 커다란 보탬이 된다는 것도 알게 되었다. 특히 말주변이 없는 학생들에게도 소외된 친구에게 다가가는 방법 자체를 배울 수 있는 계기가 되기도 했다.

활동 2 바네사에게 필요한 도움 적기

그림책을 다 읽은 후 학생들과 함께 '나라면 바네사를 어떻게 도왔을까?'를 생각한 후 포스트잇에 적어본다. 아이들은 그림책 속에서 바네사를 도운 학생들의 모습을 보고 자극을 받아 앞다투어 다양한 의견을 내는 등 서로 선한 영향력을 주고받는다. 책 속에서 몇몇 친구들이 바네사와 함께 등하교를 했을 뿐임에도 그런 모습들이 점점 더 많은 학생에게 선한 영향을 주고, 점차 바네사와 함께 등교하는 학생들이 많아진 것처럼 말이다. 이처럼 아이들은 바네사에게 필요한 도움을 적는 과정에서 작은 친절과 노력이 발휘하는 커다란 힘을 느낀다. 그래서인지 학생들이 제안한 방법들 중에는 작지만 큰 흐름을 바꿀 수 있는 것들이 많았다. 커다랗고 거창한 친절이 아니라 작고 사소한 친절을 생각해보라고 안내한다면 더욱 부담 없이 다양한 생각을 펼칠 수 있을 것이다.

다음은 학생들이 적은 내용이다.

- 만약 그 친구가 도움이 필요한 상황이면 먼저 다가가 도움을 줄 것 같다.
- 같이 놀고, 등교하면서 친해진다.
- 간식도 주고, 공동의 관심사를 찾아서 친해질 수 있도록 같이 다닌다.
- 먼저 다가가서 말을 건다.
- 바네사에게 간식을 챙겨준다.

활동 3 우리는 혼자가 아니야 의식 진행하기

앞선 활동에서 모든 학생이 포스트잇에 바네사를 돕는 방법을 다 적을 때까지 충분히 기다린 후 세 번째 활동을 진행한다.

모든 학생이 서클 대형으로 앉은 상태에서 오른쪽에 앉은 학생에게 그 친구의 이름을 넣어서 '혼자가 아니야 ○○○'라고 외치며 포스트잇에 쓴 내용을 읽는다. 예를 들어, 오른쪽에 있는 학생을 바라보며 '혼자가 아니야 김박달'이라고 말한 후 '우리 같이 마라탕 먹으러 갈래?'라고 이야기한다.

포스트잇에 담긴 내용을 다 읽은 후 센터 피스에 포스트잇을 붙이고 다시 자신의 자리에 앉는다. 이 활동의 첫 시작을 교사가 끊은 경우 교사의 오른쪽에 앉은 학생에게 진행해도 좋고, 먼저 시작하고 싶은 학생이 있는 경우 먼저 시작하고 싶은 학생부터 오른쪽으로 진행하도록 한다. 두 번째 학생이 자신이 적은 포스트잇을 센터피스에 붙일 때 첫 번째 학생이 붙인 포스트잇의 내용과 연결된다

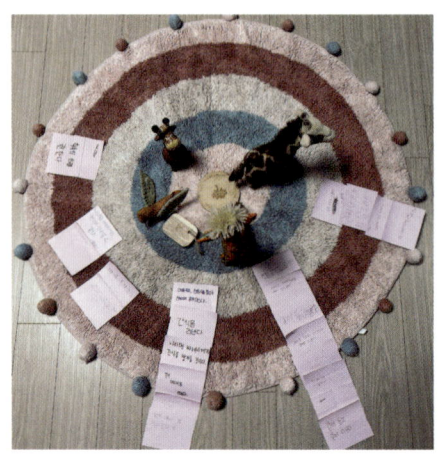

우리는 혼자가 아니야 의식

면 그 아래에 붙이고, 다른 내용이라면 그 옆에 따로 붙인다. 이렇게 진행하면 포스트잇에 적힌 방법들이 자연스럽게 유목화되어 반 학생들이 제안한 방법을 한눈에 쉽게 파악할 수 있다. 모든 학생이 다 발언을 마칠 때까지 이 과정을 반복한다. 학생들 전체가 포스트잇을 센터 피스에 붙인 후 자리에 앉았다면 함께 '혼자가 아니야 ○학년 ○반!'이라고 서클 닫기 구호를 외친다.

활동 4 소감과 배움 나누기

마지막으로 오늘 서클 활동을 한 소감과 새롭게 알게 된 점, 배운 점 등을 나눈다. 이를 통해 더 깊은 배움을 얻을 수 있는 것은 물론, 함께 소감을 나누며 활동의 의미를 마음속 깊이 잘 새길 수 있다. 한 시간의 대화로 끝나는 것이 아니라 일상의 실천으로 이끌어갈 힘을 만들어내기에 소감과 배움 나누기를 꼭 하는 것을 추천한다.

다음은 학생들이 나눈 소감이다.

- 작은 노력도 변화를 만들 수 있다는 것을 알게 되었다.
- 반에 외로워 보이는 학생이 보이면 먼저 말 걸어야겠다.
- 함께 다 같이 실천하는 것이 중요하다는 것을 알게 되었다.
- 작은 친절이 큰 변화를 만든다.
- 친구들의 다양한 생각을 알 수 있어서 좋았다.
- 혼자가 아니라는 것을 알 수 있었다.

이 책도 추천해요

『우리는 괴롭힘을 이겨낼 거야!』 코니 라 그로테리아 글, 마리나 사에스 그림, 윤승진 옮김, 상수리, 2023
괴롭힘을 이겨내기 위해 침묵을 깨고, 관찰하고, 연대하는 구체적인 방법이 담긴 책.

『열두 살 비밀 일기』 이채윤·이현빈·박지아·문민준·권대현 글·그림, 작가의탄생, 2021
전학 온 학생에게 발생한 학교폭력을 바라보는 다양한 시선이 담긴 그림책.

『빨간 볼』 얀 더 킨더르 글·그림, 정신재 옮김, 내인생의책, 2014
작은 놀림에서 비롯된 따돌림으로 인해 감당할 수 없는 상황이 벌어지는 내용이 담긴 이야기.

6 학교폭력 - 신체폭력

교육부에 따르면 오늘날 아이들이 학교폭력을 당했다고 응답한 비율은 매년 늘어나고 있다. 장난이라고 생각하며 툭 치거나 밀치는 등의 행동이 실제로는 학교폭력으로 인식되지 못하는 경우가 많아 학교폭력위원회가 열리지 않을 뿐, 교실과 학교에서 신체폭력은 전수조사 결과보다 더 빈번하게 발생한다. 학교폭력을 멈춘 이유를 묻는 질문에 '학교폭력으로 괴롭히는 말과 행동이 나쁜 것임을 알게 되어서'가 31.5%로 가장 높았다. 이런 결과는 학교폭력을 멈추기 위해 교실이나 학교 안에서 학교폭력 예방 교육을 실시해야 하고, 학생들에게 학교폭력이 나쁘다는 인식을 끊임없이 교육해야 하는 근거를 더욱 견고히 한다.

함께 읽을 책

『담벼락』
진서 그림, 빨간콩, 2023

아이는 엄마에게 웃으며 인사하고 학교로 향하지만, 얼마 못 가 땅만 보고 걸어간다. 앞서가던 몇 명의 친구가 다가오고 아이에게 가방을 떠넘기고 밀친다. 교실로 들어가지 못하고 주저앉은 아이는 담벼락에 그림을 그리다 새로운 친구를 만난다. 이 책은 글 없는 그림책으로, 세밀하게 그려진 그림은 글 없이도 아이에게 가해지는 학교폭력이 얼마나 잔인한지 그대로 전달한다. 아이는 친구가 생기고 가해 학생이 반성하면서 신체폭력에서 벗어난다. 결국 학교폭력을 멈추게 하는 것은 곁을 지켜주는 친구라는 것을 말해주는 것이다.

> **활동 1** 그림책으로 이야기 나누기

글 없이 그림으로만 이루어진 책이므로 교사는 학생들이 그림을 찬찬히 살필 수 있도록 충분한 시간을 준다. 그림의 작은 부분에도 의미가 있음을 알아챌 수 있도록 그림의 의미를 살피며 책을 읽는다. 학생들은 신체폭력이 피해 학생에게 얼마나 큰 아픔을 주는지 분명하게 느낀다. 어떤 일인지 자세히는 모르지만 주인공에게 슬픈 일이 있음을 짐작한다. 고개를 숙이고 걸어가는 장면에서 주인공만 그려져 있고 텅 비어 있다. 학생들에게 빈 배경의 의미에 관해 묻고 생각을 듣는다.

주인공만 그리고 비워둔 공간의 의미를 다시 묻자, 학생들은 '주인공의 공허한 마음' '아무도 도와주지 않아 절망적인 마음' 등 여백이 주는 느낌을 말한다. 지금 주인공에게 가장 필요한 것은 옆에 있어줄 누군가라는 것을 학생들은 그림만 보고도 알게 된다. 또, 신체폭력이 피해 학생에게 얼마나 큰 절망감을 느끼게 하는지도 알아차린다.

담벼락에 낙서하던 주인공은 자신처럼 학교에 가지 않은 아이를 만나 같이 그림을 그린다. 친구와 함께하는 순간부터 주인공 얼굴에는 미소가 감돈다. 주인공이 웃는 이유와 그렇게 변화한 까닭이 무엇인지 물으니 손 내밀어주는 친구가 있고 주변에 따뜻한 사람들이 있음을 알게 되어서라고 말한다. 학생들은 친구가 나타나면서 주인공에게 일어난 변화를 알아차리고 힘들 때 옆에 있는 것이 중요하다는 것을 깨닫는다.

활동 2 신체폭력 찾고 알아보기

그림책을 읽고 나서 그림책에 등장한 신체폭력 사례를 찾아본다. 붙임종이에 책 속에서 찾은 신체폭력을 써서 해당 장면에 붙인다. 글 없는 그림책이라 같은 장면이라도 다양한 문장이 나올 수 있다.

책에 나오는 신체폭력 외에 주변에서 볼 수 있는 신체폭력을 생각해보고 신체폭력의 예를 붙임종이에 써서 칠판에 붙인다. 이 과정에서 학생들은 일상생활에서 무심코 지나칠 수 있는 신체폭력 행위들을 인식하게 되며, 이러한 행동들이 왜 문제가 되는지 알게 된다. 교사는 신체적 고통이나 상해를 입히는 것이 신체폭력이라고 안내하고 그 사례를 말해준다. 고의로 건드리거나 치는 등 시비를 거는 행위, 때리는 행위 또는 다른 사람을 시켜서 때리는 행위, 목을 조르는 행위, 꼬집는 행위, 장난을 가장해서 심하게 때리거나 밀치는 행위, 신체적인 위협을 가하는 행위, 학용

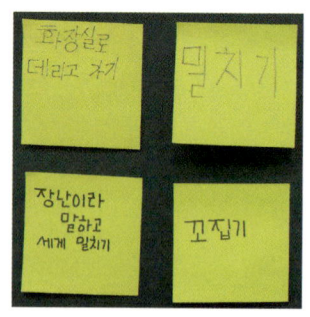

신체폭력의 예

품 등 물건이나 흉기를 이용해서 상해를 입히는 행위, 신체 부위에 침을 뱉는 행위 등을 구체적으로 이야기한다.

활동 3   위로하는 말 하기

신체폭력을 당하는 주인공에게 가장 필요한 것이 무엇인지 학생들에게 물으면 옆에 같이 있어줄 친구나 도움을 줄 어른이라고 말한다. 주인공 곁에 친구나 도와주는 사람이 없을 때 주인공은 어떤 심정이었을지 묻는다. 신체폭력으로 힘들어하는 주인공의 몸과 마음이 어떤 말을 하는지 붙임종이에 써 그림책 표지를 크게 출력한 종이에 붙인다. 책 표지는 주인공이 신체폭력을 당하고 혼자 담벼락에 그림을 그리는 장면으로, A3 또는 2절지 크기로 확대하여 출력한다. 교사는 학생들이 붙임종이에 글을 쓸 때 지금 주인공이 느낄 감정에 주목하도록 지도한다. 색이 다른 붙임종이를 활용하면 알아보기 쉽다.

  붙임종이를 붙일 때는 책 속 주인공처럼 행동해본다. 학생들은 주인공의 몸과 마음이 하는 말을 소리 내어 내뱉으면서 신체폭력이 신체뿐만 아니라 마음에도 큰 상처를 준다는 사실을 깨닫는다. 활동을 마친 뒤 학생들은 신체폭력 피해 학생이 몸과 마음에 상처를 입고 큰 트라우마를 겪게 될 수 있다는 것을 알게 되어 피해 학생의 감

주인공의 몸과 마음이 하는 말 써서 붙이기   주인공에게 위로하는 말 써서 붙이기

정에 공감한다.

 힘든 시간을 보낸 주인공의 마음에 공감하는 활동을 마친 다음, 내가 주인공의 친구라면 어떤 말 또는 행동으로 주인공을 위로하고 용기를 줄지 생각해본다. 위로의 말을 써서 힘들었던 몸과 마음에 붙인다. 학생들은 "괜찮아, 내가 꼭 지켜줄게" "우리가 다 같이 다녀줄게" 등의 문장을 적었다.

활동 4 그림책을 활용해 신체폭력에 대응하기

신체폭력이 발생한 다음에 어떻게 하는지 알려주는 것보다는 애초에 그것이 발생하지 않도록 예방하는 것이 더 중요하다. 그러나 신체폭력을 당하거나 목격했을 때 어떻게 행동해야 하는지를 알고 있어야 신체폭력에 대응하고 더 큰 피해를 막을 수 있다.

앞선 활동에서 학생들은 그림책 속에 드러난 신체폭력을 찾았다. 찾은 내용을 바탕으로 내가 주인공이라면, 또는 주인공 곁에 있는 친구라면 신체폭력을 당할 때 어떻게 행동할지

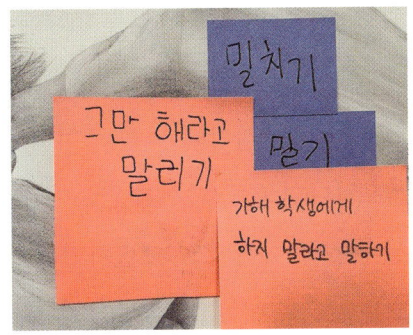

신체폭력을 막는 방법

떠올린다. 붙임종이에 신체폭력을 막는 방법을 쓴 뒤 앞서 내가 찾은 신체폭력 붙임종이 위에 붙인다.

신체폭력을 피하거나 막는 방법을 알고 있다고 하더라도 막상 그 상황이 되면 어떻게 행동해야 할지 잘 떠오르지 않는다. 실제와 비슷한 경험을 미리 하면서 학생들은 실제 상황에서 더 효과적으로 대응할 수 있도록 그림책 장면을 역할극으로 표현한다.

주인공 역할, 주인공을 괴롭히는 역할, 주인공을 도와주는 친구 역할을 정한다. 그런 뒤 장면에 어울리는 대사를 정해 역할극을 한다. '위로하는 말 하기'에서 쓴 몸과 마음이 하는 말을 바탕으로 대사를 정하거나 신체폭력을 막는 방법 하나를 골라 활용한다. 피해 학생과 가해 학생의 역할을 체험하면서 학생들은 피해 학생의 마음을 이해하고 어떤 말과 행동이 가해 학생의 폭력을 멈추게 하는지 알게 된다.

그림책을 읽고 학생들은 다양한 형태의 신체폭력을 인식하고 여러 활동을 하면서 신체폭력의 피해자인 주인공에게 공감하게 된다. 공감은 다른 사람과 나를 정서적으로 연결해 다른 사람이 도움이 필요하다면 선뜻 나서게 만든다. 그림책 활동을 마치고 며칠 뒤 교실 문을 사이에 두고 대립하던 학생들에게 한 학생이 문을 가지고 노는 것은 위험하고 이러다 싸우니 그만하라고 말하는 것을 보았다. 그림책 활동을 통해 학생들이 신체폭력을 조기에 발견하고 예방할 수 있음을 느끼는 순간이었다. 신체폭력 피해자에 대한 공감은 학교 내에서 실제로 발생하는 다양한 형태의 신체폭력 징후를 조기에 발견하고 개입하여 해결하게 한다.

이 책도 추천해요

『우리 학교에 여우가 있어』 올리비에 뒤팽·롤라 뒤팽 글, 로낭 바델 그림, 명혜권 옮김, 한솔수북, 2023
학교폭력을 당했을 때 침묵하지 않고 빨리 말해야 한다는 메시지를 전하는 책.

『나는 하고 싶지 않아!』 유수민 글·그림, 담푸스, 2020
친구들이 시키는 일을 억지로 해야 하는 주인공이 괴롭힘에서 벗어나는 방법을 알려주는 책.

『폭력은 손에서 시작된단다』 마틴 애거시 글, 마리카 하인렌 그림, 마술연필 옮김, 보물창고, 2016
손에서 시작되는 폭력을 손에서 시작되는 친절과 배려, 이해로 막을 수 있음을 전하는 이야기.

1 디지털 성범죄 예방

오늘날 학생들은 컴퓨터, 휴대전화, 인터넷 등 디지털 환경 속에서 생활하고 있다. 문제는 디지털 기기의 잘못된 사용으로 인해 학생 대상 성범죄가 점점 디지털화되고 있으며, 학교 내에서도 사례 또한 점점 증가하고 있다는 점이다. 교실에서는 친구의 사진을 허락 없이 촬영하거나 합성해 SNS에 올리는 일이 발생하기도 한다. 가해 학생은 동의를 받았다고 주장하지만 피해 학생은 "아무 말도 안 했어요"라고 말하는 경우가 많다. 이처럼 '거절하지 않음'을 '동의'로 여기는 태도에서 문제가 생겨난다. 학생들이 디지털 성범죄에 대한 잘못된 인식을 바로잡고, 타인을 존중하는 태도를 기르도록 돕는 교육이 필요한 이유이다.

함께 읽을 책

『노아의 스마트폰』
디나 알렉산더 글·그림,
신수진 옮김, 나무야, 2020

스마트폰을 처음 갖게 된 노아의 경험을 통해 디지털 범죄의 위험성과 책임 있는 사용 태도를 자연스럽게 알려주는 그림책이다. 친구와의 사진 공유, SNS 활동 등 일상적인 행동이 무심코 디지털 성범죄로 이어질 수 있음을 드러내며, 학생들에게 경각심을 심어준다. 특히, 아이들은 노아가 친구의 동의 없이 사진을 올리거나, 본인의 모습이 허락 없이 촬영되어 SNS에 퍼지는 과정을 겪으며 '이 정도는 괜찮겠지'라는 생각이 심각한 결과로 이어질 수 있음을 체감하게 된다. 이 과정에서 가짜 계정, 익명성 악용, 온라인 조롱 등 학생들이 실제로 마주할 수 있는 디지털 범죄 위험이 구체적으로 드러난다.

활동 1 그림책으로 이야기 나누기

누군가 SNS에 노아의 젖은 바지 사진을 올린 상황. 교사는 학생들과 함께 이러한 행동이 올바른 것인지에 대해 이야기를 나눈다. 학생들은 사진을 올린 사람은 장난이라고 생각해서 올렸지만, 이것이 범죄가 될 수도 있다고 말한다.

"누군가 SNS에 여러분의 부끄러운 모습이 담긴 '굴욕 사진'을 올린다면 어떤 기분이 들까요?"라는 질문에 학생들은 너무 창피하고 사람들이 사진을 보고 자신을 놀릴까봐 걱정될 것 같다고 말한다.

"디지털 성범죄에 노출되었을 때 여러분은 어떻게 할 건가요?"라는 질문에 학생들은 "직접 해결하기 어려울 것 같아서 어른들에게 도움을 요청하겠다" "경찰에 신고하겠다" "가까운 친구라면 직접 지워 달라고 하겠다"라는 대답을 했다. 이러한 활동을 통해 학생들은 동의 없이 사진을 올리는 행동이 상대방에게 얼마나 큰 상처를 줄 수 있는지 깨닫고, 디지털 공간에서 서로를 존중하는 태도를 함양하는 것이 중요함을 배우게 된다.

활동 2 디지털 성범죄 유형 알기

디지털 성범죄의 다양한 유형 단어를 살펴본다. 나아가 각각의 성범죄 유형과 그에 해당하는 설명을 서로 연결해본다.

【디지털 성범죄 유형 단어와 의미 연결하기】

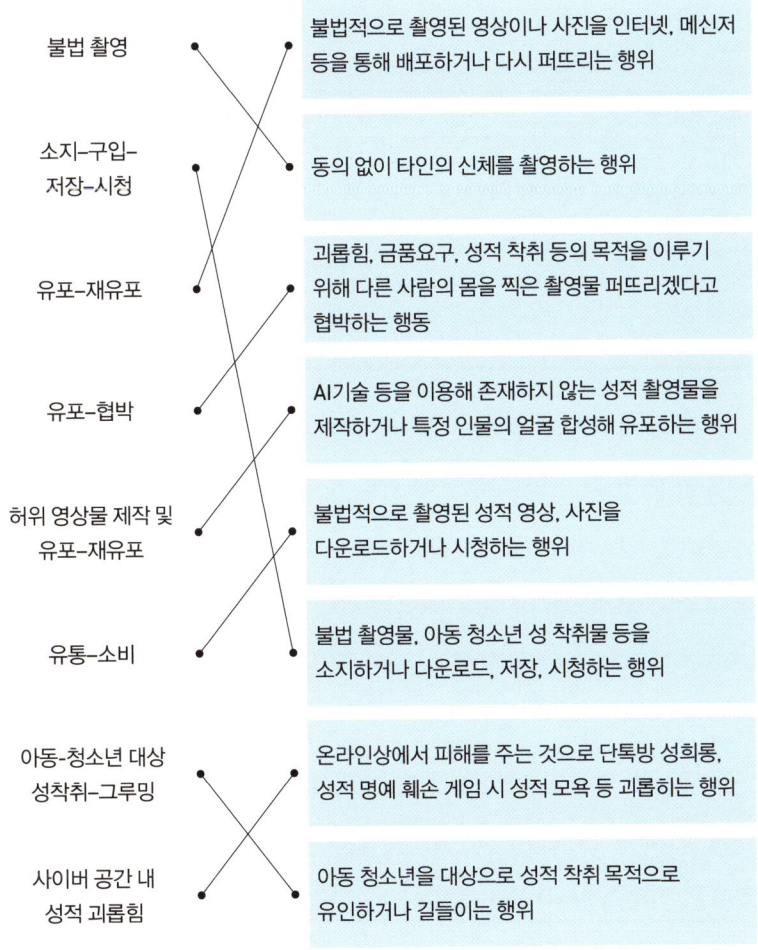

활동이 끝난 후 교사는 아이들과 함께 정답을 확인하며 유형별 특징과 사례에 대해 추가 설명을 제공한다.

활동 3 디지털 성범죄 예방을 위한 사칙연산 토론

사칙연산(덧셈, 뺄셈, 곱셈, 나눗셈)을 활용하여 디지털 성범죄를 예방하는 방법을 함께 생각해보는 활동이다. 교사는 다음과 같이 사칙연산 각각이 디지털 성범죄 예방과 어떻게 연결되는지를 설명한다.

덧셈은 더해야 할 행동으로 "디지털 성범죄를 예방을 위해 실천해야 하는 것은?"

뺄셈은 줄이거나 없애야 할 행동으로 "디지털 성범죄를 예방을 위해 하면 안 되는 일은 무엇이 있을까요?"

곱셈은 확산해야 할 인식과 행동으로 "디지털 성범죄를 예방을 위해 친구들에게 널리 알려야 할 생각이나 행동은 무엇인가요?"

나눗셈은 공유하고 함께 나눠야 할 내용으로 "디지털 성범죄로 힘든 친구를 위해 우리가 함께 나눌 수 있는 일은 무엇일까요?"

학생들은 디지털 성범죄 예방을 위해 어떻게 해야 하는지 각 연산에 맞춰 작성한다. 이때 패들렛 또는 포스트잇을 활용할 수 있다. 교사는 학생들의 의견을 정리하며 디지털 성범죄 예방의 중요성을 거듭 강조한다.

다음은 학생들이 나눈 사칙연산 토론 예시이다.

➕ 더해야 할 행동	➖ 줄이거나 없애야 할 행동
디지털 성범죄 예방을 위해 실천해야 하는 것은?	디지털 성범죄 예방을 위해 하면 안 되는 행동은?
– 디지털 성범죄 예방 교육을 지속적으로 받아야 한다. – 유익한 정보를 공유한다. – 성범죄 처벌을 강화해야 한다. – 피해자 보호 제도를 확대한다. – 비밀번호를 주기적으로 바꾼다.	– 불법 성인 사이트에 들어가지 않는다. – 개인정보를 유출하지 않는다. – 친구에게 조롱하는 언어를 사용하지 않는다. – 동의 없이 사진을 촬영하지 않는다. – 성범죄를 장난이라고 인식하지 않는다.
✖ 확산해야 할 인식과 행동	➗ 공유하고 함께 나눠서 해야 할 행동
디지털 성범죄를 예방하기 위해 친구들에게 널리 알려야 할 생각이나 행동은?	디지털 성범죄로 힘든 친구를 위해 우리가 함께 나눌 수 있는 일은?
– 디지털 성범죄에 노출되었을 때 침묵하지 않고 신고한다. – SNS 챌린지를 한다. – 현수막을 제작한다. – 교육자료를 만든다. – 수업 시간에 관련 이야기를 다룬다. – 디지털 성범죄 피해 시 도움을 요청한다.	– 잘못된 소문을 내지 않는다. – 대화를 통해 마음을 나눈다. – 신고할 수 있도록 도움을 준다. – 정확한 정보를 공유한다. – 네 잘못이 아니라고 이야기해준다. – 피해자를 향한 고정된 생각이나 편견을 갖지 않는다.

활동 4 디지털 성범죄 예방 홍보 현수막 만들기

디지털 성범죄를 예방하기 위해 확산해야 할 올바른 인식과 행동을 직접 실천해본다. 그러기 위해 디지털 성범죄 예방 메시지를 담은

현수막을 제작한다. 현수막 제작에 필요한 준비물은 천, 종이, 물감, 마커, 연필 등이며, 본 활동에서는 천과 마커를 활용하였다.

주제 문구는 짧고 강렬한 메시지로 정하고, 현수막 크기에 맞춰 밑그림을 먼저 그린다. 글자는 굵고 선명하게 칠할 수 있도록 하며, 중요한 단어는 다른 색으로 강조해도 좋다. 그림 그리기가 어렵다면 스티커나 인터넷에서 찾은 이미지를 활용해도 무방하다. 완성한 현수막은 교실 등 눈에 잘 띄는 곳에 부착하여 디지털 성범죄 예방에 대한 교육적 메시지를 전달하고 예방 문화 확산에 기여할 수 있도록 한다.

디지털 성범죄 예방 현수막

> 이 책도 추천해요

『곱슬도치 아저씨의 달콤한 친절』 오이어 글·그림, 한울림어린이, 2022
곱슬도치 아저씨가 고슴이에게 접근해 호감을 얻고 친밀 관계를 쌓은 뒤 심리적으로 지배하는 그루밍 범죄에 대한 이야기.

『인터넷에 빠진 병아리』 진 윌리스 글, 토니 로스 그림, 이형도 옮김, 담푸스, 2014
인터넷에서 만나는 사람들과의 위험성과 개인정보를 함부로 공개하면 안 된다는 점 등 인터넷을 사용할 때의 주의사항을 알려주는 책.

『말해야 하는 비밀』 카롤리네 링크 글, 자비네 뷔히너 그림, 고영아 옮김, 한솔수북, 2024
성폭력이 피해자의 잘못이 아님을 일깨우고, 침묵 대신 말하는 용기를 북돋아주는 그림책.

기초 생활

『거부기의 저주』 김이슬 글, 남동완 그림, 보랏빛소어린이, 2024 25
『거짓말』 고대영 글, 김영진 그림, 길벗어린이, 2009 61
『거짓말이 뽕뽕, 고무장갑!』 유설화 글·그림, 책읽는곰, 2023 55
『건강이 최고야!』 마리 프랑소와즈 그리외 글, 페프 그림, 김예령 옮김, 시공주니어, 2003 104
『골고루』 이윤희 글, 오오니시 미소노 그림, 쉼어린이, 2023 32
『군고구마와 주먹밥』 미야니시 타츠야 글·그림, 황진희 옮김, 미래아이, 2021 68
『나 지금 떨고 있다』 임태리 글, 강은옥 그림, 가문비어린이, 2024 76
『나만의 자전거 배우기』 이영란 글, 김수연 그림, 풀과바람, 2021 83
『나쁜 말 먹는 괴물』 카시 르코크 글, 상드라 소이네 그림, 김수진 옮김, 그린북, 2024 54
『나에겐 비밀이 있어』 이동연 글·그림, 올리, 2022 105
『난 나의 춤을 춰』 다비드 칼리 글, 클로틸드 들라크루아 그림, 이세진 옮김, 다그림책, 2024 112
『남의 말을 듣는 건 어려워』 마수드 가레바기 글·그림, 이정은 옮김, 풀빛, 2024 62
『내 말 좀 들어 주세요, 제발』 하인츠 야니쉬 글, 질케 레플러 그림, 김라합 옮김, 상상스쿨, 2020 68
『내 자전거가 좋아!』 사이먼 몰 글, 샘 어셔 그림, 이상희 옮김, 주니어RHK, 2024 90
『누군가 뱉은』 경자 글·그림, 고래뱃속, 2020 54
『늦잠꾸러기 수탉』 테일러 브랜든 글, 패리스 샌도우 그림, 김보경 옮김, 여우오줌, 2006 38
『담배 괴물』 정란희 글, 이갑규 그림, 크레용하우스, 2020 97
『도시 해킹』 한수연 글·그림, 책빛, 2024 118
『두근두근 첫인사』 양지안 글, 서지혜 그림, 맑은물, 2022 19
『땅속 보물을 찾아라!』 김영진 글, 김이주 그림, 꿈터, 2019 26
『또 마트에 간 게 실수야!』 엘리즈 그라벨 글·그림, 정미애 옮김, 토토북, 2013 45
『마음 안경점』 조시온 글, 이소영 그림, 씨드북, 2021 112
『말의 형태』 오나리 유코 글·그림, 허은 옮김, 봄봄출판사, 2020 46
『모자 달린 노란 비옷』 윤재인 글, 장경혜 그림, 느림보, 2023 112

그림책 생활교육   294

『몸, 잘 자라는 법』 전미경 글, 홍기한 그림, 사계절, 2017 25

『바이러스』 발레리아 바라티니·마티아 크리벨리니 글, 빅토르 메디나 그림, 김아림 옮김, 보림, 2022 96

『발표는 어려워!』 이팅 리 글·그림, 그림책사랑교사모임 옮김, 교육과실천, 2024 69

『발표하기 무서워요!』 미나 뤼스타 글, 오실 이르겐스 그림, 손화수 옮김, 두레아이들, 2017 76

『밥 먹기 싫은 바니눈에게 생긴 일』 김준희 글·그림, 바니눈, 2023 32

『방구석 요가』 나유리 글·그림, 키즈엠, 2021 25

『배가 아플 때』 피에르 윈터스 글, 에스터르 레카너 그림, 사파리, 2020 104

『배고픈 늑대가 사냥하는 방법』 밤코 글·그림, 미래엔아이세움, 2022 113

『빈 화분』 데미 글·그림, 서애경 옮김, 사계절, 2006 61

『빵빵, 비켜!』 신성희 글·그림, 고래이야기, 2024 82

『삐뚜로 앉으면?』 이윤희 글, 손지희 그림, 다림, 2018 20

『손가락 요괴』 김지연 글, 김이조 그림, 보랏빛소어린이, 2024 96

『수상한 신호등』 더 캐빈 컴퍼니 글·그림, 송태욱 옮김, 비룡소, 2020 82

『스마트폰에 갇혔어!』 엘리센다 로카 글, 크리스티나 로산토스 그림, 김정하 옮김, 노란상상, 2017 118

『아주 무서운 날』 탕무니우 글·그림, 홍연숙 옮김, 찰리북, 2014 76

『약속은 대단해』 선안나 글, 조미자 그림, 미세기, 2016 38

『얼음땡』 문명예 글·그림, 시공주니어, 2022 82

『엄마 오기 100초 전!』 김윤정 글·그림, 제제의숲, 2024 45

『엄마 오리 아기 오리』 이순옥 글·그림, 사계절, 2023 77

『엄마의 스마트폰이 되고 싶어』 노부미 글·그림, 고대영 옮김, 길벗어린이, 2017 118

『오늘도 어질러진 채로』 시바타 게이코 글·그림, 황진이 옮김, 피카주니어, 2022 39

『왜 인사해야 돼?』 엘리센다 로카 글, 크리스티나 로산토스 그림, 김정하 옮김, 노란상상, 2015 19

『욕』 김유강 글·그림, 오올, 2023 54

『이건 내 모자가 아니야』 존 클라센 글·그림, 서남희 옮김, 시공주니어, 2013 61

『인사는 우리를 즐겁게 해요!』 소피 비어 글·그림, 상수리, 2021 14

『인사를 나눠 드립니다』 이한재 글·그림, 킨더랜드, 2021 19

『자전거 도시』 앨리슨 파렐 글·그림, 엄혜숙 옮김, 딸기책방, 2019 90

『자전거』 루카스 아놀두센 글, 마크 얀센 그림, 정회성 옮김, 사파리, 2020 90

『잘 들어 볼래요』 알레익스 카브레라, 비녜트 몬타네르 글, 로사 마리아 쿠르토 그림, 홍주진 옮김, 개암나무, 2016 68

『잠깐! 깜빡깜빡 안 돼요!』 박은주 글·그림, 형설아이, 2021 96
『중독에 빠지면 위험해!』 이윤희 글, 신보미 그림, 하마, 2021 104
『지구 어디에나 있는 바글바글 바이러스』 권오준 글, 정문주 그림, 한솔수북, 2022 91
『지금, 시간이 떠나요』 베티나 오브레히트 글, 율리 필크 그림, 이보현 옮김, 다산기획, 2022 38
『책상 정리 대작전』 이다 노리코 글, 마쓰모토 하루노 그림, 송지현 옮김, 북뱅크, 2022 45
『판타스틱 반찬 특공대』 김이슬 글, 이수현 그림, 노는날, 2024 32
『학교에 늦겠어』 더 캐빈 컴퍼니 글·그림, 황진희 옮김, 미래엔아이세움, 2023 33

인성 교육

『가만히 들어주었어』 코리 도어펠드 글·그림, 신혜은 옮김, 북뱅크, 2019 173
『감기 걸린 물고기』 박정섭 글·그림, 사계절, 2016 194
『감정 호텔』 리디아 브란코비치 글·그림, 장미란 옮김, 책읽는곰, 2024 131
『감정은 무얼 할까?』 티나 오지에비츠 글, 알렉산드라 자욘츠 그림, 이지원 옮김, 비룡소, 2021 124
『고민 식당』 이주희 글·그림, 한림출판사, 2019 167
『고민 해결사 펭귄 선생님』 강경수 글·그림, 시공주니어, 2020 167
『고집불통 4번 양』 마르가리타 델 마소 글, 구리디 그림, 김지애 옮김, 라임, 2017 174
『고집쟁이 아니콘』 마크-우베 클링 글, 아스트리드 헨 그림, 김영진 옮김, 별숲, 2020 180
『괜찮아, 나의 두꺼비야』 이소영 글·그림, 글로연, 2022 154
『괴물이 나타났어!』 카밀라 리드 글, 악셀 셰플러 그림, 사파리, 2023 187
『구름이』 딜런 글린 글·그림, 김세실 옮김, 나무말미, 2022 229
『국경 너머: 친구일까 적일까』 앙투안 기요페 글·그림, 라미파 옮김, 한울림어린이, 2023 222
『그 소문 들었어?』 하야시 기린 글, 쇼노 나오코 그림, 김소연 옮김, 천개의바람, 2017 202
『그 소문 진짜야?』 안 크라에 글·그림, 김자연 옮김, 라임, 2024 202
『그래요 정말 그래요!』 아르멜 바르니에 글, 바네사 이에 그림, 박은영 옮김, 걸음동무, 2010 173
『그랬구나!』 치웨이 글·그림, 조은 옮김, 섬드레, 2023 188
『근데 그 얘기 들었어?』 밤코 글·그림, 바둑이하우스, 2018 195
『까만 새가 이사 왔대』 정영감 글·그림, 아스터로이드북, 2024 202
『나도 존중해 주면 안 돼?』 클레어 알렉산더 글·그림, 홍연미 옮김, 국민서관, 2022 235
『나만 없어 토끼!』 토베 피에루 글, 마리카 마이얄라 그림, 기영인 옮김, 블루밍제이, 2023 216
『내 마음은』 코리나 루켄 글·그림, 김세실 옮김, 나는별, 2019 124

『내 맘대로 할래』이지현 글, 이민혜 그림, 시공주니어, 2008 180

『내 얘기를 들어주세요』안 에르보 글·그림, 이경혜 옮김, 한울림어린이, 2017 173

『내가 가장 슬플 때』마이클 로젠 글, 퀜틴 블레이크 그림, 김기택 옮김, 비룡소, 2004 147

『너도 고민이 있니?』천유링 글·그림, 권성지 옮김, 나무의말, 2025 161

『넌 토끼가 아니야』백승임 글, 윤봉선 그림, 노란돼지, 2023 229

『네 기분은 어떤 색깔이니?』최숙희 글·그림, 책읽는곰, 2023 131

『달라도 친구』허은미 글, 정현지 그림, 웅진주니어, 2021 229

『대신 전해 드립니다』요시다 류타 글·그림, 고향옥 옮김, 키다리, 2021 187

『두더지의 고민』김상근 글·그림, 사계절, 2015 167

『두두와 새 친구』옥히진 글·그림, 창비, 2024 223

『똑,딱』에스텔 비용-스파뇰 글·그림, 최혜진 옮김, 여유당, 2018 211

『똑똑똑 선물 배달 왔어요』박희순·허혜경 지음, 한그루, 2023 230

『똥통에 풍덩』원유순 글, 김동영 그림, 키다리, 2015 210

『미움』조원희 글·그림, 만만한책방, 2020 160

『미움아, 안녕!』조셉 코엘로우 글, 앨리슨 콜포이스 그림, 김세실 옮김, 노란상상, 2023 160

『배고픈 거미』강경수 글·그림, 그림책공작소, 2017 194

『사과는 이렇게 하는 거야』데이비드 라로셀 글, 마이크 우누트카 그림, 이다랑 옮김, 블루밍제이, 2023 181

『사자마트』김유 글, 소복이 그림, 천개의바람, 2023 222

『새빨간 질투』조시온 글, 이소영 그림, 노란상상, 2023 154

『세 친구』그웬 밀워드 글·그림, 김근형 옮김, 키즈엠, 2015 216

『소피아의 화를 푸는 방법』제인 넬슨 글, 빌 쇼어 그림, 김성환 옮김, 교실어린이, 2021 132

『수박만세』이선미 글·그림, 글로연, 2024 168

『스미레 할머니의 비밀』우에가키 아유코 글·그림, 서하나 옮김, 어린이작가정신, 2016 244

『슬픔아 안녕』열매 글 그림, 봄봄출판사, 2023 147

『슬픔에 빠진 나를 위해 똑 똑 똑』조미자 글·그림, 핑거, 2023 141

『슬픔이 찾아와도 괜찮아』에바 엘란트 글·그림, 서남희 옮김, 현암주니어, 2019 147

『쓰담쓰담 분노』애나 셰퍼드 글, 알리시아 마스 그림, 이계순 옮김, 푸른숲주니어, 2024 140

『악어 형사의 감정 탐구 생활』수산나 이세른 글, 모니카 카레테로 그림, 김서윤 옮김, 찰리북, 2018 125

『언제 고자질해도 돼?』크리스티안 존스 글, 엘리나 엘리스 그림, 책과콩나무, 2018 203

『엄마가 미운 밤』 다카도노 호코 글, 오카모토 준 그림, 김소연 옮김, 천개의바람, 2017 160

『오늘 내 기분은…』 메리앤 코카-레플러 글·그림, 김영미 옮김, 키즈엠, 2015 124

『왜 고집부리면 안 되나요?』 박은숙 글, 이지연 그림, 참돌어린이, 2015 180

『왜, 먼저 물어보지 않니?』 이현혜 글, 김주리 그림, 천개의바람, 2020 235

『우르르 쾅쾅 나 지금 화났어!』 나타샤 바이두자 글·그림, 정소은 옮김, 토토북, 2023 140

『우리 반 문병욱』 이상교 글, 한연진 그림, 문학동네, 2023 217

『우리는 언제나 새콤달콤』 구울림 글·그림, 책읽는곰, 2024 216

『으쌰으쌰 당근』 멜리 글·그림, 책읽는곰, 2021 244

『이 선을 넘지 말아 줄래?』 백혜영 글·그림, 한울림어린이, 2022 235

『좋아, 싫어 대신 뭐라고 말하지?』 송현지 글·순두부 그림, 이야기공간, 2023 120

『질투 나서 속상해!』 기슬렌 딜리에 글, 베랑제르 들라포르트 그림, 정순 옮김, 나무말미, 2021 154

『질투는 아웃, 야구 장갑!』 유설화 글·그림, 책읽는곰, 2024 148

『친구가 미운 날』 가사이 마리 글, 기타무라 유카 그림, 윤수정 옮김, 책읽는곰, 2018 155

『친구를 모두 잃어버리는 방법』 스낸시 칼슨 글·그림, 신형건 옮김, 보물창고, 2007 210

『컬러 몬스터 : 감정의 구급상자』 아나 예나스 글·그림, 김유경 옮김, 청어람아이, 2024 131

『코끼리가 그랬다며?』 임수진 글·그림, 파란자전거, 2023 222

『탄 빵』 이나래 글·그림, 반달, 2015 236

『티머시는 오늘도 미안해!』 스테파니 심프슨 맥렐런 글, 조이 시 그림, 김경희 옮김, 살림어린이, 2023 187

『파닥파닥 해바라기』 보람 글·그림, 길벗어린이, 2020 244

『팬티 입은 늑대』 윌프리드 루파노 글, 마야나 이토이즈 그림, 김미선 옮김, 키위북스, 2018 194

『학교에서 싸운 날』 이선일 글, 김수옥 그림, 푸른날개, 2018 210

『화난 마음 다스리기』 가비 가르시아 글, 마르타 피네다 그림, 김동은 옮김, 타임주니어, 2024 140

학급 생활

『B가 나를 부를 때』 수잔 휴즈 글, 캐리 소코체프 그림, 김마이 옮김, 주니어김영사, 2018 273

『One 일』 캐드린 오토시 글·그림, 이향순 옮김, 북뱅크, 2016 273

『거꾸로 앉으라고?』 안 에르보 글·그림, 이경혜 옮김, 한울림어린이, 2024 259

『곰 생각 벌 생각』 박하잎 글·그림, 창비, 2024 259

『곱슬도치 아저씨의 달콤한 친절』 오이어 글·그림, 한울림어린이, 2022 293

『규칙은 꼭 지켜야 돼?』 브리지트 라베 글, 에릭 가스테 그림, 이희정 옮김, 문학동네, 2009 253

『그래서 뭐?』 소니아 쿠데르 글, 그레구아르 마비레 그림, 이다랑 옮김, 제이픽, 2024 268

『나는 하고 싶지 않아!』 유수민 글·그림, 담푸스, 2020 286

『나도』 박밀 글·그림, 북극곰, 2025 267

『내 마음 네 마음』 이준기 글, 김성아 그림, 교육과실천, 2024 267

『내가 말할 차례야』 크리스티나 테바르 글, 마르 페레로 그림, 유 아가다 옮김, 다봄, 2021 260

『노아의 스마트폰』 디나 알렉산더 글·그림, 신수진 옮김, 나무야, 2020 287

『누군가 뱉은』 경자 글·그림, 고래뱃속, 2020 273

『담벼락』 진서 그림, 빨간콩, 2023 280

『말해야 하는 비밀』 카롤리네 링크 글, 자비네 뷔히너 그림, 고영아 옮김, 한솔수북, 2024 293

『모든 사람이 제멋대로 한다면』 앨런 자버닉 글, 콜린 M. 매든 그림, 마술연필 옮김, 보물창고, 2015 253

『못되게 구는 친구에게 어떻게 말하지?』 김정 글, 이주혜 그림, 파스텔하우스, 2024 267

『문제가 생겼어요!』 이보나 흐미엘레프스카 글·그림, 이지원 옮김, 논장, 2010 254

『빨간 볼』 얀 더 킨더르 글·그림, 정신재 옮김, 내인생의책, 2014 279

『열두 살 비밀 일기』 이채윤·이현빈·박지아·문민준·권대현 글·그림, 작가의탄생, 2021 279

『왼손에게』 한지원 글·그림, 사계절, 2022 259

『우리 학교에 여우가 있어』 올리비에 뒤팽·롤라 뒤팽 글, 로낭 바델 그림, 명혜권 옮김, 한솔수북, 2023 286

『우리는 괴롭힘을 이겨낼 거야』 코니 라 그로테리아 글, 마리나 사에스 그림, 윤승진 옮김, 상수리, 2023 279

『인터넷에 빠진 병아리』 진 윌리스 글, 토니 로스 그림, 이형도 옮김, 담푸스, 2014 293

『폭력은 손에서 시작된단다』 마틴 애거시 글, 마리카 하인렌 그림, 마술연필 옮김, 보물창고, 2016 286

『학교에 간 데이비드』 데이비드 섀넌 글·그림, 김경희 옮김, 주니어김영사, 2020 246

『학교에는 규칙이 있어요!』 로랑스 살라원·에마뉘엘 퀴에프 글, 질 라파포르 그림, 맹슬기 옮김, 내인생의책, 2019 253

『혼자가 아니야 바네사』 케라스코에트 지음, 웅진주니어, 2018 274

그림책 생활교육
40권의 그림책을 활용한 150가지 생활교육 활동

1판 1쇄 발행 2025년 9월 5일

지은이	그림책사랑교사모임
펴낸이	한기호
기획	이선진
책임편집	이선진
편집	서정원, 박예슬, 송원빈
본부장	여문주
마케팅	윤병일, 신세빈
경영지원	김윤아
디자인	VUE
인쇄	예림인쇄

펴낸곳 (주)학교도서관저널
출판등록 제2009-000231호(2009년 10월 15일)
주소 | 04029 서울시 마포구 동교로 12안길 14(서교동) 삼성빌딩 A동 3층
전화 | 02-322-9677
팩스 | 02-6918-0818
전자우편 | slj9677@gmail.com
홈페이지 | www.slj.co.kr

ISBN 978-89-6915-186-5

ⓒ 그림책사랑교사모임 2025

- 이 책은 저작권법에 따라 보호를 받는 저작물이므로 무단 전재와 무단 복제를 금합니다.
- 책값은 뒤표지에 있습니다.